ALLEMAND
DÉBUTANT

ALLEMAND DÉBUTANT

Édition revue et corrigée

par
Camille Sorg
et
Werner Kremp

Le Livre de Poche

La collection « Les Langues Modernes » n'a aucun lien avec l'A.P.L.V. et les ouvrages qu'elle publie sont sous sa seule responsabilité.

© Librairie Générale Française, 1998, 2003 et 2008 pour la présente édition.

ISBN : 978-2-253-08427-3 – 1re nouvelle édition
revue et corrigée

(ISBN : 2-253-08099-3 – 1re publication)

SOMMAIRE

PRÉSENTATION

Cette méthode bilingue d'initiation s'adresse à tous ceux qui désirent apprendre l'allemand, c'est-à-dire aux vrais débutants. Elle peut également venir en aide aux faux débutants désireux de se remettre à l'allemand, en leur permettant une révision globale des structures grammaticales et lexicales.

Cet ouvrage vous propose cinquante leçons clairement structurées, fondées sur une progression rigoureuse et un vocabulaire courant actuel.

Les quarante premières leçons suivent le fil conducteur d'un scénario à plusieurs personnages, les dix dernières sont totalement autonomes.

• L'acquisition d'une bonne prononciation, point délicat de tout apprentissage d'une langue, se fera par l'intermédiaire d'un système phonétique adapté à partir du français ; il vous permettra de vous familiariser ainsi très vite avec les sons allemands. À cette fin, les textes des dix premières leçons sont retranscrits sous les phrases ou en bas de page, dans un système phonétique simple. Pour les textes suivants, seuls les mots éventuellement difficiles à prononcer seront indiqués.

• Les traductions proposées sont parfois « doublées » d'une traduction mot à mot entre crochets [], pour une meilleure compréhension de la structure allemande.

- Un mémento grammatical reprendra, toutes les cinq leçons, sous une forme plus schématique, l'essentiel des points de grammaire traités dans les cinq chapitres précédents.

- Chaque chapitre comporte six, huit ou dix pages, et est structuré de la manière suivante :

1. un **dialogue**, accompagné de la prononciation pour les dix premières leçons ;

2. la **traduction** du dialogue ;

3. le **vocabulaire** subdivisé en trois sous-rubriques signalées par :

    ♦ un losange pour les **noms** ;

    ■ un carré pour les **verbes et expressions verbales** ;

    ● un rond pour les **adjectifs, prépositions, adverbes, conjonctions**, etc. ;

4. la **grammaire**, très importante quand on débute un apprentissage linguistique ;

5. des **exercices** variés accompagnés de leurs corrigés ;

- En annexe, le lecteur trouvera un index grammatical détaillé.

- Une version sonore, comportant l'enregistrement des dialogues et des exercices, est également disponible.

Les auteurs

NOUVELLE ORTHOGRAPHE

Après dix ans d'âpres discussions de 1996 à 2006, la *nouvelle orthographe (neue Rechtschreibung)* a fini par s'imposer. Vous trouverez ci-dessous ses principales orientations :

1. Le « *ß* » [èsstsètt] s'écrira dorénavant « *ss* » après toute voyelle brève (.), même en position finale. La conjonction de subordination *dass,* que, ne s'écrira plus avec « *ß* ». Le verbe *müssen,* devoir, se conjuguera donc ainsi : *ich muss, du musst, er muss, wir müssen, ihr müsst, sie müssen.*

2. Le signe « *ß* » est toutefois maintenu après une voyelle longue (-) : *der Fuß, die Füße,* le pied, les pieds, *schließen,* fermer, et une diphtongue : *der Blumenstrauß,* le bouquet de fleurs.

3. Quand il y a rencontre de trois consonnes identiques, les trois sont maintenues : *die Schifffahrt* (avant : die Schiffahrt), *la navigation, der Balletttänzer* (avant : der Ballettänzer), *le danseur de ballet.* On pourra également recourir au trait d'union et écrire : *die Schiff-Fahrt, der Ballett-Tänzer.*

4. Les mots de la même famille ayant la même étymologie auront la même graphie : *die Nummer – nummerieren* (avant : numerieren), *le numéro, numéroter,* *tippen – der Tipp* (avant : der Tip), *parier, le tuyau.*

5. Pour les adjectifs et les noms formés sur *-anz* et *-enz (Substanz, Potenz)* on aura désormais le choix entre deux possibilités : *ziell/tiell* ou *zial/tial* : *substanziell/substantiell, Potenzial/Potential.*

6. Il y a la double graphie pour **kennen lernen/kennenlernen** *faire la connaissance,* **bekannt machen/bekanntmachen,** *présenter, publier,* **stehen bleiben/stehenbleiben,** *s'arrêter,* **Recht/recht haben,** *avoir raison,* **so dass/sodass,** *si bien que.*

7. On privilégiera également la segmentation (écriture en deux mots) et la majuscule (pour les adjectifs dans certaines expressions) : **auf Deutsch** (avant : auf deutsch), *en allemand,* **im Allgemeinen** (avant : im allgemeinen), *en général,* **zu viel** (avant : zuviel), *trop,* **wie viel** (avant : wieviel), *combien,* **umso mehr** (avant : um so mehr), *d'autant plus.*

8. Pour les noms d'origine étrangère, une grande tolérance est de mise, et l'on a le choix entre deux graphies : étrangère ou « germanisée » : **ph → f** : **phonographisch → fonografisch** ; **gh → g** : **Joghurt → Jogurt** ; **ch → sch** : **Ketchup → Ketschup** ; **c → ss** : **Facette → Fassette.**

9. Les *pronoms personnels et possessifs* s'écriront toujours avec une **minuscule** *(du, dich)* sauf pour les formes de politesse : **Sie, Ihr, Ihnen,** qui gardent une **majuscule** comme par le passé.

10. Ponctuation **:** des propositions indépendantes reliées entre elles par **und,** *et,* **oder,** *ou,* **entweder … oder,** *ou … ou,* **peuvent** être précédées d'une virgule. Celle-ci demeure **obligatoire** avant toute subordonnée : **Er weiß, dass sie kommt,** *il sait qu'elle vient.*

11. Séparation des mots **:** elle est syllabique, comme en français : **ar-bei-ten,** *travailler,* **schlie-ßen,** *fermer.* Retenez la coupure de « **st** » qui est maintenant possible, et le traitement de « **ck** » : **Wes-te,** *gilet* ; **Mus-ter,** *échantillon* ; **Zu-cker,** *sucre,* **Ba-cke,** *joue* (la séparation de **ck** en **k-k** [Backe → Bak-ke] n'est plus de mise).

SIGNES ET SYMBOLES UTILISÉS

/	verbe à particule séparable	jdm.	jemandem (D)
≠	contraire, antonyme	jdn.	jemanden (A)
A	accusatif	jds.	jemandes (G)
adj.	adjectif	m. à m.	mot à mot
adv.	adverbe	N	nominatif
cf.	*confer*, voyez	part.	participe
COD	complément d'objet direct	péj.	péjoratif
COI	complément d'objet indirect	(pl.)	pluriel
conj.	conjonction	qqch.	quelque chose
D	datif	qqn.	quelqu'un
etw.	etwas	(sg.)	singulier
G	génitif	subj.	subjonctif
intrans.	intransitif	trans.	transitif

- **Le pluriel des substantifs**

      der Freund, e   →   die Freunde
      der Vater, ¨   →   die Väter
      das Zimmer, -   →   die Zimmer
      das Haus, ¨er   →   die Häuser
      die Frau, en   →   die Frauen   *is there a rule?*

- **Pluriel seul usuel (absence de singulier) :** die Eltern (pl.)

- **Singulier seul usuel (absence de pluriel) :** das Obst (sg.)

- **Masculin faible**

      der Mensch, en, en
      der Herr, n, en
      der Demokrat, en, en

- **L'adjectif substantivé**

  der (ein) Kranke(r) → der Kranke/ein Kranker
  der (ein) Alte(r) → der Alte/ein Alter

- **Verbe à particule séparable (matérialisé ici par un /)**

  auf/machen → er macht auf
  an/fangen → er fängt an

- **Verbe fort à changement vocalique**

  tragen, u, a, ä → er trug, er hat getragen, er trägt
  schlafen, ie, a, ä → er schlief, er hat geschlafen, er schläft
  nehmen, a, o, i → er nahm, er hat genommen, er nimmt

- **Passé formé avec l'auxiliaire « *sein* »**

  kommen, a, o (ist) → er ist gekommen
  gehen, i, a (ist) → er ist gegangen

- **Verbe mixte**

  nennen (nannte, genannt)
  bringen (brachte, gebracht)

- **Variantes entre parenthèses**

  die Geldscheine (die Banknoten)
  zu Haus(e)

- **Traduction mot à mot entre crochets [ ]**

  Y êtes-vous déjà allés ? [Étiez-vous déjà allés là-bas ?]

- **Prononciation de certains mots**

  Computer [kommpju:tər]
  Surf [seurf/zeurf]
  Van Dyck [fann daïk]

- **Place de l'accent tonique/voyelle brève et longue**

  Dans le vocabulaire, la place de l'accent tonique et la
  longueur vocalique seront marquées par un trait (-) sous
  une voyelle longue ou une diphtongue, par un point (₀)
  sous une voyelle brève.

rennen	gehen	die Umwelt	das Leben
bitten	bieten	Bonn	Rom
das Schloss	das Haus		

SONS ET LETTRES

Pour vous familiariser avec les sons propres à l'allemand, nous avons répertorié ceux que vous allez rencontrer dans les différentes leçons. Vous allez vous rendre compte très vite que l'écart entre la prononciation proprement dite et la *langue écrite* est moins important qu'en français.

Ne perdez jamais de vue cette règle d'or : toute lettre se prononce en allemand, que ce soit une voyelle ou une consonne.

Pour vous aider dans cet apprentissage tout nouveau de la prononciation allemande, n'hésitez pas à écouter la version sonore autant de fois qu'il vous semblera nécessaire.

• L'ALPHABET ALLEMAND

a	j [yott]	s
b	k	ß [èsstsètt]
c [tsé]	l	t
d	m	u [ou]
e [é]	n	v [fao]
f	o	w [vé]
g [gué]	p	x
h [Ha]	q [kou]	y [upsilonne]
i	r	z [tsètt]

• LES VOYELLES

Voyelles avec tréma (inflexion)

ä se prononce comme [è] dans *net, nette*

19

ö se prononce comme [œ] dans *bœuf* ou comme [eu] dans
   gueuse

ü se prononce comme [u] dans *lune*

Voyelle longue/voyelle brève

En allemand, certaines syllabes sont accentuées, c'est-à-
dire qu'elles portent un accent dit « *tonique* » (élévation
ou renforcement du son) ou « *secondaire* » (syllabe
moins fortement accentuée). Cette accentuation est très
importante car c'est elle qui donne à la langue sa sonorité
particulière. C'est également l'alternance régulière des
accents toniques et secondaires qui imprimera le rythme
poétique au vers allemand.

• En syllabe accentuée, la distinction entre voyelle longue
et voyelle brève est capitale. La voyelle longue est deux fois
plus longue que la brève ; par souci de commodité, la voyelle
longue sera marquée par deux points : [a:], [é:], [ô:].

• Les voyelles sont caractérisées par un *timbre* : ainsi,
les voyelles longues sont dites « fermées », c'est-à-dire
qu'elles sont prononcées avec une fermeture partielle
ou totale du canal buccal ; le son « o » de paume est un
[ô:] long « fermé ». Les voyelles brèves sont des voyelles
« ouvertes » ; elles sont prononcées avec une ouverture
plus ou moins grande du canal buccal ; dans le mot *pomme*,
le son « o » est un [o] bref « ouvert ».

Une voyelle suivie d'une consonne doublée est toujours
brève : **Nummer** : *numéro*.

Graphie	Adaptation phonétique	Exemples allemands	Approximation en français
a	[a:]/[a]	**da/du hast**	pâte/patte
e	[é:]	**Peter**	volée, pâtée
e, ä	[è:]/[è]	**Käse/Herr**	beige/belge
e	[ə] inaccentué	**Tasse**	le
i, ie	[i:]/[i]	**Berlin, viel/ist**	gîte/vite
o	[ô:]/[o]	**Rom/Bonn**	paume/pomme
u	[ou:]/[ou]	**Schubert/Nummer**	roue/genou

• LES DIPHTONGUES

Une diphtongue est un groupe de deux voyelles : il s'accentue sur la première, puis se prononce d'un trait en glissant vers la seconde. Toutes les diphtongues sont longues. L'allemand connaît trois diphtongues :

Graphie	Adaptation phonétique	Exemples allemands	Approximation en français
ei, ai	[aï]	**n*ei*n, M*ai*n**	*aïe !*
au	[ao]	**H*au*s, M*au*s**	*caoutchouc*
äu, eu	[oï]	**H*äu*ser, L*eu*te**	*bolchoï*

• LES CONSONNES

Vous ne trouverez dans le descriptif ci-dessous que les consonnes qui présentent une différence de prononciation ou de graphie par rapport au français.

La prononciation du « h »

Le « h » est fortement aspiré en position initiale ou en début de syllabe [H] : **Hoffmann** [Hǫffmann] *(nom de famille)* **Haus** [Haos] : *maison*.

Après une voyelle, par contre, le « h » ne se prononce pas, mais il allonge automatiquement cette voyelle : **wohnen** [vô:nən] : *habiter*.

La prononciation du « s, ss, ß »

• En début de mot et entre deux voyelles, le « s » se prononce comme un « z » français ; il s'agit d'un son sonore qui entraîne une vibration des cordes vocales :

Sonne [zǫnnə] : *soleil* ; **sie** [zi:] : *elle* ; **Hase** [Ha:zə] : *lièvre*.

En position finale par contre, le « s » est sourd, c'est-à-dire que sa prononciation ne comporte pas de vibrations des cordes vocales : **Haus** [Haos] : *maison*.

• Le double « s » se rencontre après une voyelle brève : **Russe** [rǫssə] : *russe* ; **Russland** [rǫsslannt] : *Russie* ;

dass [dass] : *que*. La prononciation de « ss » est identique à celle du français.

• Le « ß » [èsstsètt] est une graphie propre à l'allemand, qui correspond à « ss » ; depuis la réforme, on le rencontre uniquement après une voyelle longue ou une diphtongue : *Füße* [fuːsə] : *pieds* ; *groß* [grôːs] : *grand*.

La prononciation de « z » et « tz »

Le « z » allemand et le « tz » se prononcent de façon identique et correspondent à une attaque dure [ts] comme dans *la mouche tsé-tsé* : *Zone* [tsôːnə] : *zone* ; *Katze* [kạtsə] : *chat*.

La prononciation de « v » et « w »

• **Attention** : Le « v » allemand ne correspond presque jamais au « v » français, mais au « f » de *fils* et de *fille* : *von* [fonn] : *de* ; *viel* [fiːl] : *beaucoup* ; *verlieren* [fərliːrən] : *perdre*.

• Le « w » allemand, par contre, se prononce comme le « v » français de *vase*, *vitre* : *Wien* [viːn] : *Vienne* ; *was* [vass] : *que*.

La prononciation de « sp » et « st »

• En début de mot ou précédés d'un préfixe, « sp » et « st » se prononcent comme le « ch » français de *chanson* ou de *cheval* suivi d'un « p » ou d'un « t » : *sportlich* [chpɔrtliç] : *sportif* ; *Stein* [chtaïn] : *pierre* ; *Verspätung* [fərchpèːtounng] : *retard*.

Stuttgart [chtouttgart] ist eine schöne Stadt [chtatt].

• En toute autre situation, « sp » et « st » se prononcent comme un « s » français suivi d'un « p » ou d'un « t », comme dans *hospitalier* ou *veste* : *Wespe* [vèspə] : *guêpe* ; *Weste* [vèstə] : *gilet* ; *Obst* [ôːpst] : *les fruits*.

La prononciation de « ng »

Il s'agit là d'un seul son comme dans *camping* : *Camping* [kèmmpinng] et *jung* [younng] : *jeune* ; *Junge* [yǫunngə] : *garçon*. Il faut surtout éviter d'ajouter à ce son le « g » du français *longue* !

La prononciation de « qu »

En début comme en milieu de mot, le « qu » allemand se prononce toujours comme un « k » français suivi d'un « v » [kv] : **Quelle** [kvèllə] : *source* ; **Sequenz** [zékvènnts] : *séquence*.

La prononciation de « b », « d », « g »

Si ces consonnes se prononcent comme « b », « d », « g » dur français en début de mot, il n'en est pas de même en position finale (le « g » doux de *geai* ne se rencontre pas en allemand, sauf dans de rares emprunts comme **Garage**) . En fin de mot, « b », « d », « g » se prononcent comme « p », « t », « k » suivis d'une expiration. Il faut les prononcer comme si elles s'accompagnaient d'un léger « h » aspiré [H] : **Bub** [bou:pH] ; *garçonnet* ; **Bad** [ba:tH] : *bain* ; **Tag** [ta:kH] : *jour*.

La prononciation de « p », « t », « k » en position initiale

En début de mot, ces consonnes ne se prononcent pas comme le « p » de *patate*, le « t » de *tomate* ou le « k » de *kilo*, mais sont accompagnées d'un léger [H] aspiré, que l'on doit bien percevoir : **Paar** [pHa:r] : *couple* ; **Tag** [tHa:kH] : *jour* ; **komisch** [kHô:mich] : *étrange*.

Attention : Pour assurer une meilleure lisibilité, ce [H] aspiré ne sera pas intégré dans la graphie phonétique des leçons.

La prononciation du groupe « ch »

Ce groupe, très caractéristique de la langue allemande, se prononce de deux manières différentes en fonction de la voyelle qui le précède :

Ach-Laut [CH] après **a, o, u, au**	**Ich-Laut** [çh] après **i, e, ä, ö, ü** **äu, eu** et **après une consonne**
Bach : *ruisseau*	**ich** : *je, moi* / **schlecht** : *mauvais*
Koch : *cuisinier*	**Bäche** : *des ruisseaux*
Buch : *livre*	**Bücher** : *des livres*
Brauch : *coutume*	**Bräuche** : *des coutumes*
	Milch : *lait*

• Le **Ach-Laut**, c'est-à-dire le « son **Ach** », transcrit ici par le signe [CH], exprime un son très guttural qui se rapprocherait assez du français *âcre*, *ocre*, et que l'on obtient en raclant un peu la gorge. C'est le son de **Bach** [baCH], **Koch** [koCH], **Buch** [bou:CH].

• Le **Ich-Laut**, traduit ici par le signe [çh], se prononce un peu comme le « ch » de *biche*, *miche*, *niche*, mais plus en avant, les lèvres rétractées vers l'arrière, les dents supérieures rapprochées des inférieures de manière à ne laisser qu'une ouverture très étroite. Pour vous aider à bien prononcer ce son [çh], n'hésitez pas à appuyer la pointe de la langue contre les dents inférieures. C'est le son de ***ich liebe dich*** [içh li:bə diçh] : *je t'aime*.

Le suffixe **-ig** de certains adjectifs, tels que **billig**, *bon marché*, **traurig**, *triste*, se prononce comme le [çh] de **ich** [içh] : *je*, quand il occupe la **position finale**. On aura donc **billig** [biʼlliçh], **traurig** [traoriçh]. Suivi d'une terminaison, le groupe **-ig** se prononcera, par contre, comme dans le français *figue* : **billige Bananen** [biʼlliguə banaːnən] : *des bananes bon marché*.

• L'ACCENT TONIQUE

En français, c'est souvent la finale qui est accentuée : *parti̲r*, *commenc̲er*. En allemand, l'accent tonique porte toujours sur une syllabe du radical. Dans un mot comportant plusieurs syllabes, l'accent frappe souvent la première : ***Pe̲ter, Na̲me, Ho̲ffmann.***

POUR VOUS AIDER (leçons 1 à 20)

Afin que vous puissiez bien distinguer les « longues » des « brèves », nous utiliserons dorénavant, en transcription phonétique, pour les mots comportant **plusieurs syllabes**, le système suivant :

• Un trait sous la voyelle pour marquer une syllabe accentuée à voyelle longue : **Peter** [pé:tər] : *Peter / Pierre* ; **Name** [na:mə] : *nom*.

• Un point sous la voyelle pour marquer une syllabe accentuée à voyelle brève : **kommen** [kọmmən] : *venir* ; **Brigitte** [briguịttə] : *Brigitte*.

• VOCABULAIRE (leçons 1 à 50)

Chaque leçon comporte un **Vocabulaire**. La place de **l'accent tonique** et **la longueur vocalique** de **tous les mots** sont marquées par un point (ₒ) sous une voyelle brève et un trait (_) sous une voyelle longue ou une diphtongue.

voyelle brève (ₒ)	voyelle longue (_)
rẹnnen : *courir*	**gẹhen** : *aller*
bịtten : *demander, prier*	**das Lẹben** : *la vie*
die Ụmwelt : *l'environnement*	**bieten** : *offrir*
das Schlọss : *le château*	**das Haus** : *la maison*
ụnd : *et*	**oder** : *ou*

Ich bin Peter Schubert

1. Ich bin Peter Schubert.
   iç̣h binn pé:tər chou:bərt.
2. Das ist Brigitte.
   dass ist briguịttə.
3. Sie ist Journalistin.
   zi: ist journalịstinn.
4. Ich bin Brigitte Hoffmann.
   iç̣h binn briguịttə Hǫffmann.
5. Das ist Peter.
   dass ist pé:tər.
6. Er ist Architekt.
   é:r ist arç̣hitèkt.
7. Hier sind Peter und Brigitte.
   hi:r zinnt pé:tər ount briguịttə.
8. Sie leben in Berlin.
   zi: lẹ:bən inn bèrlị:n.

Phonétique et transcription

Vous allez vous familiariser, peu à peu, avec la phonétique allemande. À la différence du français, il y a un lien important entre l'orthographe et la prononciation. Retenez dès à présent cette règle d'or : **toute lettre se prononce en allemand.**

Pour vous aider dans les premières leçons, nous avons élaboré un système d'adaptation à partir du français qui vous aidera à vous familiariser avec la prononciation allemande. Nous vous recommandons cependant, pour les sons et exercices, d'utiliser la **version sonore**.

Je suis Peter Schubert

1. Je suis Peter Schubert.

2. Voici [C'est/Ceci est] Brigitte.

3. Elle est journaliste.

4. Je suis Brigitte Hoffmann.

5. Voici [C'est/Ceci est] Peter.

6. Il est architecte.

7. Voici [Ici sont] Peter et Brigitte.

8. Ils vivent à Berlin.

Rappel : Pour mieux suivre et comprendre la structure allemande, une traduction mot à mot vous est proposée entre crochets : [...].

Prononciation

1. *Peter* [pé:tər] : tout mot de deux syllabes, ou plus, comporte **une syllabe accentuée** prononcée avec plus de force que les autres. **L'accent tonique** porte généralement sur la première syllabe. Nous avons marqué la place de l'accent par un **trait** (_) sous la voyelle quand elle est **longue**, par un **point** (₀) quand elle est **brève. L'opposition voyelle longue ≠ voyelle brève est capitale en allemand**. La voyelle longue est indiquée par les deux points [:] qui la suivent : [pé:tər].

Ich [içh] : ce son, qui n'a pas d'équivalent en français, s'appelle **Ich-Laut** et se prononce plus en avant que le *ch* de *miche* par exemple, avec les lèvres rétractées vers l'arrière, les dents supérieures rapprochées des dents inférieures de façon à ne laisser qu'une ouverture très étroite. Il est indispensable de contrôler la prononciation de ce son à l'aide de l'enregistrement. ♦ *Bin* [binn] : bien marquer le « i » bref. ♦ Le *Sch* dans *Schubert* se prononce comme dans *chou* ; bien accentuer la première syllabe avec un « u » long [ou:]. Prononcer le « t » final.

2. *Brigitte* [briguịttə] : la place de l'accent tonique frappant une voyelle brève est marquée par un point [ọ] sous cette voyelle. **Le doublement des consonnes (tt) marque toujours une voyelle brève.** Bien prononcer dans *Brigitte* le « e » final, voyelle inaccentuée (symbolisée par un « e » renversé écrit « ə »), que l'on prononce comme le « e » de l'article défini *le*. Attention : « g » se prononce [gu] comme dans *bague, guide*, à l'exception des emprunts au français qui conservent la prononciation d'origine : *Garage, Etage*.

3. *Sie* [zi:] : le « s » initial se prononce comme le « z » français de *zizanie, zoo*, « ie » [i:] est un « i » long. ♦ *Journalistin* [journalịstinn] : le début de mot se prononce comme en français ; l'accent est sur l'avant-dernière syllabe [lịs], le « i » bref comme en français.

4. *Hoffmann* [Họffmann] avec un « h » aspiré qui est marqué ici par une majuscule [H]. L'accent tonique frappe le « o » bref de la première syllabe qui se prononce comme dans *pomme*.

5. Attention au « e » inaccentué final [ə] dans *Peter* [pé:tər], comme dans *le*.

6. *Er* [é:r] : avec un « e » long, le « r » final est légèrement vocalisé comme en français *flair, pair*. Il n'est pas roulé et se rapproche d'un « a » très bref. Attention au mot *Architekt* [arçhitèkt] avec le **Ich-Laut** prononcé plus en avant que le « ch » français ; l'accent tonique frappe ici la dernière syllabe.

7. *Sind* [zinnt], *und* [ount] : le « d » final se prononce comme un « t », il n'y a donc pas de différence de prononciation entre le « d » de *und* et le « t » de *ist*.

8. *Berlin* [bèrliːn] : accentué sur la deuxième syllabe, comporte un « i » long, qui n'est pas nasalisé comme le son français *in*.

Vocabulaire

◆

Journalist : *journaliste* (homme)
Journalistin : *journaliste* (femme)
Architekt : *architecte* (homme)
Architektin : *architecte* (femme)

Remarque : le suffixe **-in** féminise les noms masculins.

■

leben : *vivre*

●

hier (adverbe) : *ici*
in (préposition) : *à, dans, en*
und (conjonction) : *et*

GRAMMAIRE

• En allemand, **tous les noms**, qu'ils soient propres ou communs, prennent une **majuscule** : **Peter**, **Architekt**.

• **Les pronoms personnels** : **ich** : *je*, *moi* ; **er** : *il*, *lui* ; **sie** : *elle* ; **sie** (pluriel) : *ils*, *elles*.

• Notez dès à présent les formes du verbe être : **ich bin** : *je suis* ; **er/sie ist** : *il/elle est* ; **sie sind** : *ils/elles sont*.

• **Le démonstratif das** : *ceci, cela* ; **das ist** : *ceci est*, *voici*.

Rappel :
˳ : voyelle brève et accent tonique
_ : voyelle longue et accent tonique

EXERCICES

A. Recomposez un énoncé cohérent
1. Peter, bin, ich, Schubert
2. Brigitte, ist, das
3. Berlin, in, ist, Architekt, er
4. und, Peter, Brigitte, sind, hier
5. Hoffmann, ist, Journalistin, Brigitte, Berlin, in

B. Remplissez les blancs
1. Ich ____ Peter Schubert.
2. Das ____ Brigitte.
3. Peter ist ____.
4. ____ ist Journalistin.
5. ____ leben ____ Berlin.

C. Indiquez la place de l'accent tonique ainsi que la longueur de la voyelle (point/tiret)
1. Peter
2. Schubert
3. Brigitte
4. Journalistin
5. Journalist
6. Hoffmann
7. Architekt
8. Berlin
9. leben
10. Architektin

D. Traduisez
1. Voici Brigitte.
2. Elle est journaliste.
3. Peter est architecte à Berlin.
4. Ils vivent à Berlin.
5. Je suis Peter Schubert et je suis journaliste.

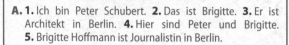

CORRIGÉS

A. 1. Ich bin Peter Schubert. **2.** Das ist Brigitte. **3.** Er ist Architekt in Berlin. **4.** Hier sind Peter und Brigitte. **5.** Brigitte Hoffmann ist Journalistin in Berlin.

B. 1. Ich bin Peter Schubert. **2.** Das ist Brigitte. **3.** Peter ist Architekt. **4.** Brigitte ist Journalistin. **5.** Sie leben in Berlin.

C. 1. Peter. **2.** Schubert. **3.** Brigitte. **4.** Journalistin. **5.** Journalist. **6.** Hoffmann. **7.** Architekt. **8.** Berlin. **9.** leben. **10.** Architektin.

D. 1. Das ist Brigitte. **2.** Sie ist Journalistin. **3.** Peter ist Architekt in Berlin. **4.** Sie leben in Berlin. **5.** Ich bin Peter Schubert und ich bin Journalist.

Wer ist das? Was ist das?

1. Wer ist das?
   vé:r ist dass?
2. Das ist die Freundin von Peter.
   dass ist di: froïndinn fonn pé:tər.
3. Sie ist klein und schlank.
   zi: ist klaïn ount chlanngk.
4. Das ist der Freund von Brigitte.
   dass ist dé:r froïnt fonn briguïttə.
5. Er ist groß und sportlich.
   ér: ist grô:s ount chportliçh.
6. Und was ist das?
   ount vass ist dass?
7. Das ist das Haus von Peter und Brigitte.
   dass ist dass Haos fonn pé:tər ount briguïttə.
8. Es ist groß und schön.
   èss ist grô:s ount cheu:n.
9. Peter und Brigitte wohnen in Berlin, Mozartstraße 1 (eins).
   pé:tər ount briguïttə vô:nən inn bèrli:n, mô:tsartchtra:sə aïns.

LEÇON 2

Wer ist das? Was ist das? • Qui est-ce ? Qu'est-ce que c'est ?

Qui est-ce ? Qu'est-ce que c'est ?

1. *Qui est-ce ?*

2. *C'est l'amie de Peter.*

3. *Elle est petite et svelte.*

4. *Voici [C'est] l'ami de Brigitte.*

5. *Il est grand et sportif.*

6. *Et qu'est-ce que c'est [qu'est ceci] ?*

7. *C'est la maison de Peter et de Brigitte.*

8. *Elle est grande et belle.*

9. *Peter et Brigitte habitent à Berlin, 1, rue Mozart.*

Rappel : Pour mieux suivre et comprendre la structure allemande, une traduction mot à mot vous est proposée entre crochets [...].

Prononciation

1. *Wer* [vé:r] : le « w » se prononce comme le « v » de *verre*, le « e » est fermé et long comme dans *thé*.

2. L'article défini *die* [di:] avec un « i » long. ♦ *Freundin* : bien assimiler l'une des trois diphtongues *eu* [oï], toujours longue comme dans *boycott*. Bien marquer l'accent tonique de la première syllabe. ♦ Attention au « o » ouvert de la préposition *von* [fonn] comme dans *pomme*.

3. *Klein* [klaïn] : une autre diphtongue longue comme dans *ail, aïe*. ♦ *Schlank* [chlanngk] : ne pas nasaliser « an » et ajouter un « k » au son final [ng] comme dans *camping*.

4. Bien allonger la voyelle « e » [é] dans **der** [dé:r].

5. **Sportlich** [chpǫrtliç] : en début de mot, le « s » se prononce [ch] devant une consonne ; pour la prononciation de *-lich*, *cf.* leçon 1. ♦ **Groß** [grô:s] : la lettre « ß », prononcée [èss tsètt], équivaut à « ss » et ne se rencontre qu'après une voyelle longue ou une diphtongue ; le « o » long [ô:] se prononce comme le « o » de *sauce, Beauce*.

6. **Was** [vass] avec un « a » bref ; « w » comme « v » dans *vasque*.

7. **Haus** [Haos] : voici la 3ᵉ diphtongue, « au » comme en anglais *house, mouse*. Bien aspirer le « H ».

8. **Schön** [cheu:n] : « ö » long comme dans *jeûne, foehn*, il s'agit d'une modification de la voyelle « o », marquée par le tréma, que l'on appelle **Umlaut** *(inflexion)*.

9. **Mozartstraße** [mô:tsartchtra:sə] : attention au « z » qui se prononce [ts] et « ß » qui correspond à « ss » après une voyelle longue. ♦ Le chiffre *1 = **eins*** [aïns] comporte la même diphtongue que **klein**. Remarquez aussi l'ordre inverse des termes : **Mozartstraße 1** : 1, *rue Mozart*.

Vocabulaire

◆

der Fr**eu**nd : *l'ami* das H**au**s : *la maison*
die Fr**eu**ndin : *l'amie* die Stra**ß**e : *la rue*

■

wohnen : *habiter*

●

sch**ö**n : *beau, belle* v**ǫ**n : *de*
sp**ǫ**rtlich : *sportif, ive* wer : *qui* (interrogatif)
kl**ei**n : *petit, e* w**ǫ**s : *que, quoi* (interrogatif)
schl**ǫ**nk : *svelte* **i**n : *à, dans*
gro**ß** : *grand, e*

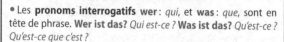

GRAMMAIRE

• Les **pronoms interrogatifs wer** : *qui*, et **was** : *que*, sont en tête de phrase. **Wer ist das?** *Qui est-ce ?* **Was ist das?** *Qu'est-ce ? Qu'est-ce que c'est ?*

• En allemand, il y a **trois genres** : le masculin, le féminin et le neutre dont les articles définis sont respectivement : **der** (M), **die** (F), **das** (N) : *le, la*.

Dans **der Freund/der Journalist/der Architekt** et **die Freundin/die Journalistin/die Architektin**, on peut dire que le genre est déterminé par le sexe de la personne : homme ou femme ; par contre, **das Haus**, qui est un neutre en allemand, a pour équivalent un féminin.

• Dans la phrase 7 :

Das ist das Haus von Peter und Brigitte.
C'est la maison de Peter et Brigitte.

il y a deux **das** : le premier est le démonstratif *cela, ça*, le deuxième est l'article défini *le, la*.

• La plupart du temps, il n'existe en allemand aucune logique apparente en ce qui concerne **le genre des substantifs**. Il faudra donc toujours apprendre un **nom** accompagné de son **article défini**, c'est-à-dire de la **marque du genre**.

• **Pronoms personnels** de la troisième personne du singulier : **er, sie** : *il, elle* ; il y a logiquement aussi apparition d'une forme neutre **es** :

Das Haus ist schön. → **Es ist schön.**
La maison est belle. → *Elle est belle.*

• Contrairement au français, l'**adjectif attribut est invariable** en allemand :

Das Haus ist groß.
La maison est grande.

Brigitte und Peter sind groß.
Brigitte et Peter sont grands.

EXERCICES

A. Recomposez le puzzle. Faites un énoncé cohérent
1. Brigitte, von, Freund, der, ist, das
2. klein, schlank, ist, sie, und
3. er, und, sportlich, ist, groß
4. das, Peter, Brigitte, von, und, ist, Haus, das
5. sie, Mozartstraße, Berlin, wohnen, 1, in

B. Comblez les blancs
1. ___ ist ___ Freundin ___ Peter.
2. Wer ist ___? Das ___ der ___ ___ Brigitte.
3. ___ ist schlank und ___ ___ sportlich.
4. ___ ist das? ___ ist ___ Haus ___ Peter.
5. Das ___ ist groß. ___ ist schön.

C. Répondez aux questions en indiquant, éventuellement, l'article
Ex. Was ist das? (Haus von Peter)
Das ist das Haus von Peter.

1. Was ist das? (Berlin)
2. Wer ist das? (Freundin von Peter)
3. Wer ist das? (Journalistin Brigitte)
4. Was ist das? (Mozartstraße)
5. Wer ist das? (Peter, Freund von Brigitte)

D. Traduisez
1. Qui est-ce ? C'est l'ami de Brigitte.
2. Voici Peter. Il est grand et sportif.
3. Qu'est-ce que c'est ? C'est la maison de Brigitte.
4. Elle est petite.
5. Peter et Brigitte habitent à Berlin.

CORRIGÉS

A. 1. Das ist der Freund von Brigitte. **2.** Sie ist klein und schlank. **3.** Er ist sportlich und groß. **4.** Das ist das Haus von Brigitte und Peter. **5.** Sie wohnen in Berlin, Mozartstraße 1.

B. 1. Das ist die Freundin von Peter. **2.** Wer ist das? Das ist der Freund von Brigitte. **3.** Sie ist schlank und er ist sportlich. **4.** Was ist das? Das ist das Haus von Peter. **5.** Das Haus ist groß. Es ist schön.

C. 1. Das ist Berlin. **2.** Das ist die Freundin von Peter. **3.** Das ist die Journalistin Brigitte. **4.** Das ist die Mozartstraße. **5.** Das ist Peter, der Freund von Brigitte.

D. 1. Wer ist das? Das ist der Freund von Brigitte. **2.** Das ist Peter. Er ist groß und sportlich. **3.** Was ist das? Das ist das Haus von Brigitte. **4.** Es ist klein. **5.** Peter und Brigitte wohnen in Berlin.

Wer ist das? Was ist das? • Qui est-ce ? Qu'est-ce que c'est ?

Eine Nachricht für Sie

1. Guten tag. Mein Name ist Schubert.
   gou:tən ta:k. maïn na:mə ist choubərt.

2. Ich habe ein Zimmer reserviert.
   içh Ha:bə aïn tsimmər rézèrvi:rt.

3. Ja, Franz Schubert aus Wien.
   ya, frannts chou:bərt aos vi:n.

4. Nein, ich bin Peter Schubert aus Berlin.
   naïn, içh binn pé:tər chou:bərt aos bèrli:n.

5. Sie haben Zimmer Nummer zwei. Hier der Schlüssel.
   zi: Ha:bən tsimmər noummər tsvaï. Hi:r dé:r chlüssəl.

6. Moment, Herr Schubert, hier ist eine Nachricht für Sie.
   momènt, Hèrr chou:bərt, Hi:r ist aïnə na:CHriçht fu:r zi:.

7. Ah! Ein Brief und ein Fax. Danke.
   a:! aïn bri:f ount aïn faks. dạnngkə.

Un message pour vous

1. Bonjour. Mon nom est Schubert.

2. J'ai réservé une chambre.

3. Oui, Franz Schubert de Vienne.

4. Non, je suis Peter Schubert de Berlin.

5. Vous avez la chambre numéro deux. Voici la clé.

6. Un moment, monsieur Schubert, voici un message pour vous.

7. Ah ! une lettre et un fax. Merci.

Prononciation

1. **Guten** [gou:tən] : « ou » long. ♦ **Tag** [ta:k] : allonger le « a » ; en finale, le « g » se prononce comme un « k » affaibli. ♦ **Name** : « a » long et « e » final comme dans l'article le.

2. **Habe** [Ha:bə] : avec un « h » aspiré [H] et un « a » long. ♦ **Ein** [aï:n] : un, une ; en début de mot, l'attaque est plus dure qu'en français ; il n'y a pas de liaison avec la voyelle ou la consonne précédente comme dans cher ami ; avant l'émission de la voyelle, la glotte se referme, c'est ce qu'on appelle le « coup de glotte » : **ein, eine, aus**, etc. ♦ **Zimmer** : le « z » se prononce [ts] ; le « i » est bref puisque suivi d'une consonne double. ♦ **Reserviert** : comme en français, avec un « i » final long.

3. **Franz** [frants] : avec « a » ouvert non nasalisé ; le « z » se prononce [ts]. ♦ **Wien** [vi:n] : le « w » se prononce comme le « v » de vie ; « ie » traduit un « i » long.

5. Notez l'attaque dure « ts » de **Zimmer, zwei** [tsɪmmər, tsvaï]. ♦ Le « h » aspiré [H] de **hier.** ♦ Attention : **Nummer** avec un [ou] comme nous, orthographié « u », mais **Schlüssel** avec un [u] comme chute, orthographié « ü ».

6. **Herr** [Hèrr] avec une voyelle brève imposée par le doublement de la consonne ; le « r » final est légèrement vocalisé, comme dans *flair, pair*. ◆ **Nachricht** [na:CHriçht] : vous rencontrez pour la première fois le **Ach-Laut**, symbolisé par [CH], dans la première moitié du mot. Ce son guttural, produit en raclant la gorge, est proche du son français de *âcre, ocre*. Ne le confondez pas avec le **Ich-Laut** de la deuxième moitié du mot [...riçht] que nous avons déjà vu dans le pronom personnel *ich*.

7. **Danke** [danngkə] : même son que **schlank** en leçon 2 avec le son final « ng » du mot français *camping* suivi d'un « k ».

◆

(der) Herr : *(le) Monsieur*
(der) Moment : *(le) moment*
das Fax : *le fax*
das Zimmer : *la chambre*
die Nachricht : *le message*

der Tag : *le jour*
der Name : *le nom*
der Schlüssel : *la clé*
der Brief : *la lettre*
die Nummer : *le numéro*

■

reservieren : *réserver*

●

hier : *ici*
hier ist : *voici*
guten Tag : *bonjour*

ja : *oui*
nein : *non*
danke : *merci*

GRAMMAIRE

• **L'article indéfini** : masculin/neutre : **ein** [aïn] : *un*, féminin **eine** [aï:nə] : *une*. Le genre des noms allemands peut correspondre au sexe : **ein Herr** : *un monsieur*, **eine Journalistin** : *une journaliste*, mais il y a cependant rarement correspondance du français à l'allemand : **das/ein Zimmer** : *la/une chambre* ; **die/eine Nachricht** : *le/un message*.

• **Le possessif** : masculin/neutre : **mein** [maïn] : *mon*, féminin **meine** [maï:nə] : *ma* ; remarquez la ressemblance morphologique entre **ein/mein** et **eine/meine**.

> **Attention !**
> Le pronom personnel **Sie/sie** a une double fonction :
> • Écrit avec une minuscule, **sie**, c'est la 3ᵉ personne du pluriel : *ils/elles* : **sie leben in Berlin**, *ils/elles vivent à Berlin*.
> • Écrit avec une majuscule, **Sie**, il fait fonction de forme de politesse : **Sie haben**, *vous avez*. Le contexte permet de lever toute ambiguïté.

• **L'auxiliaire haben**. Retenez dès à présent les formes suivantes : **ich habe** [Ha:bə] : *j'ai* ; **Sie haben** [Ha:bən] : *vous avez* (forme de politesse) et la 3ᵉ personne du singulier : **er/es/sie hat** [Hatt] : *il/elle a*.

• Notez les deux **prépositions** : **für** : [fu:r], *pour* : **eine Nachricht für Sie**, *un message pour vous*, et **aus** [aos] : **aus Berlin**, *de Berlin*, qui indique ici la provenance.

La forme grammaticale **ich habe reserviert** fera l'objet d'une explication ultérieure. Contentez-vous pour le moment de la retenir.

EXERCICES

A. Indiquez l'article défini/indéfini des mots suivants

Ex. ___ Haus → das/ein Haus

1. ___ Journalist
2. ___ Journalistin
3. ___ Zimmer
4. ___ Nummer
5. ___ Brief

6. ___ Freund
7. ___ Nachricht
8. ___ Fax
9. ___ Tag
10. ___ Herr

B. Complétez le texte ci-dessous

1. Guten Tag. Mein ___ ist Schubert.
2. Ich ___ ein Zimmer reserviert.
3. Mein Name ist nicht ___ Schubert, ich bin ___ Schubert.
4. Sie haben Zimmer ___ zwei. Hier der ___.
5. Hier ist ___ Nachricht für Sie, ___ Brief und ein ___.

C. Répondez par « vrai » ou « faux »

1. Herr Schubert hat zwei Zimmer reserviert.
2. Peter Schubert ist aus Wien.
3. Es ist eine Nachricht für Brigitte.
4. Es ist ein Fax für Franz Schubert.
5. Peter hat Zimmer Nummer zwei.

D. Traduisez

1. Mon nom est Schubert, j'ai réservé une chambre.
2. Un moment, j'ai un message pour vous.
3. Voici un fax, il est de Berlin.
4. Ah, une lettre et un fax, merci.
5. Vous avez la chambre numéro deux. Voici la clé.

CORRIGÉS

A. 1. der/ein Journalist. **2.** die/eine Journalistin. **3.** das/ein Zimmer. **4.** die/eine Nummer. **5.** der/ein Brief. **6.** der/ein Freund. **7.** die/eine Nachricht. **8.** das/ein Fax. **9.** der/ein Tag. **10.** der/ein Herr.

B. 1. Name. **2.** habe. **3.** Franz, Peter. **4.** Nummer, Schlüssel. **5.** eine, ein, Fax.

C. 1. FAUX : ein Zimmer. **2.** FAUX : aus Berlin. **3.** FAUX : für Peter Schubert. **4.** FAUX : für Peter Schubert. **5.** VRAI.

D. 1. Mein Name ist Schubert, ich habe ein Zimmer reserviert. **2.** Moment, ich habe eine Nachricht für Sie. **3.** Hier (ist) ein Fax, es ist aus Berlin. **4.** Ah, ein Brief und ein Fax, danke. **5.** Sie haben (das) Zimmer Nummer zwei. Hier (ist) der Schlüssel.

Haben wir noch Wein?

Peter (P), Brigitte (B)

1. P : Wann kommen Martin und Christel?
vann kǫmmən mạrtinn ount krịstəl?

2. B : Sie kommen heute. Haben wir noch Wein?
zi: kǫmmən Hǫïtə. Hạ:bən vi:r noCH vaïn?

3. P : Ja, wir haben noch drei Flaschen. Aber wir haben
kein Bier und keine Limonade.
ya, vi:r Hạ:bən noCH draï flạchən, ạ:bər vi:r Hạ:bən kaïn bi:r
ount kaïnə limonạ:də.

4. Brauchen wir noch Brot und Käse?
braoCHən wi:r noCH bro:t ount kè:zə?

5. B : Ja, wir brauchen Brot und Käse, aber auch Wurst
und Tomaten.
ya, vi:r braoCHən bro:t ount kè:zə, ạ:bər aoCH vourst ount
tomạ:tən.

6. P : Hast du noch Zigaretten?
Hast dou: noCH tsigarẹttən?

7. B : Warum Zigaretten? Ich rauche nicht, du auch
nicht.
varoụm tsigarẹttən? içh raoCHə niçht, dou: aoCH niçht.

8. Martin und Christel rauchen auch nicht.
mạrtinn ount krịstəl raoCHən aoCH niçht.

9. P : Wir brauchen also keine Zigaretten!
vi:r braoCHən ạlzo: kaïnə tsigarẹttən.

Avons-nous encore du vin ?

Peter (P), Brigitte (B)

1. P : Quand Martin et Christel viennent-ils ? [Quand viennent Martin et Christel ?]

2. B : Ils viennent aujourd'hui. Avons-nous encore du vin ? [Avons-nous encore vin ?]

3. P : Oui, nous avons encore trois bouteilles. Mais nous n'avons pas de bière ni [et pas] de limonade.

4. Avons-nous encore besoin de pain et de fromage [pain et fromage] ?

5. B : Oui, il nous faut du pain et du fromage, mais aussi du saucisson et des tomates.

6. P : As-tu encore des cigarettes [encore cigarettes] ?

7. B : Pourquoi des cigarettes ? Je ne fume pas, tu ne fumes pas non plus.

8. Martin et Christel ne fument pas non plus [ne fument pas aussi].

9. P : Nous n'avons donc pas besoin de cigarettes !

Prononciation

1. *Wann* [vann] : se prononce comme *vanne*.

2. *Heute* [hoïtə] : accentuation de la diphtongue [oï], qui est longue ; le « e » final comme dans *le*. ♦ *Noch* [noCH] avec un **Ach-Laut**. ♦ *Wein* [vaïn] : même son que *vaille*.

3. *Wir* [vi:r] : avec un « i » long. ♦ *Flaschen* [flạchən] : la 1re syllabe comme dans *flash*. ♦ *Aber* [a:bər] : avec un « a » long.

4. Brauchen [braoCHən] : la diphtongue « au » [ao] est suivie du **Ach-Laut**. ♦ **Käse** [kè:zə] : notez la voyelle infléchie « ä » qui représente le « e » ouvert [è] de *laid*. Vous connaissez maintenant les trois voyelles infléchies : « ü, ö, ä ».

5. Auch [aoCH] : avec le **Ach-Laut**.

6. Hast du : attention ! il n'y a pas de liaison en allemand ; il faut entendre le « t » de **hast** et le « d » de **du**. ♦ **Zigaretten** [tsigarèttən] : le « z » [ts] a une attaque dure.

7. Warum [varọum] avec un « u » bref sur la 2ᵉ syllabe. ♦ **Rauche** [raoCHə] avec un **Ach-Laut**.

Vocabulaire

◆

die Zigarẹtte, n : *la cigarette*
die Flạsche, n : *la bouteille*
die Limonạde, n : *la limonade*

die Tomạte, n : *la tomate*
die Wụrst : *le saucisson*
der Kạ̈se : *le fromage*

■

brauchen : *avoir besoin de*
kọmmen : *venir*

rauchen : *fumer*

●

heute : *aujourd'hui*
auch : *aussi, également*
auch nicht : *non plus*
wạnn : *quand*

nọch : *encore*
ạlso : *donc*
warụm : *pourquoi*
ạber : *mais*

• **La phrase interrogative**

L'interrogation peut être exprimée :

• **sans mot interrogatif** : *est-ce que?* Le **verbe** est alors **en première position** et la phrase se termine par une mélodie montante :

Brauchen wir Wein? *Est-ce que nous avons besoin de vin ? Avons-nous besoin de vin ?*

• **par un interrogatif** : **wann**, *quand ?* **warum**, *pourquoi ?* **was**, *qu'est-ce qui ? qu'est-ce que ?* Le verbe suit alors immédiatement l'interrogatif et la courbe mélodique est descendante, toute l'intonation portant sur l'interrogatif :

Wann kommen sie? *Quand viennent-ils ?*
Warum kommt er? *Pourquoi vient-il ?*
Was macht sie? *Que fait-elle ?*

• À l'absence d'article dans : **wir haben Wein und Bier**, *nous avons du vin et de la bière* ; **wir brauchen Brot, Käse und Zigaretten**, *il nous faut du pain, du fromage et des cigarettes*, correspond en français l'article partitif *du, de la, des*, qui désigne la partie d'un tout.

• **La négation**

Distinguons bien les deux cas ci-dessous :

• **nicht** : *ne … pas* constitue la négation d'un énoncé tel que :
Raucht er? Nein, er raucht nicht.
Fume-t-il ? Non, il ne fume pas.

• **kein/keine** est la négation du partitif *(du, de la, des)*, c'est-à-dire de l'article zéro, et de l'article indéfini **ein/eine** :

Wir haben Brot, aber er hat kein Brot. *Nous avons du pain, mais lui n'a pas de pain.* **Er hat ein Haus, aber sie hat kein Haus.** *Il a une maison, mais elle n'a pas de maison.*

• En règle générale, les **féminins en -e** forment leur **pluriel** en ajoutant **-n** : **die Zigarette → die Zigaretten, die Flasche → die Flaschen, die Tomate → die Tomaten.**

Il faut donc toujours apprendre un substantif avec son genre et sa marque de pluriel. Dans le vocabulaire, nous symboliserons la marque du pluriel de la façon suivante : **die Zigarette, n.**

EXERCICES

A. Transformez les énoncés en questions
1. Christel und Martin kommen.
2. Wir haben noch Wein und Bier.
3. Mein Freund raucht.
4. Sie braucht Brot und Käse.
5. Er ist Architekt.

B. Mettez à la forme négative (« nicht » ou « kein/keine »)
1. Sie kommen heute.
2. Wir haben Wurst.
3. Ich rauche.
4. Sie raucht Zigaretten.
5. Wir haben eine Flasche.

C. Répondez par la négative en utilisant les pronoms personnels
Ex. Raucht Peter? Nein, er raucht nicht. Braucht Brigitte Zigaretten? Nein, sie braucht keine Zigaretten.

1. Kommen Martin und Christel?
2. Braucht Peter Bier und Limonade?
3. Hat Christel Wurst und Tomaten?
4. Wohnt Brigitte in Wien?
5. Hat Herr Schubert ein Fax?

D. Traduisez
1. Avons-nous encore de la bière ?
2. Oui, nous (en) avons encore trois bouteilles.
3. Mais nous n'avons pas de pain et pas de saucisson.
4. Nous n'avons pas besoin de cigarettes.
5. Martin et Christel ne fument pas. Je ne fume pas non plus.

CORRIGÉS

A. 1. Kommen Christel und Martin? **2.** Haben wir noch Wein und Bier? **3.** Raucht mein Freund? **4.** Braucht sie Brot und Käse? **5.** Ist er Architekt?

B. 1. Sie kommen heute nicht. **2.** Wir haben keine Wurst. **3.** Ich rauche nicht. **4.** Sie raucht keine Zigaretten. **5.** Wir haben keine Flasche.

C. 1. Nein, sie kommen nicht. **2.** Nein, er braucht kein Bier und keine Limonade. **3.** Nein, sie hat keine Wurst und keine Tomaten. **4.** Nein, sie wohnt nicht in Wien. **5.** Nein, er hat kein Fax.

D. 1. Haben wir noch Bier? **2.** Ja, wir haben noch drei Flaschen. **3.** Aber wir haben kein Brot und keine Wurst. **4.** Wir brauchen keine Zigaretten. **5.** Martin und Christel rauchen nicht. Ich rauche auch nicht.

Wie viel kosten die Kirschen?

Brigitte (B) und Peter (P) im Supermarkt

1. B : Wo sind die Videokassetten?
vô: zint di: vi:déokassèttən?

2. P : Dort rechts. Du kaufst die Kassetten und ich kaufe die Würstchen und die Brötchen.
dort rèchts. dou: kaofst di: kassèttən, ount ich kaofə di: vurstchən ount di: breu:tchən.

3. B : Wir brauchen auch Obst: Birnen und Bananen, aber kein Fleisch.
vi:r braoCHən aoCH ô:pst: birnən ount bana:nen, a:bər kaïn flaïch.

4. P : Mache ich das?
maCHə ich dass?

5. B : Ja, du machst das.
ya, dou: maCHst dass.

6. P : Wie viel kosten die Kirschen?
vi: fi:l kosten di: kirchən?

7. B : Zwei Euro. Sie sind teuer, aber sie sind schön.
tsvaï oïro: zi: zint toïər, a:bər zi: zint cheu:n.

8. P : Was machst du? Warum kaufst du Blumen?
vass maCHst dou:? varoum kaofst dou: blou:mən?

9. B : Du bist aber neugierig! Die Rosen sind für meine Mutter.
dou: bist a:bər noïgi:rich! di: ro:zən zint fur maïnə mouttər.

10. P : Ach ja! Sie hat morgen Geburtstag.
aCH ya! zi: hatt morguən guəbourtsta:k.

Combien coûtent les cerises ?

Brigitte (B) et Peter (P) au supermarché

1. **B** : Où sont les vidéocassettes ?

2. **P** : Là-bas, sur la [à] droite. Tu achètes les cassettes, et moi j'achète les saucisses et les petits pains.

3. **B** : Nous avons également besoin de fruits : des poires et des bananes, mais pas de viande.

4. **P** : C'est moi qui me charge de cela ? [Est-ce que je fais cela ?]

5. **B** : Oui, c'est toi qui le fais [fais cela].

6. **P** : Combien coûtent les cerises ?

7. **B** : Deux euros. Elles sont chères, mais elles sont belles.

8. **P** : Que fais-tu ? Pourquoi achètes-tu des fleurs ?

9. **B** : Mais qu'est-ce que tu peux être curieux ! [Mais que tu es curieux !] Les roses sont pour ma mère.

10. **P** : Ah oui ! c'est demain son anniversaire. [Elle a son anniversaire demain.]

Prononciation

1. **Sind** [zint] : le « d » final se durcit et se prononce comme un « t ».

2. **Rechts** [rèchts] avec un **Ich-Laut**. ♦ **Würstchen** [vụrstçhən] comme le *vu* français, le suffixe *-chen* comporte un **Ich-Laut**. ♦ **Brötchen** [brẹu:tçhən] : le « ö » infléchi, qui se prononce comme le « eu » de *meule*, est long.

3. **Obst** [ô:pst] : avec un « ô » fermé long comme celui de *pôle*, le « b » se prononce ici comme un « p ».

6. **Wie viel** [vi: fi:l] : l'accent tonique frappe la seconde syllabe. ♦ **Kirschen** [kịrchən] comme dans *kirsch*.

7. **teuer** [toïər] : avec la diphtongue [oï] de *boy*. ♦ **schön** [cheu:n] avec un « ö » long comme dans *foehn*.

8. **Blumen** [blou:mən] : avec un « u » [ou:] long.

9. **neugierig** [noïgui:riç] : attention, en finale, **-ig** se prononce comme **ich**.

10. **Geburtstag** [guəbourtsta:k] : le « g » initial comme le « gu » de *guenille*, le « g » final se durcit en « k ». L'accent tonique est sur le « u » [ou] qui est bref.

Vocabulaire

♦

der Geburtstag: *l'anniversaire*
das Würstchen, -: *la saucisse*
die Banane, n: *la banane*
das Obst (sg.): *les fruits (pl.)*
die Rose, n: *la rose*
der Supermarkt: *le supermarché*

das Brot: *le pain*
das Fleisch: *la viande*
die Birne, n: *la poire*
die Kirsche, n: *la cerise*
die Blume, n: *la fleur*
die Mutter: *la mère*

■

kaufen: *acheter*
brauchen: *avoir besoin de*

machen: *faire*
kosten: *coûter*

●

morgen: *demain*
schön: *beau*
wie viel: *combien*

neugierig: *curieux*
rechts: *à droite*
dort: *là-bas*

- Aux interrogatifs que vous avez déjà rencontrés, ajoutez : **wo**, *où ?* ; **wie viel**, *combien ?* : **Wie viel kosten die Kirschen?** *Combien coûtent les cerises ?* ♦ **Wo wohnst du?** *Où habites-tu ?*

- **Le suffixe -chen** sert à former des diminutifs : **das Brot**, *le pain* : **das Brötchen**, *le petit pain* ; **die Wurst**, *le saucisson* : **das Würstchen**, *la saucisse*.

Attention !
- Tous les diminutifs formés sur **-chen** sont du neutre et sont invariables au pluriel.
- Le suffixe **-chen** entraîne une inflexion des voyelles : **o > ö, u > ü, a > ä.**

- Contrairement au français, **l'adjectif attribut est invariable** :

  Die Blume ist schön. Die Blumen sind schön.
  La fleur est belle. Les fleurs sont belles.

- Retenez la **conjugaison des verbes** : **machen**, *faire* ; **kaufen**, *acheter*, et les auxiliaires **haben**, *avoir*, et **sein**, *être*.

Sg.	1. **ich**: *je*	mach-e	kauf-e	habe	bin
	2. **du**: *tu*	mach-st	kauf-st	hast	bist
	3. **er/sie/es**: *il, elle*	mach-t	kauf-t	hat	ist
Pl.	1. **wir**: *nous*	mach-en	kauf-en	haben	sind
	2. **ihr**: *vous*	mach-t	kauft	habt	seid
	3. **sie/Sie**: *ils, elles/vous*	mach-en	kauf-en	haben	sind

La marque de l'**infinitif** est **-en** ou parfois **-n** ; quand on conjugue un verbe au présent, il suffit d'ajouter la désinence voulue **-e, -st, -t, -en, -t, -en,** au **radical**, que l'on obtient en ôtant **-en** ou **-n** de l'infinitif (sauf pour les verbes irréguliers **sein** et **haben**) : **kauf-, mach-.**

- **ihr** (*vous*) est la forme du tutoiement au pluriel ; ne pas la confondre avec le **Sie** (*vous*) de la forme de politesse.

Rappel : La 3e personne du pluriel **sie** fait également fonction de forme de politesse ; elle prend alors une majuscule : **Sie** et peut concerner soit un individu soit un groupe.

ihr seid (*vous êtes*) est une exception : **d** et non pas **t** en finale.

La forme **im Supermarkt** [imm z<u>ou</u>:pərmarkt], *au supermarché*, sera traitée plus loin.

EXERCICES

A. Indiquez l'article des noms (1-10) et leur pluriel (6-10). Puis traduisez

1. ___ Obst
2. ___ Fleisch
3. ___ Mutter
4. ___ Geburtstag
5. ___ Käse
6. ___ Würstchen ___
7. ___ Blume ___
8. ___ Kassette ___
9. ___ Brötchen ___
10. ___ Birne ___

B. Mettez le verbe à la forme voulue

1. Brigitte (kaufen) Brot, ich (kaufen) Würstchen und du (kaufen) Bananen.
2. Die Kirschen (sein) teuer, aber wir (brauchen) Obst.
3. Was (machen) du? Warum (kaufen) du Blumen?
4. (Kaufen) ich Birnen? (Sein) sie teuer?
5. (Haben) du noch Videokassetten?

C. Complétez par l'interrogatif approprié

warum – was – wie viel – wo – wann

1. ___ sind die Videokassetten? - Dort rechts.
2. ___ kosten die Tomaten? - Zwei Euro.
3. ___ kaufst du kein Fleisch? - Ich habe noch Fleisch.
4. ___ kommen Martin und Christel? - Heute.
5. ___ rauchst du? - Ich rauche Gitane-Zigaretten.

D. Traduisez

1. Nous avons besoin de fruits. Achètes-tu des poires ?
2. Où sont les cerises ? Combien coûtent-elles ?
3. J'achète des fleurs pour ma mère. C'est son anniversaire.
4. Les roses sont chères. Mais elles sont belles.
5. Que fais-tu ? J'achète de la viande.

CORRIGÉS

A. 1. das Obst: *les fruits*. **2.** das Fleisch: *la viande*. **3.** die Mutter: *la mère*. **4.** der Geburtstag: *l'anniversaire*. **5.** der Käse: *le fromage*. **6.** das Würstchen, -: *la saucisse*. **7.** die Blume, n: *la fleur*. **8.** die Kassette, n: *la cassette*. **9.** das Brötchen, -: *le petit pain*. **10.** die Birne, n: *la poire*.

B. 1. Brigitte kauft, ... ich kaufe, ... du kaufst ... **2.** Die Kirschen sind teuer, ... wir brauchen ... **3.** Was machst du? Warum kaufst du ...? **4.** Kaufe ich Birnen? Sind sie teuer? **5.** Hast du ...?

C. 1. Wo. **2.** Wie viel. **3.** Warum. **4.** Wann. **5.** Was.

D. 1. Wir brauchen Obst. Kaufst du Birnen? **2.** Wo sind die Kirschen? Wie viel kosten sie? **3.** Ich kaufe Blumen für meine Mutter. Sie hat Geburtstag. **4.** Die Rosen sind teuer. Aber sie sind schön. **5.** Was machst du? Ich kaufe Fleisch.

Wie viel kosten die Kirschen? • Combien coûtent les cerises ?

MÉMENTO

• Il existe **trois genres** en allemand, auxquels correspondent les **articles définis** : **der, das, die**.

Masculin : **der Freund**, *l'ami*
Neutre : **das Haus**, *la maison*
Féminin : **die Nachricht**, *la nouvelle/le message*

Le **pluriel** est identique pour les trois genres : **die**.

• Les **féminins** en **-e** forment leur **pluriel** en **-n** ; les **neutres** en **-chen** sont **invariables**.

SINGULIER	PLURIEL
die Zigarette, *la cigarette*	**die Zigaretten**, *les cigarettes*
die Flasche, *la bouteille*	**die Flaschen**, *les bouteilles*
die Blume, *la fleur*	**die Blumen**, *les fleurs*
das Brötchen, *le petit pain*	**die Brötchen**, *les petits pains*
das Würstchen, *la saucisse*	**die Würstchen**, *les saucisses*

• L'**article indéfini** est **ein** (masculin, neutre)/**eine** (féminin) :

Masculin : **ein Schlüssel**, *une clé*
Neutre : **ein Fax**, *un fax*
Féminin : **eine Kassette**, *une cassette*

L'indéfini **ein/eine** n'a pas de pluriel : **ein Schlüssel/Ø Schlüssel**, *une clé/des clés* ; **eine Kassette/Ø Kassetten**, *une cassette/des cassettes*.

• Notez la similitude de forme entre l'**article indéfini** et le **possessif** :

ein Freund/mein Freund
eine Zigarette/meine Zigarette

• Les **pronoms personnels** sont les suivants :

Singulier : **ich**, *je*   Pluriel : **wir**, *nous*
          du, *tu*   **ihr**, *vous*
          er (masc.), *il*   **sie**, *ils/elles*
          es (neut.), *il*
          sie (fém.), *elle*   **Sie**, *vous* (politesse sg./pl.)

• La **forme de politesse** est la troisième personne du pluriel, mais dans ce cas, le pronom personnel **Sie** prend toujours une **majuscule** : **Kommen Sie?** *Venez-vous ?* **Kommen sie?** *Viennent-ils/elles ?*

Mémento

• Retenez la conjugaison du **présent** des **verbes réguliers**, tels que **wohnen**, *habiter*, **kaufen**, *acheter* :

SINGULIER	PLURIEL
ich wohne/kaufe	wir wohnen/kaufen
du wohnst/kaufst	ihr wohnt/kauft
er, es, sie wohnt/kauft	<u>s</u>ie/<u>S</u>ie wohnen/kaufen

• Présent des auxiliaires **haben**, *avoir* et **sein**, *être* :

SINGULIER	PLURIEL
ich habe/bin	wir haben/sind
du hast/bist	ihr habt/seid
er, es, sie hat/ist	<u>s</u>ie/<u>S</u>ie haben/sind

• En allemand, contrairement au français, l'**adjectif attribut** est toujours **invariable** :
Peter und Brigitte sind schön.

La **négation verbale** est **nicht** :
Ich rauche, aber Brigitte raucht nicht.

La **négation** de l'**article indéfini** et du **partitif** est **kein** et **keine** :

Martin hat ein Haus, aber Brigitte hat kein Haus.
Wir haben Brot und Wurst, aber sie haben kein Brot und keine Wurst.

• En l'absence d'interrogatif, le *verbe* de la **phrase interrogative** est en *première position* :

<u>Ist</u> **Martin dein Freund?**
<u>Kaufe</u> **ich Brot?**

• La phrase interrogative peut également être introduite par un **interrogatif** :
wann? *quand ?* ♦ **wo?** *où ?* ♦ **wie viel?** *combien ?* ♦ **warum?** *pourquoi ?* ♦ **was?** *que (qu'est-ce qui/qu'est-ce que) ?* ♦ **wer?** *qui (qui est-ce qui) ?*

Unsere Freunde haben vier Kinder

Brigitte (B), Peter (P)

1. **P :** Warum sind unsere Freunde so traurig?
2. **B :** Sie haben viele Probleme. Sie suchen eine Wohnung und finden nichts.
3. **P :** Aber es ist sehr schwer. Sie haben zwei Hunde, drei Katzen und vier Kinder!
4. **B :** Die Leute wollen keine Kinder und keine Tiere.
5. **P :** Das ist dumm und nicht sozial. Viele Wohnungen sind leer, aber die Leute sind egoistisch.
6. **B :** Paare ohne Kinder haben mehr Glück. Sie finden schnell eine Wohnung.
7. **P :** Die Parteien verteidigen nicht die Familien, sondern ihre Interessen.
8. **B :** Und sie haben kein Geld für Sozialwohnungen und bauen keine Häuser.

Prononciation

1. varǫum zint ǫunzərə frǫïndə zo: traǫoriçh?
2. zi: Ha:bən fi:lə problé:mə. zi: zǫu:CHən aïnə vô:noung ount fịndən niçhts.
3. a:bər èss ist chvé:r. zi: Ha:bən tsvaï Hǫundə, draï kạtsən ount fi:r kịndər.
4. di: lǫïtə vǫllən kaïnə kịndər ount kaïnə ti:rə.

Nos amis ont quatre enfants

Brigitte (B), Peter (P)

1. P : Pourquoi nos amis sont-ils si tristes?

2. B : Ils ont beaucoup de problèmes. Ils cherchent un appartement et ne trouvent rien.

3. P : Mais c'est très difficile. Ils ont deux chiens, trois chats et quatre enfants !

4. B : Les gens ne veulent pas d'enfants et pas d'animaux.

5. P : C'est stupide et antisocial. De nombreux logements sont vides, mais les gens sont égoïstes.

6. B : Les couples sans enfants ont plus de chance. Ils trouvent rapidement un logement.

7. P : Les partis politiques ne défendent pas les familles, mais leurs intérêts.

8. B : Et ils n'ont pas d'argent pour des logements sociaux et ne construisent pas de maisons.

---

5. dass ist doumm ount niçht zotsia:l. fi:lə vô:noungən zint lé:r, a:bər di: loïtə zint égoïstich.

6. pa:rə ô:nə kindər Hąbən mé:r glukk. zi: findən chnèll aïnə vô:noung.

7. di: partaïən fərtaïdiguən niçht di: fami:liən zǫndərn i:rə intərèssən.

8. ount zi : Ha:bən kaïn guèlt fu:r zotsia:lvô:noungən ount baoən kaïnə Hoïzər.

Vocabulaire

◆

das Problem, e: *le problème*
die Familie, n: *la famille*
die Wohnung, en: *l'appartement*
die Partei, en: *le parti politique*
das Interesse, n: *l'intérêt*
das Glück (sg.): *la chance, le bonheur*

das Geld, er: *l'argent*
der Hund, e: *le chien*
der Freund, e: *l'ami*
das Paar, e: *le couple*

■

suchen: *chercher*
verteidigen: *défendre*

wollen: *vouloir*
finden: *trouver*

●

traurig: *triste*
sozial: *social*
egoistisch: *égoïste*

dumm: *stupide*
leer: *vide*

GRAMMAIRE

• Le pluriel des noms

1) Un grand nombre de **masculins** forment leur pluriel en ajoutant **-e** : **der Freund → die Freunde** ; **der Hund → die Hunde**.

2) Les **neutres** se répartissent généralement en deux grands groupes :

   • Pluriel en **-e** (sans inflexion) : **das Paar → die Paare, das Tier → die Tiere, das Problem → die Probleme**.

   • Pluriel en **-er** (avec inflexion sur les voyelles dites sombres « a, o, u » et la diphtongue « au ») : **das Kind → die Kinder, das Haus → die Häuser**.

   • Certains neutres forment cependant leur pluriel en **-n** ou **-en** : **das Interesse → die Interessen**.

3) La grande majorité des **féminins** forment leur pluriel en **-n** ou **-en** : **die Katze → die Katzen, die Familie → die Familien, die Partei → die Parteien, die Wohnung → die Wohnungen**.

Il est donc indispensable d'apprendre un nom avec l'indication de son genre et sa marque de pluriel. Retenez également **die Leute** : *les gens*, qui n'existe qu'au pluriel.

• Vous connaissez déjà le possessif **mein/meine** : *mon/ma/mes*. En voici deux nouveaux : **unser/unsere** : *notre/nos* et **ihr/ihre** : (ici) *leur/leurs* : **unser Freund**, *notre ami* : **unsere Freunde**, *nos amis* ; **ihr Kind**, *leur enfant* : **ihre Kinder**, *leurs enfants*.

• En allemand, l'**absence d'article au pluriel** peut correspondre à l'article défini français, quand il a valeur générale et désigne l'ensemble d'un groupe. **Paare ohne Kinder haben mehr Glück**. *Les couples sans enfants ont plus de chance.*

• »**Die Parteien verteidigen nicht die Familien, sondern ihre Interessen**« (phrase 7) : <u>sondern</u>, *mais (au contraire)*, introduit un élément de phrase qui a valeur de rectification. Le texte qui précède contient une négation (**nicht, kein/keine**), ce qui explique que les membres de phrase reliés par **sondern** soient en contradiction l'un par rapport à l'autre. **Das ist nicht Peter, sondern Paul.**

• *Beaucoup* se traduit par :
1) **viel** quand le substantif qui suit est au **singulier** : **viel Geld**, *beaucoup d'argent* ; **viel Glück**, *beaucoup de chance* ;
2) **viele** quand le substantif qui suit est au **pluriel** : **viele Wohnungen**, *beaucoup de logements* ; **viele Probleme**, *beaucoup de problèmes*.

• En allemand, l'**adjectif** peut faire fonction d'**adverbe** : **Er ist schnell.** *Il est rapide.* ♦ **Sie findet schnell eine Wohnung.** *Elle trouve rapidement un appartement.*

• Notez cette nouvelle **préposition ohne** : *sans*. **Paare ohne Kinder.** *Les couples sans enfants.* ♦ **Leute ohne Tiere.** *Les gens sans animaux.*

• Retenez les chiffres suivants : 1 = **eins** [aïns], 2 = **zwei** [tsvaï], 3 = **drei** [draï], 4 = **vier** [fi:r], 5 = **fünf** [funf], 6 = **sechs** [zèks], 7 = **sieben** [zi̲:bən], 8 = **acht** [aCHt], 9 = **neun** [noïn], 10 = **zehn** [tsé:n].

EXERCICES

A. Faites des énoncés reliés par la structure « nicht ... sondern »

Ex. Brauchst du Brot? (Käse)
Nein, ich brauche kein Brot, sondern Käse.

1. Brauchst du Bier? (Wein)
2. Bist du Peter? (Paul)
3. Sind die Rosen für Brigitte? (die Mutter)
4. Hast du Geburtstag? (mein Freund Peter)
5. Verteidigen die Parteien die Familien? (ihre Interessen)

B. Mettez au pluriel

1. Das Haus ist groß.
2. Die Wohnung ist klein, aber schön.
3. Unser Freund ist traurig.
4. Das Paar hat ein Kind und eine Katze.
5. Die Partei verteidigt nicht die Familie.

C. Répondez aux questions

1. Warum sind die Freunde traurig?
2. Was suchen sie?
3. Was wollen die Leute nicht?
4. Was finden schnell Paare ohne Kinder?
5. Was verteidigen die Parteien?

D. Traduisez

1. Mes amis ont beaucoup de problèmes. Ils cherchent un logement.
2. C'est difficile, les gens ne veulent pas d'animaux.
3. Les couples sans enfants ont davantage de chance.
4. Les partis ne défendent pas les familles, mais leurs intérêts.
5. Pourquoi ne construisent-ils pas de maisons ? Ils n'ont pas d'argent.

A. 1. Nein, ich brauche kein Bier, sondern Wein. **2.** Nein, ich bin nicht Peter, sondern Paul. **3.** Nein, die Rosen sind nicht für Brigitte, sondern für die Mutter. **4.** Nein, nicht ich habe Geburtstag, sondern mein Freund Peter. **5.** Nein, die Parteien verteidigen nicht die Familien, sondern ihre Interessen.

B. 1. Die Häuser sind groß. **2.** Die Wohnungen sind klein, aber schön. **3.** Unsere Freunde sind traurig. **4.** Die Paare haben Kinder und Katzen. **5.** Die Parteien verteidigen nicht die Familien.

C. 1. Sie haben viele Probleme. **2.** Sie suchen eine Wohnung. **3.** Sie wollen keine Kinder und keine Tiere. **4.** Sie finden schnell eine Wohnung. **5.** Sie verteidigen ihre Interessen.

D. 1. Meine Freunde haben viele Probleme. Sie suchen eine Wohnung. **2.** Das ist schwer, die Leute wollen keine Tiere. **3.** (Die) Paare ohne Kinder haben mehr Glück. **4.** (Die) Parteien verteidigen nicht die Familien, sondern ihre Interessen. **5.** Warum bauen sie keine Häuser? Sie haben kein Geld.

Um vier Uhr habe ich einen Termin

Brigitte (B), Peter (P)

1. B : Hallo, Peter! Ich rufe dich jetzt an, denn um vier Uhr habe ich einen Termin. Ich sehe den Chef.

2. P : Moment, ich mache das Fenster zu. Nun höre ich dich gut.

3. B : Was machst du? Was macht die Arbeit?

4. P : Ich bereite den Architektenkongress vor. Das ist natürlich viel Arbeit.

5. B : Aber du hast doch eine Sekretärin und einen Mitarbeiter.

6. P : Ja, Sabine reserviert die Hotelzimmer und Jörg die Säle. Was hast du morgen vor?

7. B : Morgen fahre ich nach Leipzig. Ich studiere dort den Wohnungsmarkt und schreibe einen Artikel.

8. P : Wohnungen sind heutzutage teuer, auch in Leipzig.

9. B : Entschuldigung Peter, ich höre jetzt auf. Der Chef ruft mich.

Prononciation

1. Halô:, pé:tər! iç ru:fə diç yètst ann, dènn oum fi:r ou:r Ha:bə iç aïnən tèrmi:n. iç zé:ə dé:n chèff.

2. mômènnt, iç maCHə dass fènnstər tsou. noun Heu:rə iç diç gou:t.

3. wass maCHst dou:? wass maCHt di: arbaït?

4. iç bəraïtə dé:n architèktənkongrèss fô:r. dass ist natu:rliç fi:l arbaït.

À quatre heures, j'ai un rendez-vous

Brigitte (B), Peter (P)

1. **B :** Allô, Peter ! Je t'appelle maintenant, car j'ai (un) rendez-vous à quatre heures. Je vois le chef.
2. **P :** Un moment, je ferme la fenêtre. À présent, je t'entends bien.
3. **B :** Que fais-tu ? Que devient [fait] ton travail ?
4. **P :** Je prépare le congrès des architectes. C'est naturellement beaucoup de travail.
5. **B :** Mais tu as bien une secrétaire et un collaborateur.
6. **P :** Oui, Sabine réserve les chambres d'hôtel et Jörg les salles. Quels sont tes projets pour demain ? [Que prévois-tu demain ?]
7. **B :** Demain, je vais à Leipzig. J'y étudie [J'étudie là-bas] le marché de l'immobilier et je rédige [j'écris] un article.
8. **P :** Les appartements sont chers de nos jours, à Leipzig aussi.
9. **P :** Excuse-moi [pardon, excuses], Peter, j'arrête à présent. Le chef m'appelle.

---

5. a:bər dou: Hast doCH aïnə zékrétè:rinn ount aïnən mįtarbaïtər.

6. ya, zabį:nə rézèrvį:rt di: Hôtèlltsimmər ount yœrk di: zè:lə. vass Hast dou mǫrgən fô:r ?

7. mǫrgən fa:rə içh naCH laïptsiçh. içh chtoudį:rə dort dé:n vǫ:noungsmarkt ount chraïbə aïnən artįkkəl.

8. vǫ:noungən zint hǫïttsouta:guə toïər, aoCH inn laïptsiçh.

9. èntchǫuldiguoung pé:tər, içh Heu:rə yètst aof. dé:r chèff rou:ft miçh.

◆

der Termin, e: *le rendez-vous*
der Mitarbeiter, -: *le collaborateur*
der Artikel, -: *l'article*
der Kongress, e: *le congrès*
die Sekretärin, nen: *la secrétaire*
die Wohnung, en: *l'appartement*
der Chef, s: *le chef*
der Saal, Säle: *la salle*
der Markt, ¨e: *le marché*
das Fenster, -: *la fenêtre*
die Arbeit, en: *le travail*

■

zu/machen: *fermer*
auf/machen: *ouvrir*
vor/bereiten: *préparer*
vor/haben: *avoir en projet*
an/rufen: *appeler au téléphone*
fahren: *aller (en voiture, en train)*
auf/hören: *cesser*
studieren: *étudier*
schreiben: *écrire*
reservieren: *réserver*
sehen: *voir*
hören: *écouter, entendre*

●

jetzt/nun: *maintenant, à présent*
morgen: *demain*
heutzutage: *de nos jours*
natürlich: *naturellement*
denn: *car*
dort: *là-bas*
teuer: *cher, coûteux*

GRAMMAIRE

• **L'accusatif, cas du complément d'objet direct (COD)**

• L'allemand possède une **déclinaison**.

• Chaque fonction du groupe nominal est marquée par un **cas** ; cela signifie qu'un mot ou un article peut prendre une *forme particulière* selon sa fonction dans la phrase.

• On appelle **nominatif** le cas du sujet, et **accusatif** le cas du complément d'objet direct.

• Voici le tableau des **articles défini et indéfini** :

CAS	SINGULIER			PLURIEL
	masculin	*neutre*	*féminin*	
nominatif	der			
	ein	das	die	die
accusatif	den	ein	eine	Ø
	einen			

Hast du den/einen Termin?
As-tu le/un rendez-vous ?

Reserviert er das/ein Zimmer?
Réserve-t-il la/une chambre ?

Machen Sie die/eine Arbeit?
Faites-vous le/un travail ?

Bauen Sie die Wohnungen/Wohnungen?
Construisez-vous les/des appartements ?

Remarques :

1) L'accusatif se distingue uniquement du nominatif *au masculin singulier* : **der → den, ein → einen**. Le *neutre, le féminin, le pluriel des trois genres* sont en effet identiques aux deux cas : **das/das, die/die**.

2) Les pronoms personnels **ich**, *je*, et **du**, *tu*, font respectivement **mich** et **dich** à l'accusatif (COD) : **Er hört mich/dich.** *Il m'entend/t'entend.*

GRAMMAIRE (suite)

• Le verbe en deuxième position

Dans une phrase énonciative allemande et contrairement au français, le verbe est toujours en *deuxième position*, qu'elle commence par le *sujet*, un *complément*, un *adverbe*, un *adjectif attribut* ou, comme nous le verrons par la suite, une *subordonnée*.

Ich habe einen Termin um vier Uhr.
J'ai (un) rendez-vous à quatre heures.

Um vier Uhr habe ich einen Termin.
À quatre heures, j'ai (un) rendez-vous.

Einen Termin habe ich um vier Uhr.
C'est un rendez-vous que j'ai à quatre heures.

• Les verbes à particule (préverbe) séparable

Il s'agit de verbes composés, à l'infinitif, de deux éléments : un *verbe-base* (**machen, haben,** etc.) et une *particule* (ou *préverbe*) (**zu-, auf-, vor-,** etc.) qui en modifie le sens : **machen,** *faire* ; **auf/ machen,** *ouvrir* ; **zu/machen,** *fermer*.

La **particule** est **séparable,** c'est-à-dire qu'elle se sépare de son verbe-base, pour venir se placer en fin d'énoncé (dans une proposition indépendante) quand on le conjugue. Cette particule séparable, matérialisée ici (mais non dans l'écriture courante, où elle fait corps avec le verbe-base) par une barre oblique, est toujours accentuée : **auf/machen, zu/machen, vor/bereiten.**

Er macht das Fenster auf. *Il ouvre la fenêtre.*

Sie macht das Büro zu. *Elle ferme le bureau.*

Wir bereiten den Kongress vor. *Nous préparons le congrès.*

Denn, *car,* est une **conjonction de coordination.**

Ich rufe dich jetzt an, denn ich habe einen Termin um vier Uhr.

Je t'appelle maintenant car j'ai (un) rendez-vous à quatre heures.

EXERCICES

A. Comblez les blancs en choisissant le cas approprié

1. Ich sehe jetzt d___ Chef, d___ Sekretärin und d___ Mitarbeiter.
2. Sie haben ein___ Wohnung in Leipzig und ein___ Haus in Berlin.
3. D___ Sekretärin studiert d___ Wohnungsmarkt und schreibt ein___ Artikel.
4. D___ Chef reserviert d___ Hotelzimmer und d___ Saal.
5. D___ Mitarbeiter macht d___ Arbeit.

B. Conjuguez les verbes à particule séparable

Ex. Sie (auf/hören) jetzt → Sie hört jetzt auf.

1. Der Chef (an/rufen) mich um vier Uhr.
2. Ich (vor/bereiten) den Architektenkongress in Berlin.
3. Er (zu/machen) das Fenster, aber sie (auf/machen) es.
4. Wir (vor/haben) morgen nichts.
5. Entschuldigung Peter, ich (auf/hören) jetzt.

C. Reliez les énoncés ci-dessous par « denn »

Ex. Er fährt nach Berlin; er hat dort eine Wohnung.
Er fährt nach Berlin, denn er hat dort eine Wohnung.

1. Ich rufe dich jetzt an; ich habe einen Termin um 4.00 Uhr.
2. Er macht das Fenster zu; er hört nicht gut.
3. Wir haben viel Arbeit; wir bereiten den Architektenkongress vor.
4. Sabine hat keine Zeit; sie reserviert die Hotelzimmer.
5. Ich fahre morgen nach Leipzig; ich studiere dort den Wohnungsmarkt.

Um vier Uhr habe ich einen Termin • À quatre heures, j'ai un rendez-vous

D. Complétez par la particule séparable appropriée
1. Peter bereitet den Kongress ___.
2. Hast du etwas für morgen ___?
3. Moment, ich mache die Tür ___.
4. Entschuldigung, ich höre jetzt ___.
5. Gut, ich rufe dich morgen ___.

E. Commencez les énoncés par l'adverbe ou le complément souligné
1. Wir haben einen Termin <u>um vier Uhr</u>.
2. Der Mitarbeiter hat auch <u>eine Sekretärin</u>.
3. Wir fahren <u>morgen</u> nach Leipzig.
4. Wir bereiten <u>den Kongress</u> vor.
5. Er macht <u>das Fenster</u> zu.

F. Traduisez
1. Brigitte m'appelle maintenant, car elle a un rendez-vous à quatre heures.
2. Je ne t'entends pas bien. Ferme la fenêtre.
3. Je prépare le congrès des architectes, cela donne beaucoup de travail.
4. Demain, je vais à Leipzig. J'y étudie [j'étudie là-bas] le marché de l'immobilier.
5. Que prévois-tu pour demain ? Je prépare un article.

A. 1. den Chef, die Sekretärin und den Mitarbeiter. **2.** eine Wohnung, ein Haus. **3.** Die Sekretärin, den Wohnungsmarkt, einen Artikel. **4.** Der Chef, das Hotelzimmer, den Saal. **5.** Der Mitarbeiter, die Arbeit.

B. 1. Der Chef ruft mich um vier Uhr an. **2.** Ich bereite den Architektenkongress in Berlin vor. **3.** Er macht das Fenster zu, aber sie macht es auf. **4.** Wir haben morgen nichts vor. **5.** Entschuldigung Peter, ich höre jetzt auf.

C. 1. Ich rufe dich jetzt an, denn ich habe einen Termin um 4.00 Uhr. **2.** Er macht das Fenster zu, denn er hört nicht gut. **3.** Wir haben viel Arbeit, denn wir bereiten den Architektenkongress vor. **4.** Sabine hat keine Zeit, denn sie reserviert die Hotelzimmer. **5.** Ich fahre morgen nach Leipzig, denn ich studiere dort den Wohnungsmarkt.

D. 1. Peter bereitet den Kongress **vor**. **2.** Hast du etwas für morgen **vor**? **3.** Moment, ich mache die Tür **zu**. **4.** Entschuldigung, ich höre jetzt **auf**. **5.** Gut, ich rufe dich morgen **an**.

E. 1. Um vier Uhr haben wir einen Termin. **2.** Eine Sekretärin hat auch der Mitarbeiter. **3.** Morgen fahren wir nach Leipzig. **4.** Den Kongress bereiten wir vor. **5.** Das Fenster macht er zu.

F. 1. Brigitte ruft mich jetzt an, denn um vier Uhr hat sie einen Termin (denn sie hat um vier Uhr einen Termin). **2.** Ich höre dich nicht gut. Mach das Fenster zu. **3.** Ich bereite den Architektenkongress vor, das ist viel Arbeit. **4.** Morgen fahre ich nach Leipzig. Dort studiere ich den Wohnungsmarkt. **5.** Was hast du morgen vor? Ich bereite einen Artikel vor.

Ich habe keinen Hunger

Peter (P), Kollege (K)

1. **P :** Der Kongress ist interessant. Aber endlich mal eine Pause.
2. **K :** Möchtest du Kaffee oder Tee? Es gibt auch Mineralwasser.
3. **P :** Nein danke, ich habe keinen Durst.
4. **K :** Siehst du den Apfelkuchen dort? Er ist ausgezeichnet. Nimmst du ein Stück?
5. **P :** Herzlichen Dank! Aber ich habe keinen Hunger.
6. **K :** Bist du krank? Gewöhnlich isst du viel. Du hast immer einen Bärenhunger.
7. **P :** Augenblicklich esse ich wenig, denn ich mache eine Hungerkur.
8. **K :** Kennst du das Magazin *Gesund leben*? Hier gibt es viele Tipps. Meine Frau liest es jede Woche.
9. **P :** Danke für den Ratschlag. Ich möchte nicht dick, sondern schlank sein.
10. **K :** Und du möchtest nicht alt, sondern jung aussehen. Aber du siehst doch jung aus!

Prononciation

1. dé:r konngrẹss ist intéressạnnt. a̲:bər ẹntliçh ma:l a̲ïnə pa̲ozə.

2. mọȩchtəst dou: kạffé: o:dər té:? ẹss guipt aoCH minéra̲:lvassər.

3. naïn dạnngkə, iȩh Ha̲:bə ka̲ïnən dourst.

4. zi:st dou: dé:n ạpfəlkou:CHən dort? é:r ist a̲osgətsaïçhnət. nimmst dou: aïn chtukk?

5. Hẹrtsliȩhən danngk! a̲:bər iȩh Ha̲:bə ka̲ïnən Họunngər.

Je n'ai pas faim

Peter (P), collègue (C)

1. **P :** Le congrès est intéressant. Mais voilà enfin une pause.
2. **C :** Voudrais-tu du café ou du thé ? [café ou thé ?] Il y a aussi de l'eau minérale [eau minérale].
3. **P :** Non merci, je n'ai pas soif.
4. **C :** Vois-tu la tarte aux pommes, là-bas ? Elle est superbe. Tu en prends un morceau ?
5. **P :** Merci beaucoup ! Mais je n'ai pas faim.
6. **C :** Es-tu malade ? D'habitude, tu manges beaucoup. Tu as toujours une faim de loup.
7. **P :** Pour le moment, je mange peu, car je fais un régime [une cure de faim].
8. **C :** Connais-tu le magazine Vivre sainement ? On y trouve [Ici, il y a] beaucoup de conseils (de bons tuyaux). Ma femme le lit chaque semaine.
9. **P :** Merci du [pour le] conseil. Je ne voudrais pas être obèse [gros] mais svelte.
10. **C :** Et tu ne voudrais pas avoir l'air vieux mais jeune. Mais tu as l'air jeune !

---

6. bist dou: kranngk? guəveu:nliç isst dou: fi:l. dou: Hast immər aïnən bəranhounngər.

7. aoguənblikkliç èssə iç wé:niç, dènn iç mąCHə aïnə Hǫunngərkou:r.

8. kènnst dou: dass magatsi:n guəzǫunt lé:bən? Hi:r guipt èss fi:lə tipps. maïnə frao li:st èss yé:də voCHə.

9. dąnngkə fur dé:n ra:tchla:k. iç mǫǫchtə niçt dikk, zǫndərn chlanngk saïn.

10. ount dou: mǫǫchtəst niçt alt, zǫndərn younng aoszé:ən. a:bər dou: zi:st doCH younng aos.

Vocabulaire

◆

der Kuchen, -: *le gâteau, la tarte*
der Hunger (sg.): *la faim*
der Bärenhunger: *la faim de loup*
die Hungerkur, en: *le régime*
der Ratschlag, ¨e: *le conseil*
der Tipp, s: *le tuyau, le conseil*
das Mineralwasser, -: *l'eau minérale*
der Apfelkuchen, -: *la tarte aux pommes*

der Kaffee (sg.): *le café*
der Tee (sg.): *le thé*
der Durst (sg.): *la soif*
das Stück, e: *le morceau*
die Woche, n: *la semaine*
die Frau, en: *la femme*

■

geben (er gibt): *donner*
es gibt + A: *il y a*
nehmen (er nimmt): *prendre*
essen (er isst): *manger*
aus/sehen (er sieht ... aus): *avoir l'air*

Hunger haben: *avoir faim*
Durst haben: *avoir soif*
sehen (er sieht): *voir*
lesen (er liest): *lire*

●

interessant: *intéressant*
gewöhnlich: *habituellement*
augenblicklich: *momentanément*
dick ≠ schlank: *gros ≠ svelte*
jede Woche: *chaque semaine*
gesund ≠ krank: *en bonne santé ≠ malade*

endlich: *enfin*
immer: *toujours*
für + A: *pour*
jung ≠ alt: *jeune ≠ vieux*
ausgezeichnet: *excellent*

GRAMMAIRE

● **Les verbes** « geben, lesen, sehen, essen, nehmen »

Certains verbes dits « forts » dont la voyelle radicale comporte un
« e » à l'infinitif, changent cet « e » en « i » bref ou en « ie » long, à
la deuxième et à la troisième personne du singulier du présent de
l'indicatif. C'est le cas des cinq verbes ci-dessous :

geben, *donner*	(ich gebe, du gibst, er gibt)
lesen, *lire*	(ich lese, du liest, er liest)
sehen, *voir*	(ich sehe, du siehst, er sieht)
essen, *manger*	(ich esse, du isst, er isst)
nehmen, *prendre*	(ich nehme, du nimmst, er nimmt).

(Le « i » bref entraîne le doublement de la consonne « m ».)

- L'expression **es gibt**, *il y a*, est suivie de l'**accusatif** :

  Es gibt einen Apfelkuchen.
  Il y a une tarte aux pommes.

  Es gibt Kaffee oder Tee.
  Il y a du café ou du thé.

- La structure **nicht/kein ..., sondern** : *ne ... pas ... mais*

La négation **nicht/kein**, *ne ... pas ...*, est dite partielle quand elle ne porte que sur un membre de la phrase et, dans ce cas, elle le précède immédiatement. La seconde partie est annoncée par **sondern**, *mais (au contraire)*, qui constitue la rectification de l'énoncé et qui est toujours précédé d'une virgule.

  Ich möchte nicht dick, sondern schlank sein.
  Je ne voudrais pas être gros mais svelte.

  Nicht Peter, sondern Brigitte kommt.
  Ce n'est pas Peter mais Brigitte qui vient.

  Er möchte keinen Wein, sondern Bier.
  Il ne voudrait pas de vin mais de la bière.

- Retenez la structure **ich möchte**, *je voudrais/je désirerais* :

  Ich möchte Kaffee. *Je voudrais/désirerais du café.*
  Sie möchte jung aussehen. *Elle aimerait avoir l'air jeune.*

- **Les mots composés : « Apfelkuchen ».**

La possibilité de faire des mots composés est l'une des grandes richesses de l'allemand.

Le mot **Apfelkuchen**, *tarte aux pommes*, comporte un *déterminé* : **Kuchen**, *tarte*, et un *déterminant* : **Apfel**, *pomme*. Vous noterez :

1) L'ordre est inverse de celui du français.

2) Le genre du mot composé est celui du déterminé : **der Kaffee + die Pause = die Kaffeepause**, *la pause-café*.

3) L'apparition éventuelle d'un « s » ou d'un « en » intercalaire : **ein Wolfshunger**, *une faim de loup* ; **der Architektenkongress**, *le congrès des architectes*.

EXERCICES

A. Remplissez les blancs et mettez les verbes entre parenthèses à la forme voulue

1. Was (sehen) du dort? Ich (sehen) ein___ Apfelkuchen.
2. (Lesen) Sie d___ Magazin *Gesund leben*? Nein, mein___ Frau (lesen) es.
3. Es (geben) ein___ Apfelkuchen. (Nehmen) du ein___ Stück?
4. Es (geben) ein___ Pause. (Nehmen) du ein___ Kaffee oder ein___ Tee?

B. Répondez par la structure « nicht/kein …, sondern »

Ex. a) Bist du alt? (jung) Ich bin nicht alt, sondern jung.
*   b) Haben Sie Durst? (Hunger) Ich habe keinen Durst, sondern Hunger.*

1. Bist du groß? (klein)
2. Isst du viel? (wenig)
3. Möchten Sie dick sein? (schlank)
4. Möchten Sie eine Banane? (Birne)

C. Faites des mots composés, puis traduisez-les

1. der Architekt - der Kongress
2. der Hunger - die Kur
3. der Kaffee - die Pause
4. die Wohnung - der Markt
5. der Schlüssel - das Hotel

D. Traduisez

1. Il n'a pas faim. Il ne mange pas de tarte aux pommes.
2. Je ne voudrais pas être gros mais svelte.
3. J'ai une faim de loup, mais je fais un régime.
4. Lis-tu le magazine ? Il donne beaucoup de conseils.
5. Il y a du thé et du café, mais je voudrais de l'eau minérale.

CORRIGÉS

A. 1. siehst - sehe - einen. **2.** Lesen - das - meine - liest. **3.** gibt - einen - Nimmst - ein. **4.** gibt - eine - Nimmst - einen - einen.

B. 1. Ich bin nicht groß, sondern klein. **2.** Ich esse nicht viel, sondern wenig. **3.** Ich möchte nicht dick (sein), sondern schlank sein. **4.** Ich möchte keine Banane, sondern eine Birne.

C. 1. der Architektenkongress: *le congrès des architectes*. **2.** die Hungerkur: *le régime, la cure d'amaigrissement*. **3.** die Kaffeepause: *la pause-café*. **4.** der Wohnungsmarkt: *le marché de l'immobilier*. **5.** der Hotelschlüssel: *la clé de la chambre (d'hôtel)*.

D. 1. Er hat keinen Hunger, er isst keinen Apfelkuchen. **2.** Ich möchte nicht dick (sein), sondern schlank sein. **3.** Ich habe einen Bärenhunger, aber ich mache eine Hungerkur. **4.** Liest du das Magazin? Es gibt viele Ratschläge. **5.** Es gibt Tee und Kaffee, aber ich möchte Mineralwasser.

Ich habe keinen Hunger • Je n'ai pas faim

Eine Reise nach Italien

Brigitte (B), Peter (P)

1. **B:** Fahren wir Ostern nach Italien oder nach England?
2. **P:** Ich möchte nach Italien fahren. In England ist das Wetter nicht immer schön. Es regnet oft.
3. **B:** Nehmen wir den Wagen oder das Flugzeug?
4. **P:** Du fährst gern Auto, aber ich bin für den Flug. Wir fliegen direkt von Berlin nach Rom.
5. **B:** Ich möchte auch Florenz sehen. Das ist nicht weit von Rom.
6. **P:** Wir mieten einen Wagen und fahren nach Florenz.
7. **B:** Aber zuerst fahren wir in die Hauptstadt. In Rom gehen wir in die Kirchen und in die Museen.
8. **P:** Ich möchte auch ins Café und ins Restaurant gehen. Und du lädst mich ein.
9. **B:** Abends gehen wir dann in den Park. Die Nacht ist wunderbar.
10. **P:** Eine Reise nach Italien ist schön. Aber eine Reise mit Brigitte ist romantisch.

Prononciation

1. f<u>a</u>:rən vi:r <u>ô</u>:stərn naCH it<u>a</u>:liən ô:dər naCH ẹnnglannt?

2. içh mœçhtə naCH ita:liən f<u>a</u>:rən. inn ẹnnglannt ist dass vẹttər niçht ịmmər cheu:n. èss ré:gnət oft.

3. né:mən vi:r dé:n v<u>a</u>:guən ô:dər dass fl<u>ou</u>:ktsoïk?

4. dou: fè:rst gèrn <u>ao</u>to, <u>a</u>:bər içh binn fur dé:n flu:k vi:r fl<u>i</u>:guən dirẹkt fonn bèrl<u>i</u>:n naCH rô:m.

5. içh mœçhtə aoCH flôrẹnts z<u>é</u>:ən. dass ist niçht vaït fonn rô:m.

Un voyage en Italie

Brigitte (B), Peter (P)

1. B : Irons-nous [Allons-nous] en Italie ou en Angleterre à Pâques ?

2. P : Je voudrais aller en Italie. En Angleterre, le temps n'est pas toujours beau. Il pleut souvent.

3. B: Prendrons-nous [Prenons-nous] la voiture ou l'avion ?

4. P : Tu aimes conduire [la voiture], mais je suis pour l'avion [le vol]. Nous prendrons [prenons] un vol direct [volons directement] de Berlin à Rome.

5. B : Je voudrais également voir Florence. Ce n'est pas loin de Rome.

6. P : Nous louerons [louons] une voiture et irons [allons] à Florence.

7. B : Mais d'abord nous nous rendrons [allons] dans la capitale. À Rome, nous irons [allons] dans les églises et [dans] les musées.

8. P : Je voudrais aussi aller au café et au restaurant. Et c'est toi qui m'inviteras [tu m'invites].

9. B : Et puis le soir, nous irons [allons] au parc. La nuit sera [est] magnifique.

10. P : Un voyage en Italie, (c')est beau. Mais un voyage avec Brigitte, (c')est romantique.

---

6. vi:r mi̱tən a̱ïnən va̱:guən ount fa̱:rən naCH flôrènts.

7. a̱:bər tsoué:rst fa̱:rən vi:r inn di: Ha̱optchtatt. inn rô:m gé̱:ən vi:r inn di: ki̱rçhən ount inn di: mouzé̱:ən.

8. içh mœçhtə aoCH inns kaffé̱: ount inns restorant [pron. franç.] gé̱:ən. ount dou: lè:dst miçh a̱ïn.

9. a̱:bənts gué̱:ən vi:r dann inn dé:n park. di: naCHt ist vo̱undərbar.

10. a̱ïnə ra̱ïzə naCH ita̱:liən ist cheu:n a̱:bər a̱ïnə ra̱ïzə mitt brigu̱ittə ist rômąnntich.

Vocabulaire

◆

der Flug, ¨e : *le vol*
das Flugzeug, e : *l'avion*
das Wetter (sg.) : *le temps*
das Restaurant, s : *le restaurant*
das Museum, Museen : *le musée*
das Café, s : *le café* (établissement)
Deutschland [doïtchlannt] : *l'Allemagne*

die Kirche, n : *l'église*
die Nacht, ¨e : *la nuit*
die Reise, n : *le voyage*
der Wagen, – : *la voiture*
der Park, s : *le parc*
das Auto, s : *l'auto*

■

fahren (fährt) : *aller* (voiture)
gehen : *aller* (à pied)
ein/laden (lädt ... ein) : *inviter*
fliegen : *voler, prendre l'avion*

Auto fahren : *conduire*
mieten : *louer* (au propriétaire)
es regnet : *il pleut*

●

schön : *beau*
wunderbar : *merveilleux*
romantisch : *romantique*
weit : *éloigné*
abends : *le soir*

direkt : *direct(ement)*
zuerst : *d'abord*
oft : *souvent*
dann : *ensuite, alors*
(zu) Ostern : *à Pâques*

GRAMMAIRE

• Les verbes « fahren » et « ein/laden »

Nous avons déjà vu dans la leçon 8 que certains verbes forts changeaient le « e » du radical en « i » ou « ie » long à la 2ᵉ et à la 3ᵉ personne du présent de l'indicatif. D'autres verbes forts, dont la voyelle comporte un « a » à l'infinitif, changent cet « a » en « ä » [è] aux 2ᵉ et 3ᵉ personnes du singulier du présent.

fahren : *aller* (en véhicule) **(du fährst, er fährt)**
ein/laden : *inviter* **(du lädst ... ein, er lädt ... ein)**

• Expressions de la direction/du déplacement

Le complément directionnel peut s'exprimer de plusieurs manières :

1) par la préposition **nach**, *vers, à*, suivie du *nom de ville* ou *de pays*, avec un verbe de déplacement.

   Ich fahre nach Rom, sie fährt nach England.
   Je vais à Rome, elle va en Angleterre.

2) par la préposition **in** : *dans, à*, suivie d'un complément à l'accusatif, après des verbes de déplacement tels que **fahren**, *aller* (en voiture, en train, etc.), et **gehen**, *aller, se rendre* (à pied).

   Sie geht in den Park/in das (= ins) Restaurant/in die Kirche. *Elle va au parc/au restaurant/ à l'église.*

   Du fährst in die Stadt. *Tu vas en ville* (véhicule, train, etc.).

   Faites attention à la forme contractée **ins** pour **in das** : **ins Museum/ins Restaurant.**

• Notez et retenez :

1) **von ... nach** : *de ... à*

   Ich fahre von Berlin nach Rom. *Je vais de Berlin à Rome.*

2) La préposition **für**, *pour*, exige **l'accusatif**.

   Ich bin für den Flug/für die Reise.
   Je suis pour l'avion [le vol]/pour le voyage.

3) Le verbe est en 2ᵉ position :

   (Zu) Ostern <u>fahren</u> wir nach Italien.
   À Pâques, nous allons/irons en Italie.

• Retenez la structure **<u>gern</u> fahren/essen/kommen** : *<u>aimer</u> aller/manger/venir.*

Er fährt <u>gern</u> Auto. *Il <u>aime</u> conduire.* ◆ **Du isst <u>gern</u>.** *Tu <u>aimes</u> manger.* ◆ **Wir kommen <u>gern</u> nach Deutschland.** *Nous <u>aimons</u> venir en Allemagne.*

En allemand, on utilise souvent le **présent** avec sens de **futur**. **(Zu) Ostern fahren wir nach Italien.** *À Pâques, nous irons (allons) en Italie.*

EXERCICES

A. Faites des énoncés cohérents à partir des éléments isolés

Ex. Ostern, fahren, Italien, sie, nach →
  1) Ostern fährt sie nach Italien.
  2) Sie fährt Ostern nach Italien.

1. abends, fahren, in, die Stadt, wir
2. dann, der Park, wir, in, gehen
3. oft, ich, fliegen, England, nach
4. immer, er, in das Restaurant, gehen
5. morgen, wir, in, gehen, das Museum, die Kirche, und, in

B. Quelle est la préposition adéquate ?
1. Wir fahren ___ Italien oder ___ England.
2. ___ England regnet es oft.
3. Eine Reise ___ Brigitte ist romantisch.
4. Abends gehen wir ___s Restaurant oder ___ den Park.
5. Ich bin ___ den Flug.

C. Complétez par l'article défini approprié
1. ___ Reise nach Italien ist schön.
2. Wir fahren in ___ Hauptstadt.
3. ___ Nacht in ___ Park ist wunderbar.
4. Ich bin für ___ Flug, nicht für ___ Auto.
5. Wir gehen in ___ Kirche und in ___ Museum.

D. Traduisez
1. À Pâques, nous allons en Angleterre.
2. Tu aimes aller en voiture, mais moi, je suis pour l'avion.
3. En Italie, les églises sont très belles.
4. Magnifique ! Nous allons au musée, puis au restaurant.
5. Nous prenons un vol direct de Berlin à Rome.

A. 1. a) Abends fahren wir in die Stadt. **1. b)** Wir fahren abends in die Stadt. **2. a)** Dann gehen wir in den Park. **2. b)** Wir gehen dann in den Park. **3. a)** Oft fliege ich nach England. **3. b)** Ich fliege oft nach England. **4. a)** Immer geht er in das (ins) Restaurant. **4. b)** Er geht immer in das (ins) Restaurant. **5. a)** Morgen gehen wir in das (ins) Museum und in die Kirche. **5. b)** Wir gehen morgen in das (ins) Museum und in die Kirche.

B. 1. nach, nach. **2.** In. **3.** mit. **4.** ins, in. **5.** für.

C. 1. Eine (Die). **2.** die. **3.** Die, dem. **4.** den, das. **5.** die, das.

D. 1. (Zu) Ostern fahren wir nach England. **2.** Du fährst gern Auto, aber ich bin für das Flugzeug (den Flug). **3.** In Italien sind die Kirchen sehr schön. **4.** Wunderbar! Wir gehen ins (in das) Museum, dann ins (in das) Restaurant. **5.** Wir fliegen direkt von Berlin nach Rom.

Eine Reise nach Italien • Un voyage en Italie

Wir müssen unsere Leser informieren

Direktor (D), Brigitte Hoffmann (B), Sekretärin (S)

1. **D:** Frau Hoffmann, Sie sehen erholt aus.
2. **B:** Sie müssen wie ich Ferien in Italien machen. Das tut gut. Nun will ich den Artikel über den Wohnungsmarkt schreiben. Darf er kritisch sein?
3. **D:** Natürlich. Schreiben Sie objektiv! Sie sollen alles sagen. Sagen Sie die Wahrheit!
4. **B:** Wir müssen unsere Leser genau informieren, denn die Situation ist explosiv...
5. **S:** Soll ich den Artikel tippen, Brigitte?
6. **B:** Du kannst anfangen. Ja, fang sofort an! Tipp die Einleitung und komm dann in mein Büro!
7. **D:** Frau Hoffmann, der Artikel ist ausgezeichnet, aber vielleicht können Sie den Schluss ändern?
8. **B:** Sie meinen, ich soll die Wohnungsspekulation verurteilen und die Spekulanten denunzieren?
9. **D:** Ja, machen Sie das! Wir wollen ja die Wohnungslage kritisieren.

Prononciation

1. frao Hǫffmann, zi: zé:ən èrHô̱:lt aos.

2. zi: mųssən vi: içh fé:riən inn ita:liən mạCHən. dass tou:t gou:t. noun vill içh dé:n artįkəl u̱:bər dé:n vô̱:noungsmarkt chraïbən. darf è:r krį:tich zaïn?

3. natu̱:rliçh. chraïbən zi: obyèktį:f! zi: zǫllən ạlləs za̱:guən. za̱:guən zi: di: va̱:rHaït!

4. vi:r mųssən oųnzərə lé:zər gənao innformi̱:rən, dènn di: zitouatsiô̱:n ist èksplôzį:f.

Nous devons informer nos lecteurs

Directeur (D), Brigitte Hoffmann (B), Secrétaire (S)

1. **D :** Madame Hoffmann, vous avez l'air reposé.
2. **B :** Il faut passer [Vous devez passer] des vacances en Italie comme moi. Ça fait du bien. Maintenant, je vais [veux] écrire l'article sur le marché de l'immobilier. Peut-il être critique ? [A-t-il le droit d'être critique ?]
3. **D :** Naturellement. Écrivez avec objectivité ! Vous devez tout dire. Dites la vérité !
4. **B :** Nous devons informer nos lecteurs avec précision, car la situation est explosive...
5. **S :** Dois-je taper l'article, Brigitte ?
6. **B :** Tu peux commencer. Oui, commence tout de suite ! Tape l'introduction et viens ensuite dans mon bureau !
7. **D :** L'article est remarquable, madame Hoffmann, mais peut-être pouvez-vous modifier la conclusion ?
8. **B :** Vous pensez que je dois [Vous pensez, je dois] condamner la spéculation immobilière et dénoncer les spéculateurs ?
9. **D :** Oui, c'est ça [faites cela] ! C'est bien la situation de l'immobilier que nous voulons critiquer.

---

5. zoll içh dé:n artįkəl tįppən, briguįttə?

6. dou: kannst ạnfanngən. ya, fanng zôfọrt ann! tipp di: aïnlaïtoung ount komm dann inn maïn burô:!

7. frao Họffmann, dé:r artįkəl ist aosgətsaïçhnət, a:bər fi:llaïçht kọennən zi: dé:n chlouss ènndərn?

8. zi: maïnən, içh zoll di: vô:noungschpékoulatsiô:n fəroụrtaïlən ount di: chpékoulạnntən dé:nountsi:rən.

9. ya, mạCHən zi: dass! vi:r vọllən ya di: vô:noungsla:guə kritizi:rən.

Vocabulaire

◆

der Spekulant, en : *le spéculateur*
die Spekulation, en : *la spéculation*
der Direktor, en : *le directeur*
die Ferien (pl.) : *les vacances*
die Einleitung, en : *l'introduction*
die Lage, n/ Situation, en : *la situation*
der Schluss, ¨e : *la conclusion, la fin*
der Wohnungsmarkt, ¨e : *le marché immobilier*

der Artikel, - : *l'article*
der Markt, ¨e : *le marché*
das Büro, s : *le bureau*
die Wahrheit, en : *la vérité*
der Leser, -: *le lecteur*

■

ändern : *modifier, changer*
verurteilen : *condamner*
meinen : *être d'avis, penser*
tippen : *taper* (sur un ordinateur)
schreiben : *écrire*
an/fangen (fängt ... an) : *commencer*

tun (er tut)/machen : *faire*
gut tun : *faire du bien*
kritisieren : *critiquer*
informieren : *informer*
denunzieren : *dénoncer*

●

ausgezeichnet : *excellent*
natürlich : *naturel(lement)*
objektiv : *objectif, objectivement*
sofort : *tout de suite, aussitôt*
über + A : (ici) *sur, au sujet de*

explosiv : *explosif*
genau : *précis(ément)*
kritisch : *critique*
vielleicht : *peut-être*

GRAMMAIRE

• L'impératif

À la forme de politesse de l'impératif, le verbe se place en tête de phrase et il est suivi de son sujet **Sie**, comme pour la forme interrogative. Seule l'**intonation** permet alors de distinguer l'**interrogation** de l'impératif : **Tippen Sie den Artikel?** *Tapez-vous l'article ?* (intonation montante). **Tippen Sie den Artikel!** *Tapez l'article !* (intonation descendante).

La 2ᵉ personne du singulier de l'impératif est marquée par l'absence de désinence : **Komm in mein Büro!** *Viens dans mon bureau !* **Fang sofort an!** *Commence tout de suite !*

Notez :

1) Les verbes à alternance vocalique « e/i » et « e/ie » **au singulier du présent (geben/gibt, sehen/sieht)** [*cf.* leçon 8] présentent cette même alternance vocalique à l'impératif : **gib!** *donne !* **sieh!** *regarde !* **iss!** *mange !*

2) Quand le radical se termine par un **d** ou un **t**, il faut ajouter un **e** à la 2ᵉ personne du singulier : **Miete einen Wagen!** *Loue une voiture !*

3) L'impératif existe aussi à la 1ʳᵉ et à la 2ᵉ personne du pluriel : **kommen wir!** *venons!* **kommt!** *venez!* **geben wir!** *donnons!* **gebt!** *donnez!* **nehmen wir!** *prenons!* **nehmt!** *prenez!*

• Les six auxiliaires de mode

Il s'agit de verbes ayant une conjugaison irrégulière et qui sont souvent accompagnés d'un infinitif complément : **Wir können nicht kommen.** *Nous ne pouvons pas venir.*

Können : *pouvoir* ; **dürfen** : *pouvoir, avoir le droit de* ; **müssen** : *devoir* (contrainte personnelle : je dois, parce que je le veux) ; **sollen** : *devoir* (contrainte extérieure : je dois, parce que quelqu'un d'autre que moi le veut) ; **wollen** : *vouloir* ; **mögen** : *avoir envie, aimer bien*.

Attention !
1) Sauf **sollen**, les verbes ci-dessus ont un **vocalisme différent** au singulier et au pluriel.
2) Ils ne prennent jamais de désinence à la 1ʳᵉ ni à la 3ᵉ personne du singulier : **ich/er kann, ich/es will, ich/sie muss**.

Conjugaison : **ich kann, du kannst, er/es/sie kann, wir können, ihr könnt, sie/Sie können**.

	ich/er, sie, es	du	wir/sie, Sie	ihr
können	kann	kannst	können	könnt
dürfen	darf	darfst	dürfen	dürft
müssen	muss	musst	müssen	müsst
sollen	soll	sollst	sollen	sollt
wollen	will	willst	wollen	wollt
mögen	mag	magst	mögen	mögt

EXERCICES

A. Indiquez l'article, le pluriel et la traduction des noms suivants

1. ___ Leser ___
2. ___ Büro ___
3. ___ Markt ___
4. ___ Direktor ___
5. ___ Spekulation ___
6. ___ Artikel ___
7. ___ Schluss ___
8. ___ Einleitung ___
9. ___ Sekretärin ___
10. ___ Lage ___

B. Répondez par un impératif

Ex. Soll ich den Artikel schreiben?
    a) Ja, schreib den Artikel!
    b) Ja, schreiben Sie den Artikel!

1. Soll ich die Leser informieren?
2. Soll ich das Magazin lesen?
3. Soll ich ins Büro kommen?
4. Soll ich in Deutschland Ferien machen?

C. Mettez les verbes de modalité à la forme voulue et choisissez le verbe correspondant au dialogue

schreiben sagen verurteilen ändern denunzieren

1. Er (können) und (sollen) alles ___.
2. Sie (müssen) die Wohnungsspekulation ___.
3. Ich (wollen) den Artikel sofort ___.
4. (Dürfen) ich die Spekulation ___?
5. Du (müssen) den Schluss ___.

D. Traduisez

1. Puis-je taper l'introduction ? Oui, faites-le [cela] !
2. L'article veut être objectif et dire la vérité.
3. Dénoncez les spéculateurs ! Vous devez le faire [faire cela] !
4. Pouvez-vous modifier la conclusion ?
5. Informez les lecteurs, car la situation est explosive !

CORRIGÉS

A. 1. der Leser, -: *le lecteur*. **2.** das Büro, s: *le bureau*. **3.** der Markt, ̈e: *le marché*. **4.** der Direktor, en: *le directeur*. **5.** die Spekulation, en: *la spéculation*. **6.** der Artikel, -: *l'article*. **7.** der Schluss, ̈e: *la conclusion, la fin*. **8.** die Einleitung, en: *l'introduction*. **9.** die Sekretärin, nen: *la secrétaire*. **10.** die Lage, n: *la situation*.

B. 1. a) Ja, informier die Leser! **b)** Ja, informieren Sie die Leser! **2. a)** Ja, lies das Magazin! **b)** Ja, lesen Sie das Magazin! **3. a)** Ja, komm ins Büro! **b)** Ja, kommen Sie ins Büro! **4. a)** Ja, mach in Deutschland Ferien! **b)** Ja, machen Sie in Deutschland Ferien !

C. 1. Er kann und soll alles sagen. **2.** Sie müssen die Wohnungsspekulation verurteilen. **3.** Ich will den Artikel sofort schreiben. **4.** Darf ich die Spekulation denunzieren? **5.** Du musst den Schluss ändern.

D. 1. Kann ich die Einleitung tippen? Ja, machen (tun) Sie das! **2.** Der Artikel will objektiv sein und die Wahrheit sagen. **3.** Denunzieren Sie die Spekulanten. Sie sollen (müssen) das machen (tun). **4.** Können Sie den Schluss ändern? **5.** Informieren Sie die Leser, denn die Situation (die Lage) ist explosiv !

MÉMENTO

- **La formation du pluriel :**
- La grande majorité des **masculins** forment leurs pluriels en **-e** : **der Freund/die Freunde** ; **der Tag/die Tage**.
- Les **neutres** se répartissent en deux grands groupes :
1. pluriel en **-er** : **das Haus/die Häuser** ; **das Kind/die Kinder**.
2. pluriel en **-e** : **das Problem/die Probleme**.
- Les **féminins** en **-e** et en **-ung** forment leur pluriel en ajoutant **-n** ou **-en** : **die Flasche/die Flaschen** ; **die Wohnung/die Wohnungen**.

- **Les mots composés** s'écrivent en un seul mot et adoptent le **genre** du dernier mot (le « déterminé ») :
  der Schlüssel + das Hotel = der Hotelschlüssel: *la clé de l'hôtel* ; **die Wohnung + der Markt = der Wohnungsmarkt** : *le marché de l'immobilier* (avec un -s intercalaire après **-ung**).

- Retenez les **possessifs** suivants :
- **mein/meine** *mon, ma, mes* :
  (der) mein Wagen, (das) mein Auto, (die) meine Wohnung [singulier] ; **(die) meine Kinder** [pluriel].
- **unser/unsere** *notre/nos* :
  (der) unser Freund, (das) unser Bier, (die) unsere Freundin [singulier] ; **(die) unsere Blumen** [pluriel].
- **ihr/ihre** *leur, leurs* :
  (der) ihr Brief, (das) ihr Geld, (die) ihre Reise [singulier] ; **(die) ihre Briefe** [pluriel].

- **L'accusatif** correspond à la fonction de *complément d'objet direct (COD)*. Cette fonction n'est toutefois visible et audible qu'au masculin singulier :
  Ich reserviere den/einen Saal.
  Du siehst das/ein Haus.
  Wir haben die/eine Wohnung.

- **Les prépositions für**, *pour*, et **ohne**, *sans*, sont toujours suivies de l'**accusatif** :
  Danke für den Ratschlag.
  Ich komme ohne meinen Freund.

• **Certains verbes dits « forts »** avec voyelle radicale en -e changent cet -e en -i ou -ie (= i long) à la 2ᵉ et à la 3ᵉ personne du singulier du présent de l'indicatif :

geben *donner*   **ich gebe, du gibst, er gibt**
nehmen *prendre*   **ich nehme, du nimmst, er nimmt**
sehen *voir*   **ich sehe, du siehst, er sieht.**

• De la même manière, **certains verbes « forts » à voyelle radicale** en -a, changent cet -a en -ä à la 2ᵉ et à la 3ᵉ personne du singulier du présent de l'indicatif :

fahren *aller (en véhicule)* **ich fahre, du fährst, er fährt**
tragen *porter*   **ich trage, du trägst, er trägt**

• Il existe en allemand des **verbes à particule** (préverbe) **séparable** : **auf/machen**, *ouvrir* ; **zu/machen**, *fermer*. La particule se sépare de son verbe-base pour se placer en fin d'énoncé dès qu'il est conjugué :

Sie macht das Fenster auf/macht das Fenster zu.

• **Le complément directionnel** peut s'exprimer :
• soit par la préposition **nach** suivie d'un nom de pays ou de ville : **Du fährst nach Berlin/nach England.**
• soit par la préposition **in** suivie d'un complément à l'accusatif : **Ich gehe in den Park/in das Museum/in die Stadt.**

• **L'impératif** dispose de quatre personnes : la 2ᵉ personne du singulier, les 1ʳᵉ et 2ᵉ personnes du pluriel ainsi que la forme de politesse : **mach!** *fais !* **machen wir!** *faisons !* **macht!** *faites !* **machen Sie!** *faites !*

• **Les auxiliaires de mode** (**dürfen, können, mögen, müssen, sollen, wollen**) ont (à l'exception de **sollen**) un *changement vocalique singulier/pluriel* : **er kann/wir können, er will/wir wollen, er muss/wir müssen.**
Ces verbes se caractérisent par l'absence de désinence à la 1ʳᵉ et à la 3ᵉ personne du singulier : **ich willø, er willø/ich kannø/er kannø** (**Ich darfø/du darfst/er darfø/wir dürfen/ihr dürft/sie dürfen**) :

Er will/muss kommen.
Wir können/wollen nach Italien fahren.

Wir müssen ihn anrufen

Brigitte, Peter

1. B: Hast du die Telefonnummer von Klaus? Ich finde sie nicht. Wir müssen ihn unbedingt anrufen.

2. P: Ich glaube, er will uns einladen. Eine Woche in Süddeutschland muss interessant sein. Kennst du den Bodensee?

3. B: Ich kenne ihn ein wenig. Übrigens ist das Klima dort sehr mild.

4. P: Das ist gut für dich und deine Gesundheit. Ein paar Tage in Konstanz interessieren mich natürlich.

5. B: Das Haus von Klaus ist groß. Ich kenne es gut. Für mich ist dieses Ferienhaus ideal.

6. P: Außerdem gibt es einen Garten um das Haus. Das ist praktisch für unseren Hund.

7. B: Ja, aber die Frau von Klaus ist allergisch gegen Tiere. Sie verträgt sie leider nicht.

8. P: Dann fahren wir ohne unseren Hund nach Konstanz. Lumpi bleibt in Berlin.

Prononciation

1 et 2. ihn [iːn] ◆ unbedingt [ǫunbədinngt] ◆ Woche [vǫCHə] ◆ Süddeutschland [zuːddoïtchlant] ◆ Bodensee [bǒːdənzéː]

3 et 4. wenig [véːniç] ◆ Klima [kliːma] ◆ Gesundheit [gəzǫuntHaït] ◆ Konstanz [kǫnnstants]

5 et 6. Ferienhaus [féːriənHaos] ◆ ideal [idéǎːl] ◆ außerdem [aosərdéːm] ◆ Hund [Hounnt]

7 et 8. allergisch [alèrguich] ◆ verträgt [fərtrèːkt] ◆ leider [laïdər] ◆ bleibt [blaïpt]

Nous devons l'appeler (au téléphone)

Brigitte, Peter

1. **B :** As-tu le numéro de téléphone de Klaus ? Je ne le trouve pas. Nous devons absolument l'appeler.

2. **P :** Je crois qu'il veut nous inviter [Je crois, il veut nous inviter]. Une semaine en Allemagne du Sud doit être intéressante. Connais-tu le lac de Constance ?

3. **B :** Je le connais un peu. Du reste, le climat y est [est là-bas] très doux.

4. **P :** Ce sera [C'est] bon pour toi et pour ta santé. Quelques jours à Constance m'intéressent, bien sûr.

5. **B :** La maison de Klaus est grande. Je la connais bien. Pour moi, cette maison de vacances est idéale.

6. **P :** En outre, il y a un jardin autour de la maison. Ce sera [C'est] pratique pour notre chien.

7. **B :** Oui, mais la femme de Klaus est allergique aux [contre] animaux. Elle ne les supporte malheureusement pas.

8. **P :** Alors nous irons [allons] à Constance sans notre chien. Lumpi restera [reste] à Berlin.

Vocabulaire

◆

das Telef**o**n, e : *le téléphone*
die Telef**o**nnummer, n : *le numéro de téléphone*
die Ges**u**ndheit (sg.) : *la santé*
das T**ie**r, e : *l'animal*
das Kl**i**ma, s : *le climat*
D**eu**tschland : *l'Allemagne*
S**ü**ddeutschland : *l'Allemagne du Sud*
der B**o**densee : *le lac de Constance*
der S**ee**, n : *le lac*

■

telefon**ie**ren : *téléphoner*
f**i**nden : *trouver*
k**e**nnen : *connaître*
interess**ie**ren : *intéresser*
an/rufen : *appeler*
gl**au**ben : *croire*
bl**ei**ben : *rester*

●

interess**a**nt : *intéressant*
m**i**ld : *doux*
ide**a**l : *idéal*
all**e**rgisch (gegen + A) : *allergique (à)*
unbedingt : *absolument*
nat**ü**rlich : *naturellement*
l**ei**der : *malheureusement, hélas*
übrigens : *d'ailleurs*
außerdem : *en outre*
ein w**e**nig : *un peu*
ein paar T**a**ge* : *quelques jours*
eine W**o**che* : *une semaine*

** Dans les expressions comportant plusieurs éléments, seul l'accent de groupe sera mentionné : ein paar T**a**ge, eine W**o**che, guten T**a**g, auf W**ie**dersehen, etc.*

94

● **Le pronom personnel à l'accusatif**
(fonction : complément d'objet direct) prend les formes suivantes :

SINGULIER		PLURIEL	
Nominatif	Accusatif	Nominatif	Accusatif
ich, *je*	**mich**, *me*	**wir**, *nous*	**uns**, *nous*
du, *tu*	**dich**, *te*	**ihr**, *vous*	**euch**, *vous*
er, *il*	**ihn**, *le*	**sie**, *ils, elles*	**sie**, *les*
es (neutre)	**es** (neutre)	**Sie**, *vous*	**Sie**, *vous*
sie, *elle*	**sie**, *la*	(forme de politesse)	

Remarque : Vous constatez que le **nominatif** et l'**accusatif** sont identiques à la 3e personne du singulier du neutre : **es/es**, du féminin et à la 3e personne du pluriel : **sie/sie**, et donc également à la forme de politesse : **Sie/Sie**.

Er sieht mich/dich/ihn/sie.
Il me/te/le/la voit.

Sie kennt das Kind, sie kennt es.
Elle connaît l'enfant, elle le connaît.

Er ruft uns/Sie an.
Il nous/vous appelle.

● Notez **les prépositions** qui exigent l'accusatif :
für : *pour.* **Das ist gut für dich/für den Hund/für ihn.**
ohne : *sans.* **Wir fahren ohne dich nach Berlin.**
um : *autour de.* **Um das Haus gibt es einen Garten.**

Rappel : Avec un nom de ville ou de pays du neutre, le complément **directionnel** (lieu où l'on va) s'exprime par **nach**, le **locatif** (lieu où l'on est) par **in** :

Sie fahren nach Süddeutschland/nach Konstanz.
Du bist/wohnst/lebst in Berlin.

Wir müssen ihn anrufen • Nous devons l'appeler (au téléphone)

EXERCICES

A. Indiquez le pluriel des noms suivants
1. die Telefonnummer ____
2. das Haus ____
3. der Garten ____
4. der Hund ____
5. der Tag ____
6. das Klima ____
7. die Woche ____
8. das Tier ____
9. das Telefon ____
10. der See ____

B. Mettez le pronom au cas voulu
1. (Peter) ____ ruft ____ (Klaus) an.
2. (Das Klima) ____ ist gut für ____ (du) und ____ (ich).
3. (Die Reise) ____ ist interessant für ____ (Brigitte) und ____ (Peter).
4. Für (die Freunde) ____ ist ____ (das Ferienhaus) ideal.
5. (Der Garten) ____ ist groß. Das ist praktisch für ____ (der Hund).

C. Remplissez les blancs (préposition, article, pronom)
1. ____ d____ Haus ist ein Garten; ____ ist schön.
2. D ____ Klima ist gut für d____ und d____ Hund.
3. Helga ist allergisch ____ Tiere; ____ verträgt ____ nicht.
4. Wir müssen ____ d____ Hund ____ Süddeutschland fahren.
5. D____ Reise ist gut ____ m____ und meine Gesundheit.

D. Traduisez
1. As-tu le numéro de téléphone de Klaus ?
   Non, je ne le trouve pas.
2. Le climat est doux en Allemagne du Sud.
3. Je vais en Angleterre sans (mon) chien.
4. Sans argent, tu ne peux pas acheter de maison de vacances.
5. Elle est allergique aux animaux et lui est allergique au travail.

A. 1. die Telefonnummern. **2.** die Häuser. **3.** die Gärten. **4.** die Hunde. **5.** die Tage. **6.** die Klimas. **7.** die Wochen. **8.** die Tiere. **9.** die Telefone. **10.** die Seen.

B. 1. Er ruft ihn an. **2.** Es ist gut für dich und mich. **3.** Sie ist interessant für sie und ihn. **4.** Für sie ist es ideal. **5.** Er ist groß. Das ist praktisch für ihn.

C. 1. Um das Haus ist ein Garten; er ist schön. **2.** Das Klima ist gut für dich und den Hund. **3.** Helga ist allergisch gegen Tiere; sie verträgt sie nicht. **4.** Wir müssen ohne den Hund nach Süddeutschland fahren. **5.** Die Reise ist gut für mich und meine Gesundheit.

D. 1. Hast du die Telefonnummer von Klaus? Nein, ich finde sie nicht. **2.** Das Klima ist in Süddeutschland mild. **3.** Ich fahre ohne (meinen) Hund nach England. **4.** Ohne Geld kannst du kein Ferienhaus kaufen. **5.** Sie ist allergisch gegen (die) Tiere und er ist allergisch gegen (die) Arbeit.

Wir müssen ihn anrufen • Nous devons l'appeler (au téléphone)

Er interessiert sich für Rockmusik

Peter Schubert (S), Kollege: Herr Wagner (W)

1. **W:** Guten Tag, Herr Schubert. Ich habe hier zwei Eintrittskarten für ein Rockkonzert. Interessiert Sie das?

2. **S:** Nein, danke. Das interessiert mich nicht besonders. Aber meine Freundin ist ganz verrückt auf Rockmusik. Das ist ihre Lieblingsmusik.

3. **W:** Unser Sohn interessiert sich ebenfalls für Rockmusik, aber jetzt muss er sich um sein Examen kümmern.

4. **S:** Ich höre gern die Opern von Mozart, beispielsweise *Figaros Hochzeit* oder *Die Zauberflöte*.

5. **W:** Wir interessieren uns auch für Opernmusik. Meine Frau kennt sogar *Die Zauberflöte* auswendig. Mozart ist ihr Gott.

6. **S:** Und wie sehen Sie Ihren Namensvetter Richard Wagner?

7. **W:** Ich bin natürlich stolz auf ihn. An *Die Meistersinger* mit Karajan erinnere ich mich noch sehr gut.

8. **S:** Vielen Dank für die Eintrittskarten. Brigitte freut sich sicher auf das Rockkonzert. Auf Wiedersehen, Herr Wagner.

Prononciation

1 et 2. guten Tag [goutən ta:k] ◆ Eintrittskarten [aïntrittskartən] ◆ verrückt [fərᵤkkt] ◆ Lieblingsmusik [li:blinngsmouzik]

3 et 4. Sohn [zô:n] ◆ jetzt [yètst] ◆ Examen [èksa:mən] ◆ Mozart [mô:tsart] ◆ Zauberflöte [tsaobərfleutə]

5 et 6. sogar [zô:ga:r] ◆ auswendig [aosvèndiç] ◆ wie [vi:]

7 et 8. stolz [chtollts] ◆ erinnere [èrᵢnnərə] ◆ sehr [zé:r] ◆ freut [froït]

Il s'intéresse à la musique rock

Peter Schubert (S), un collègue : monsieur Wagner (W)

1. W : *Bonjour, monsieur Schubert. Voici [J'ai ici] deux billets d'entrée pour un concert de musique rock. Est-ce que cela vous intéresse ?*

2. S : *Non, merci. Cela ne m'intéresse pas particulièrement. Mais mon amie est folle de rock. C'est sa musique préférée.*

3. W : *Notre fils s'intéresse également à la musique rock, mais, pour le moment [maintenant], il doit s'occuper [se soucier] de son examen.*

4. S : *J'aime [écouter] les opéras de Mozart, Les Noces de Figaro ou La Flûte enchantée, par exemple.*

5. W : *Nous nous intéressons aussi à la musique d'opéra. Ma femme connaît même La Flûte enchantée par cœur. Mozart est son dieu.*

6. S : *Et vous, comment voyez-vous votre homonyme Richard Wagner ?*

7. W : *Je suis naturellement fier de lui. Je me souviens encore fort bien des Maîtres chanteurs par [avec] Karajan.*

8. S : *Merci beaucoup pour les billets d'entrée. Brigitte se réjouira sûrement à l'idée du concert de rock. Au revoir, monsieur Wagner.*

Vocabulaire

◆

der <u>Ei</u>ntritt, e : *l'entrée*
die <u>O</u>per, n : *l'opéra*
der N<u>a</u>mensvetter, n :
l'homonyme
die Fl<u>ö</u>te, n : *la flûte*

der N<u>a</u>me, n : *le nom*
das Konz<u>e</u>rt, e : *le concert*
(der) H<u>e</u>rr, en : *(le) monsieur*
der G<u>o</u>tt, ¨er : *le dieu*
das Ex<u>a</u>men, - : *l'examen*
der V<u>e</u>tter, n : *le cousin*
die Z<u>au</u>berflöte : *la flûte*
enchantée
die M<u>u</u>sik (sg.) : *la musique*

der L<u>ie</u>bling, e : *le chéri, le chouchou*
die <u>Ei</u>ntrittskarte, n : *le billet d'entrée*
der Z<u>au</u>ber (sg.) : *le charme, l'enchantement*
die H<u>o</u>chzeit, en : *le mariage, les noces*
die L<u>ie</u>blingsmusik (sg.) : *la musique préférée*
guten T<u>a</u>g ≠ auf W<u>ie</u>dersehen : *bonjour ≠ au revoir*

■

jdn. interess<u>ie</u>ren : *intéresser qqn.*
sich interess<u>ie</u>ren für + A : *s'intéresser à*
sich k<u>ü</u>mmern um + A : *s'occuper de, se soucier de*
sich er<u>i</u>nnern an + A : *se souvenir de*
sich fr<u>eu</u>en auf + A : *se réjouir (à l'idée) de*

●

st<u>o</u>lz (auf + A) : *fier de*
nat<u>ü</u>rlich : *naturellement*
verr<u>ü</u>ckt (auf + A) : *fou de*
s<u>o</u>gar : *même*
bes<u>o</u>nders : *particulièrement*
w<u>ie</u> : *comment*
<u>e</u>benfalls : *également*
b<u>ei</u>spielsweise : *par exemple*

GRAMMAIRE

● **Les verbes réfléchis**
Retenez la conjugaison des verbes réfléchis à partir du verbe **sich freuen** : *se réjouir, être content*.

**ich freue mich ◆ du freust dich ◆ er/es/sie freut sich ◆
wir freuen uns ◆ ihr freut euch ◆ sie/Sie freuen sich.**

Remarque : 1) Vous avez reconnu les formes **mich, dich, uns, euch**, qui sont l'**accusatif** des pronoms personnels **ich, du, wir, ihr**. 2) À la 3ᵉ personne (singulier/pluriel), vous avez le réfléchi **sich** : *se*.

• **Les verbes réfléchis suivis d'une préposition**

Certains verbes réfléchis peuvent être accompagnés d'une préposition. Retenez les verbes ci-dessous avec leur préposition suivie de l'accusatif (**jdn.** = jemanden : *qqn., quelqu'un* ; **etw.** = etwas : *qqch., quelque chose*).

sich für jdn./etw. (A) interessieren, *s'intéresser à qqn./qqch.*
sich an jdn./etw. (A) erinnern, *se souvenir de qqn./qqch.*
sich auf jdn./etw. (A) freuen, *se réjouir (à l'idée) de voir qqn./qqch.*
sich um jdn./etw. (A) kümmern, *s'occuper de qqn./qqch.*

• **Les adjectifs prépositionnels**

Certains adjectifs sont également accompagnés d'une préposition et d'une seule. Retenez ces deux exemples avec la préposition **auf**, suivie de l'**accusatif** :

auf jdn./etw. (A) stolz sein, *être fier de qqn./qqch.*
Er ist stolz auf seinen Sohn. *Il est fier de son fils.*
auf jdn./etw. (A) verrückt sein, *être fou de qqn./qqch.*
Sie ist verrückt auf Rockmusik. *Elle est folle de musique rock.*

• **Le possessif « sein/ihr »**

À la 3ᵉ personne du singulier, l'allemand fait une distinction entre le possessif masculin et neutre **sein/seine** (anglais : *his*), *son*, *sa* et celui du féminin **ihr/ihre** (anglais : *her*), *son*, *sa*. Le choix du possessif dépend du genre du possesseur.

La terminaison du possessif est déterminée par la fonction dans la phrase (*nominatif* : sujet, *accusatif* : complément d'objet direct, par exemple) et par le genre du nom qui suit : masculin, féminin ou neutre.

Sein/Ihr Hund ist schön. *Son chien à lui/à elle est beau.*
Er ist stolz auf seinen Hund. *Il est fier de son chien.*
Sie ist stolz auf ihren Hund. *Elle est fière de son chien.*

Remarque : Quand le possesseur est du neutre, le possessif est le même qu'au masculin.

EXERCICES

A. Recollez les deux moitiés d'après le contexte

1. Hier sind Eintrittskarten	**a)** um sein Examen.
2. Mein Freund ist verrückt	**b)** an die Meistersinger.
3. Er kümmert sich	**c)** auf Rockmusik.
4. Wir interessieren uns	**d)** für ein Konzert.
5. Ich erinnere mich	**e)** für Opernmusik.

B. Optez pour « sein » ou « ihr » en respectant la fonction dans la phrase

1. Ich kenne Richard Wagner. ___ Musik ist schön.

2. Sie arbeitet viel für ___ Examen.

3. Frau Hoffmann liest viele Zeitungen. ___ Lieblingszeitung ist die *FAZ*, ___ Lieblingsmagazin der *Spiegel*.

4. Er ist stolz auf ___ Hund, sie ist stolz auf ___ Katze.

C. Complétez et mettez les verbes à la forme voulue

1. Er (sich erinnern) nicht mehr ___ ihr ___ Namen.

2. Wir (sich kümmern) ___ d___ Familie und ___ d___ Kinder.

3. Ich (sich freuen) ___ d___ Reise nach Italien.

4. Du (sich interessieren) ___ d___ Opern von Mozart.

5. Sie (verrückt sein) ___ Rockmusik.

D. Traduisez

1. Son amie aime Wagner. Elle connaît ses opéras par cœur.

2. Mon fils voudrait écouter le concert de rock.

3. Mais actuellement, il n'a pas le temps, il doit s'occuper de son examen.

4. Sa fille (à elle) connaît beaucoup d'opéras de Mozart par cœur.

5. Est-ce que vous vous intéressez à la musique rock ?

CORRIGÉS

A. 1. d). **2. c)**. **3. a)**. **4. e)**. **5. b)**.

B. 1. Seine. **2.** ihr. **3.** Ihre, ihr. **4.** seinen, ihre.

C. 1. Er erinnert sich nicht mehr an ihren Namen. **2.** Wir kümmern uns um die Familie und um die Kinder. **3.** Ich freue mich auf die Reise nach Italien. **4.** Du interessierst dich für die Opern von Mozart. **5.** Sie ist verrückt auf Rockmusik.

D. 1. Seine/Ihre Freundin hat Wagner gern. Sie kennt seine Opern auswendig. **2.** Mein Sohn möchte das Rockkonzert hören. **3.** Aber jetzt hat er keine Zeit, er muss sich um sein Examen kümmern. **4.** Ihre Tochter kennt viele Opern von Mozart auswendig. **5.** Interessieren Sie sich für Rockmusik?

Er interessiert sich für Rockmusik • Il s'intéresse à la musique rock

Geben Sie mir die Katalognummer

Peter (P), Sekretärin (S), Versandhaus (V)

1. **P:** Fräulein Meier, geben Sie mir bitte das Versandhaus QUELLE.

2. **V:** Verkaufsabteilung QUELLE, Sie wünschen?

3. **P:** Ich möchte zwei Surf-Bretter bestellen, Marke »Meereswind«.

4. **V:** Einen Augenblick, Ihr Name und Ihre Adresse bitte.

5. **P:** Peter Schubert, S-C-H-U-B-E-R-T, Mozartstraße 1, 14193 Berlin.

6. **V:** Können Sie mir die Katalognummer sagen?

7. **P:** 22-33-66. Wann bekomme ich die Surf-Bretter? Ich möchte nämlich bald Urlaub machen.

8. **V:** Keine Angst, Sie erhalten die Ware nächste Woche. Bitte schicken Sie mir einen Scheck über 877 Euro. Danke, auf Wiederhören.

9. **P:** Fräulein Meier, hier der Scheck für die Leute von QUELLE.

10. **S:** Ich schreibe ihnen sofort einen Brief und bestätige die Bestellung.

11. **P:** Für Brigitte und mich beginnt jetzt der Stress, denn wir müssen beide noch surfen lernen.

Prononciation

1 et 2. Fräulein [froïlaïn] ◆ Versandhaus [fərzạnnthaos] ◆ Quelle [kvẹllə] ◆ wünschen [vụnnchən]

3 et 4. Surf [seurf/zeurf] ◆ Bretter [brẹttər] ◆ bestellen [bəchtẹllən] ◆ Augenblick [aoguənblikk]

5 et 6. H [Ha:] ◆ U [ou:] ◆ 14193 : vierzehntausendeinhundert-dreiundneunzig ◆ Katalognummer [katalọ:gnoummər] ◆ sagen [zạ:guən]

Indiquez-moi la référence du catalogue

Peter (P), secrétaire (S), vente par correspondance (V)

1. **P :** *Mademoiselle Meier, appelez-moi [donnez-moi] la [maison de] vente par correspondance QUELLE, je vous prie.*
2. **V :** *QUELLE, service des ventes, vous désirez ?*
3. **P :** *Je voudrais commander deux planches à voile, marque « Meereswind » (Vent de mer).*
4. **V :** *Un moment, votre nom et votre adresse, s'il vous plaît.*
5. **P :** *Peter Schubert, S-C-H-U-B-E-R-T, 1, rue Mozart, 14193 Berlin.*
6. **V :** *Pouvez-vous m'indiquer [me dire] la référence [le numéro] du catalogue ?*
7. **P :** *22.33.66. Quand recevrai-je [est-ce que je reçois] les planches à voile ? C'est que je voudrais bientôt partir en vacances.*
8. **V :** *N'ayez aucune crainte [pas peur], vous recevrez [recevez] la marchandise la semaine prochaine. Adressez-nous un chèque de 877 euros, s'il vous plaît. Merci, au revoir [au plaisir de vous entendre].*
9. **P :** *Mademoiselle Meier, voici le chèque pour [les gens de] QUELLE.*
10. **S :** *Je leur écris immédiatement une lettre et je confirme la commande.*
11. **P :** *C'est le stress qui commence à présent pour Brigitte et moi, car nous devons encore tous deux apprendre à surfer.*

---

7 et 8. bekomme [bekǫmmə] ◆ nämlich [nè:mliçh] ◆ bald [balt] ◆ Angst [anngst] ◆ erhalten [ərHạltən] ◆ 877 : achthundertsiebenundsiebzig
9 à 11. Leute [lǫïtə] ◆ sofort [zôfǫrt] ◆ bestätige [bəchtè:tiguə] ◆ Bestellung [bəchtèllounng] ◆ lernen [lèrnən]

Vocabulaire

(das) Fräulein, - : *(la) demoiselle*
der Katalog, e : *le catalogue*
die Ware, n : *la marchandise*
die Bestellung, en : *la commande*
der Scheck, s : *le chèque*
(der) Euro (sg.) : *(l')euro, €*
auf Wiederhören : *au revoir
(au téléphone)*
das Surf-Brett, er : *la planche à voile*
der Urlaub (sg.) = die Ferien : *le congé, les vacances*
die Verkaufsabteilung, en : *le service des ventes*
der Versand (sg.) : *l'envoi, l'expédition*
das Versandhaus, ¨er : *la maison de vente par correspondance*
das Internet : *(l')Internet*

der Brief, e : *la lettre*
die Nummer, n : *le numéro*
der Verkauf, ¨e : *la vente*
die Adresse, n : *l'adresse*
der Stress (sg.) : *le stress*
dies/das E-mail :
le courriel, l'e-mail
die Leute (pl.) : *les gens*

bestellen : *commander*
wünschen : *souhaiter, désirer*
geben (i) : *donner*
bekommen = erhalten (ä) : *recevoir*
surfen : *surfer*

bestätigen : *confirmer*
schicken : *envoyer*
lernen : *apprendre*
sagen : *dire*

nämlich : *en effet*
hier : *a) ici, b) voici*
nächste Woche : *la semaine prochaine*

jetzt : *maintenant*
beide : *(tous) les deux*
bald : *bientôt*

GRAMMAIRE

• Les pronoms personnels au datif

Dans cette leçon, vous avez rencontré un **cas** nouveau : le **datif** qui est souvent le cas du **complément d'attribution**. Nous verrons par la suite qu'il est également exigé après certaines prépositions et certains verbes. Le pronom personnel prend les formes suivantes au datif :

ich, **mir**	wir, **uns**
du, **dir**	ihr, **euch**
er/es, **ihm**	sie, **ihnen**
sie, **ihr**	Sie, **Ihnen**

Er gibt mir den Scheck. *Il me donne le chèque.*
Ich schreibe Ihnen einen Brief. *Je vous écris une lettre.*

Remarque :

Les pronoms personnels **uns** et **euch** ont la même forme au datif et à l'accusatif : **Er kennt uns/euch.** *Il nous/vous connaît.* **Er gibt uns/euch die Surf-Bretter.** *Il nous/vous donne des planches à voile.*

• Retenez la construction du verbe **lernen**, suivi directement d'un infinitif.

Du lernst surfen. *Tu apprends à surfer.*
Du musst surfen lernen. *Tu dois apprendre à surfer.*

● **Les chiffres**

À la leçon 6, nous avons vu les chiffres de 1 à 10. Voici la suite :

11: elf	21: einundzwanzig
12: zwölf	30: dreißig
13: dreizehn	40: vierzig
14: vierzehn	50: fünfzig
15: fünfzehn	60: sechzig
16: sechzehn	70: siebzig
17: siebzehn	80: achtzig
18: achtzehn	90: neunzig
19: neunzehn	100: (ein)hundert
20: zwanzig	1 000: (ein)tausend

Remarques :

1) **6: sechs**, mais **16: sechzehn** sans **s** ; **7: sieben**, mais **17: siebzehn** sans **en**.

2) Pour former des dizaines, on ajoute le suffixe **-zig** aux nombres simples : **40: vierzig** (vier + zig), **50: fünfzig** (fünf + zig), sauf pour **30**, formé sur **-ßig: dreißig**.

3) Attention à **20: zwanzig**, **70: siebzig** et **60: sechzig** (pas de **s** comme dans **sechs**).

4) L'ordre de formation est en partie inverse de celui du français : **17: siebzehn**, **45: fünfundvierzig**, **258: zweihundertacht-undfünfzig**, **3 077: dreitausendsiebenundsiebzig**.

5) Dans les composés 21, 31, 41, 51, 61, etc., le **s** de **eins** disparaît : **21: einundzwanzig; 31: einunddreißig; 51: einundfünfzig; 81: einundachtzig**, etc.

EXERCICES

A. Mettez le pronom entre parenthèses au datif

1. Er gibt (ich) einen Scheck über 500 Euro.
2. Schreibst du (er) einen Brief?
3. Das Versandhaus schickt (Sie) die Ware.
4. Sagen Sie (sie) bitte die Katalognummer.
5. Du musst (wir) die Bestellung bestätigen.

B. Reconstituez l'énoncé. Mettez le pronom au datif, conjuguez les verbes, le mot souligné est le sujet.

Ex. geben, Herr Schubert, ich, sein, die Adresse
   → Herr Schubert gibt mir seine Adresse.

1. sie, schicken, Blumen, der Direktor
2. die Telefonnummer, mein, Freundin, sagen, du
3. die Surf-Bretter, schicken, er, die Leute, Quelle, von
4. Fräulein Meier, müssen, ich und du, ein, Fax, schicken

C. Écrivez en toutes lettres

1. 20, 27, 33
2. 77, 98, 101
3. 106, 516, 766
4. 1 000, 2 111, 10 000
5. 36 571, 66 666, 999 999

D. Traduisez

1. Donnez-moi votre adresse. Je vais vous écrire *(présent)*.
2. Que désirez-vous ? Je voudrais commander des planches de surf.
3. Pouvez-vous m'indiquer [donner] la référence du catalogue, s.v.p. ?
4. Vous recevrez *(présent)* la marchandise la semaine prochaine.
5. Vous devez leur envoyer tout de suite un chèque de 999 euros.

A. 1. mir. **2.** ihm. **3.** Ihnen. **4.** ihr. **5.** uns.

B. 1. Der Direktor schickt ihr (ihnen) Blumen. **2.** Meine Freundin sagt dir die Telefonnummer. **3.** Die Leute von Quelle schicken ihm die Surf-Bretter. **4.** Fräulein Meier muss mir und dir ein Fax schicken.

C. 1. 20: zwanzig. 27: siebenundzwanzig. 33: dreiunddreißig. **2.** 77: siebenundsiebzig. 98: achtundneunzig. 101: (ein) hunderteins. **3.** 106: (ein)hundertsechs. 516: fünfhundertsechzehn. 766: siebenhundertsechsundsechzig. **4.** 1 000: (ein)tausend. 2 111: zweitausendeinhundertelf. 10 000: zehntausend. **5.** 36 571: sechsunddreißigtausendfünfhunderteinundsiebzig. 66 666: sechsundsechzigtausendsechshundertsechsundsechzig. 999 999: neunhundertneunundneunzigtausendneunhundertneunundneunzig.

D. 1. Geben Sie mir Ihre Adresse. Ich schreibe Ihnen. **2.** Was wünschen Sie? (Sie wünschen?) Ich möchte Surf-Bretter bestellen. **3.** Können Sie mir bitte die Katalognummer geben? **4.** Sie bekommen (erhalten) die Ware nächste Woche. **5.** Sie müssen ihnen sofort einen Scheck über 999 (neunhundertneunundneunzig) Euro schicken.

Geben Sie mir die Katalognummer • Indiquez-moi la référence du catalogue

Ich zeige dem Direktor unseren Plan

Peter Schubert (P), Sekretärin (S)

1. **P:** Guten Morgen, Fräulein Meier. Geben Sie mir bitte das Programm für die nächste Woche. Was ist geplant?

2. **S:** Am Montag haben Sie keine Termine. Am Dienstag gehen Sie zum Stadtrat.

3. **P:** Am Dienstag? Unmöglich, das passt mir gar nicht. Aber am Mittwoch geht es um 15 Uhr.

4. **S:** Am Donnerstag haben Sie um 12 Uhr 30 ein Mittagessen mit dem Bürgermeister.

5. **P:** Entschuldigung, um wie viel Uhr ist das Essen?

6. **S:** Um halb eins im Restaurant »Zur Post«. Vergessen Sie Ihre Unterlagen nicht!

7. **P:** Ja, sie sind wichtig, denn ich will dem Bürgermeister und der Stadtverwaltung unseren Plan zeigen: ein Viertel ohne Autos.

8. **S:** Ja, die Bürger sind automüde. Sie wollen in der Altstadt eine Fußgängerzone.

9. **P:** Am Freitag fahre ich zum Bauamt. Um halb zehn habe ich eine Verabredung mit dem Direktor.

10. **S:** Nicht um halb zehn, sondern pünktlich um 9 Uhr müssen Sie bei ihm sein.

11. **P:** Wir studieren dann das Altstadtprojekt: ein Viertel ohne Autos von der Post bis zum Rathaus.

Prononciation

1 et 2. nächste [nȅ:çhstə] ◆ geplant [gəpla:nt] ◆ Montag [mo:nta:k] ◆ Dienstag [di:nsta:k]

3 et 4. unmöglich [ynmeugliçh] ◆ Mittwoch [mi̧ttvoCH] ◆ Donnerstag [do̧nnərsta:k]

5 et 6. Entschuldigung [èntcho̧uldiguounng] ◆ Essen [ȅssən] ◆ Unterlagen [o̧untərla:guən]

Je montre notre plan au directeur

Peter Schubert (P), secrétaire (S)

1. P : Bonjour, mademoiselle Meier. Donnez-moi le planning [le programme] de [pour] la semaine prochaine, s'il vous plaît. Qu'est-ce qui est prévu ?

2. S : Vous n'avez pas de rendez-vous [le] lundi. [Le] mardi, vous allez au conseil municipal.

3. P : [Le] mardi ? Impossible, cela ne me convient pas du tout. Mais ça ira [va] mercredi à 15 heures.

4. S : [Le] jeudi à 12 heures 30, vous avez un déjeuner avec le maire.

5. P : Excusez-moi [excuses], à quelle heure est le déjeuner ?

6. S : À 12 heures 30 au restaurant « Zur Post » (À la poste). N'oubliez pas vos dossiers.

7. P : Oui, ils sont importants, car je veux montrer notre projet au maire et à la municipalité [administration municipale] : un quartier sans voitures.

8. S : Oui, les citoyens sont fatigués de la voiture. Ils veulent une zone piétonne dans la vieille ville.

9. P : [Le] vendredi, je vais à l'urbanisme [à l'office de construction]. J'ai (un) rendez-vous avec le directeur à 9 heures 30.

10. S : Non, pas à 9 heures 30, mais vous devez être chez lui à 9 heures précises.

11. P : Nous étudierons [étudions] alors le projet de la vieille ville : un quartier sans voitures, de la poste à l'hôtel de ville.

---

7 et 8. wichtig [vịchtiçh] ◆ Bürgermeister [bụrguǝrmaïstǝr] ◆ Fußgängerzone [fou:sguènngǝrtso:nǝ]

9 et 10. Freitag [fraïta:k] ◆ Verabredung [fǝrapré:dounng] ◆ pünktlich [pÿnngktliçh]

Vocabulaire

◆

der Plan, ¨e : *le plan*
der Bürger, - : *le citoyen*
das Projekt, e : *le projet*
der Termin, e ⎱ *le rendez-vous*
die Verabredung, en ⎰
das Mittagessen, - : *le déjeuner*
das Rathaus, ¨er : *la mairie*
der Stadtrat, ¨e : *le conseil municipal*
die Fußgängerzone, n : *la zone piétonne*
das Bauamt, ¨er : *l'office de l'urbanisme*
die Unterlagen (pl.) : *le(s) dossier(s)*

■

geplant sein : *être projeté*
vergessen (er vergisst) : *oublier*
jdm. passen : *convenir à qqn.*

zeigen : *montrer*
planen : *projeter*
studieren : *étudier*

●

pünktlich : *ponctuel, à l'heure*
automüde : *lassé de la voiture*
Entschuldigung : *excusez-moi*
guten Morgen : *bonjour (le matin)*
um wie viel Uhr? : *à quelle heure ?*
am Montag : *1. lundi (qui vient) 2. le lundi*
wichtig : *important*
unmöglich : *impossible*

GRAMMAIRE

● Le datif de l'article défini
Le **datif** est le cas du **complément d'attribution**. Au **datif singulier**, l'**article défini** prend la forme :

	MASCULIN	NEUTRE	FÉMININ
Nominatif	der		
		das	die
Accusatif	den		
Datif	**dem**	**dem**	**der**

Remarques :

1) Notez le **e** long de **dem** [dé:m].

2) Le complément au datif précède le complément à l'accusatif contrairement au français, où le complément d'objet direct précède le complément d'attribution : **Er gibt dem Direktor den Plan.** *Il donne le plan au directeur.*

3) Les pronoms possessifs portent également les marques du datif **-em** (masculin/neutre), **-er** (féminin) : **Du schickst meinem Freund/meiner Freundin einen Brief.** *Tu envoies une lettre à mon ami/amie.*

● Les prépositions avec datif

Certaines prépositions sont **obligatoirement** suivies d'un complément au datif :

bei, *chez*	Um 9 Uhr muss ich **bei dem** Direktor sein.
mit, *avec*	Ich habe einen Termin **mit dem** Bürgermeister.
von, *de*	**von der** Post bis zum Rathaus
zu, *à*	Ich fahre **zum** (**zu dem**) Stadtrat/**zur** Post.

Remarque : **zum/zur** sont des formes contractées de **zu dem/zu der**.

● La traduction de *chez*

Avec un **verbe directionnel** comme **gehen, kommen, fahren**, *chez* se traduit par **zu + D : Ich gehe zu dir.** *Je vais chez toi.*

Avec un **verbe non directionnel** comme **wohnen, sein**, *chez* se traduit par **bei + D : Ich muss um 4 Uhr bei dem (beim) Direktor sein.** *Je dois être chez le directeur à 4 heures.*

● L'heure précise s'exprime par la préposition **um** : **um 5 Uhr**, *à 5 heures* ; **um 11 Uhr**, *à 11 heures*. Attention au double système : *à 9 heures 30* : **um 9.30 Uhr/um halb zehn** (m. à m. une demi-heure vers 10 heures), **um 12.30 Uhr/um halb eins** (une demi-heure vers 1 heure).
Nous étudierons l'heure par la suite, plus en détail.

EXERCICES

A. Reconstituez l'énoncé en mettant le mot souligné au datif

Ex. ich, wollen, zeigen, <u>der Direktor</u>, Plan, unser
   → Ich will dem Direktor unseren Plan zeigen.
1. du, geben, das Programm, <u>die Sekretärin</u>
2. <u>der Bürgermeister</u>, er, Projekt, sein, schicken
3. <u>die Stadtverwaltung</u>, den Termin, sagen, müssen, Sie
4. geben, das Programm, <u>die Assistentin</u>, können, ich
5. wir, schicken, die Unterlagen, wollen, <u>die Architektin</u>

B. Complétez
1. ___ Dienstag bin ich ___ 15 Uhr ___ Frankfurt.
2. ___ Donnerstag habe ich ein ___ Termin ___ d ___ Bürgermeister.
3. Es gibt ein___ Fußgängerzone ___ d___ Post bis ___ Rathaus.
4. ___ 9 Uhr 30 habe ich ein___ Verabredung ___ d___ Direktor.

C. Choisissez « bei » ou « zu »
1. Am Samstag gehe ich ___ meiner Freundin.
2. Ich muss um halb vier ___ ihr sein.
3. Kommst du am Sonntag ___ mir oder bleibst du ___ Brigitte?
4. Wir wohnen nächste Woche ___ dir.
5. Wir sind pünktlich um 20 Uhr ___ euch.

D. Traduisez
1. Mercredi, vous avez un rendez-vous avec le maire.
2. Je dois lui montrer le projet.
3. Allez-vous à l'office de l'urbanisme ? Voyez-vous le directeur à 10 h 30 ?
4. Le programme ne me convient pas du tout.
5. Excusez-moi, à quelle heure est le déjeuner ?

CORRIGÉS

A. 1. Du gibst der Sekretärin das Programm. **2.** Er schickt dem Bürgermeister sein Projekt. **3.** Sie müssen der Stadtverwaltung den Termin sagen. **4.** Ich kann der Assistentin das Programm geben. **5.** Wir wollen der Architektin die Unterlagen schicken.

B. 1. Am, um, in. **2.** Am, einen, mit dem. **3.** eine, von der, zum (zu dem). **4.** Um, eine, mit dem.

C. 1. zu. **2.** bei. **3.** zu, bei. **4.** bei. **5.** bei.

D. 1. Am Mittwoch haben Sie einen Termin (eine Verabredung) mit dem Bürgermeister. **2.** Ich muss ihm den Plan (das Projekt) zeigen. **3.** Fahren (Gehen) Sie zum Bauamt? Sehen Sie den Direktor um 10.30 Uhr (um halb elf)? **4.** Das Programm passt mir gar nicht. **5.** Entschuldigung, um wie viel Uhr ist das Mittagessen?

Ich zeige dem Direktor unseren Plan • Je montre notre plan au directeur

Eine Fernsehdiskussion: ich danke den Gästen

Journalist; Politiker: Grün, Rot, Schwarz; Gäste

1. **Journalist:** Guten Abend, meine Damen und Herren. Darf ich Ihnen die Politiker Grün, Rot und Schwarz vorstellen? Sie diskutieren mit unseren Gästen über Wirtschaft und Politik.

2. **Grün:** Vertrauen Sie den Ökologen! Wir schützen die Umwelt, die Tiere und die Pflanzen.

3. **Gast 1:** Und wer hilft den Menschen?

4. **Rot:** Das macht unsere Partei. Die Sozialisten kämpfen gegen die Arbeitslosigkeit. Wir geben den Leuten Arbeit.

5. **Gast 2:** Können aber die Sozialisten unsere Probleme wirklich lösen?

6. **Schwarz:** Sicherlich nicht. Wir verteidigen die Interessen von den Arbeitern. Folgen Sie unserer Politik! Sie können einem Demokraten ruhig trauen.

7. **Gast 3:** Demokratie schön und gut. Wer aber bezahlt unsere Renten? Wer spricht über die Rentenfinanzierung?

8. **Schwarz:** Das machen wir. Unsere Partei garantiert den Rentnern das Altersgeld.

9. **Journalist:** Ich danke den Politikern und den Gästen für die Diskussion.

Prononciation

1 à 3. guten Abend [gou:tən <u>a:</u>bənt] ◆ Herren [Hẹrrən] ◆ Politik [politi:k/politịk] ◆ Ökologen [eukôlô̲:guən] ◆ Menschen [mẹnchən]

4 à 6. Partei [part<u>ai</u>] ◆ kämpfen [kẹmpfən] ◆ Probleme [prôblé:mə] ◆ verteidigen [fərt<u>ai</u>diguən] ◆ ruhig [rou:içh]

7 à 9. Demokratie [démôkrati:] ◆ bezahlt [bəts<u>a:</u>lt] ◆ danke [dạnngkə] ◆ Gästen [guẹstən]

Un débat télévisé : je remercie les invités

Journaliste ; hommes politiques : Vert, Rouge, Noir ; invités

1. **Journaliste :** *Mesdames et messieurs, bonsoir. Permettez-moi de [Puis-je] vous présenter les hommes politiques Vert, Rouge et Noir. Ils s'entretiendront [s'entretiennent] avec nos invités d'économie et de politique.*

2. **Vert :** *Faites confiance aux écologistes ! Nous protégeons l'environnement, les animaux et les plantes.*

3. **Invité n° 1 :** *Et qui aidera [aide] les hommes ?*

4. **Rouge :** *Notre parti le fait. Les socialistes luttent contre le chômage. C'est nous qui donnons du travail aux gens.*

5. **Invité n° 2 :** *Mais les socialistes peuvent-ils réellement résoudre nos problèmes ?*

6. **Noir :** *Certainement pas. C'est nous qui défendons les intérêts des ouvriers. Suivez notre politique ! Vous pouvez tranquillement croire un démocrate.*

7. **Invité n° 3 :** *La démocratie, c'est bien beau. Mais qui paiera [paie] nos retraites ? Qui parle du financement des retraites ?*

8. **Noir :** *C'est nous qui [Nous] le faisons. Notre parti garantit la pension de vieillesse [l'argent de la vieillesse] aux retraités.*

9. **Journaliste :** *Je remercie les hommes politiques et les invités de ce débat.*

◆

die Part**ei**, en : *le parti politique*
die Pol**i**t**i**k (sg.) : *la politique*
der Pol**i**t**i**ker - : *l'homme politique*
die W**i**rtschaft, en : *l'économie*
die Rente, n: ⎫ *la retraite,*
das **A**ltersgeld, er : ⎭ *la pension*
die **A**rbeitslosigkeit (sg.) : *le chômage*
die Finanz**ie**rung, en : *le financement*
die **U**mwelt (sg.) : *l'environnement*
der **H**err, n, en : *le monsieur/Monsieur*
der M**e**nsch, en, en : *l'(être) humain*
der G**a**st, ¨e : *l'hôte*
die Pfl**a**nze, n : *la plante*
das T**ie**r, e : *l'animal*
die D**a**me, n : *la dame*
der R**e**ntner, - : *le retraité*
der **A**rbeiter, - : *l'ouvrier*

■

jdm. h**e**lfen (i) : *aider qqn.*
jdm. f**o**lgen : *suivre qqn.*
jdm. gl**au**ben : *croire qqn.*
bez**a**hlen : *payer*
jdn. v**o**r/stellen : *présenter qqn.*
vert**ei**digen : *défendre*
sch**ü**tzen : *protéger*
l**ö**sen : *résoudre*
jdm. vertr**au**en : *faire confiance à qqn.*
jdm. (für etw. A) d**a**nken : *remercier qqn. (de qqch.)*
über etw. (A) spr**e**chen : *parler de qqch.*
über etw. (A) diskut**ie**ren : *discuter de qqch.*
gegen etw. (A) k**ä**mpfen : *combattre qqch.*

●

r**u**hig : *tranquille(ment)*
guten **A**bend : *bonsoir*
jed**o**ch : *pourtant, cependant*
s**i**cherlich : *certainement, sûrement*

GRAMMAIRE

● Le datif pluriel

Il est identique pour les 3 genres : au pluriel l'**article défini** prend la forme **den** [dé:n] et le **nom** qui suit prend toujours un **-n**.

> **Wir garantieren de<u>n</u>/Rentner<u>n</u>/de<u>n</u> Leute<u>n</u>/de<u>n</u> Arbeiter<u>n</u> das Altersgeld.**
> *Nous garantissons la pension de retraite aux retraités/aux gens/aux ouvriers.*

● Les verbes suivis du datif

Certains verbes exigent un complément au **datif** alors qu'ils sont transitifs directs en français. C'est le cas de :

> **jdm. helfen (i)** : *aider qqn.*
> **jdm. glauben** : *croire qqn.*
> **jdm. folgen** : *suivre qqn.*
> **jdm. danken** : *remercier qqn.*

Rappel : jdm. = *jemandem*, qqn. = *quelqu'un*

> **Ich glaube <u>dem</u> Politiker/<u>den</u> Politikern.**
> *Je crois l'homme politique/les hommes politiques.*

> **Wir danken dir/ihm/ihr.**
> *Nous te/le/la remercions.*

Remarque : Les désinences du **datif singulier -em** (masculin/neutre) et **-er** (féminin) se retrouvent évidemment à l'**article indéfini** et au **possessif** :

> **Glauben Sie ein<u>em</u> Demokraten.**
> *Croyez un démocrate.*
> **Folgen Sie mein<u>er</u> Politik.**
> *Suivez ma politique.*

GRAMMAIRE (suite)

• Les masculins faibles

Certains masculins, désignant souvent des êtres vivants, appelés **faibles**, prennent **-n** ou **-en** à tous les cas, sauf au nominatif singulier (cas du sujet et de son attribut). C'est le cas de **der
Mensch** : *l'homme, l'être humain.*

	SINGULIER	PLURIEL
Nominatif	der Mensch	die Menschen
Accusatif	den Menschen	
Datif	dem Menschen	den Menschen

Remarques :

1) Un cas particulier est (**der**) **Herr** : (le) monsieur qui ne prend
qu'un **-n** au singulier mais **-en** au pluriel.

	SINGULIER	PLURIEL
Nominatif	der Herr	die Herren
Accusatif	den Herrn	
Datif	dem Herrn	den Herren

2) Certains noms masculins d'origine étrangère se terminant
par les suffixes **-ist**, **-at**, ou **-oge**, et d'autres encore que vous
apprendrez par la suite, sont également des **masculins faibles**.
C'est le cas de **der Sozialist, der Journalist, der Demokrat,
der Ökologe**. C'est le suffixe qui porte alors l'accent tonique.

	SINGULIER	PLURIEL
Nominatif	der Sozialist/ Ökologe	die Sozialisten/ Ökologen
Accusatif	den Sozialisten/Ökologen	
Datif	dem Sozialisten/ Ökologen	den Sozialisten/ Ökologen

3) Dorénavant, les masculins faibles seront signalés par une
double marque : **-en, -en : der Mensch, en, en**, ou **-n, -n :
der Ökologe, n, n.**

EXERCICES

A. Ajoutez l'article et le pluriel des noms ci-dessous. Veillez à la double marque des masculins faibles

Ex. ___ Diskussion ___ : die Diskussion, en
___ Demokrat ___ : der Demokrat, en, en

1. ___ Mensch ___
2. ___ Tier ___
3. ___ Herr ___
4. ___ Sozialist ___
5. ___ Pflanze ___

6. ___ Wirtschaft ___
7. ___ Ökologe ___
8. ___ Interesse ___
9. ___ Journalist ___
10. ___ Partei ___

B. Mettez les énoncés au pluriel

1. Der Journalist dankt dem Gast für die Diskussion.
2. Der Sozialist hilft dem Rentner.
3. Der Arbeiter folgt dem Politiker.
4. Der Mensch soll das Tier und die Pflanze schützen.
5. Mein Freund vertraut der Partei.

C. L'un des trois noms n'est pas un féminin : lequel ?

1. Dame / Herr / Politik
2. Umwelt / Gast / Arbeitslosigkeit
3. Politiker / Diskussion / Arbeit
4. Partei / Wirtschaft / Altersgeld
5. Interesse / Finanzierung / Pflanze

Eine Fernsehdiskussion: ich danke den Gästen • Un débat télévisé : je remercie les invités

EXERCICES (suite)

D. Quelle couleur associez-vous aux énoncés ?
1. die Renten bezahlen: ___
2. die Umwelt schützen: ___
3. den Rentnern das Altersgeld garantieren: ___
4. gegen die Arbeitslosigkeit kämpfen: ___
5. ein Ökologe sein: ___
6. den Leuten Arbeit geben: ___
7. den Menschen helfen: ___
8. Pflanzen und Tiere sind seine Freunde: ___
9. über die Rentenfinanzierung sprechen: ___
10. die Interessen von den Arbeitern verteidigen: ___

E. Vrai ou faux ? Rectifiez l'erreur éventuelle
1. Vertrauen Sie den Sozialisten.
2. Unsere Partei garantiert den Rentnern das Altersgeld.
3. Ich danke den Ökologen und den Demokraten für die Diskussion.
4. Sie können einem Politiker ruhig glauben.
5. Wir schützen die Menschen, die Frauen und die Kinder.

F. Traduisez
1. Monsieur Vert est écologiste, il protège les hommes et l'environnement.
2. Fais-tu confiance aux hommes politiques ? Oui, je leur fais confiance.
3. Je remercie les journalistes et les invités du [pour le] débat télévisé.
4. Nous garantissons une retraite aux gens.
5. Suivez ma politique (forme de politesse), je veux vous aider !

CORRIGÉS

A. 1. der Mensch, en, en. **2.** das Tier, e. **3.** der Herr, n, en. **4.** der Sozialist, en, en. **5.** die Pflanze, n. **6.** die Wirtschaft, en. **7.** der Ökologe, n, n. **8.** das Interesse, n. **9.** der Journalist, en, en. **10.** die Partei, en.

B. 1. Die Journalisten danken den Gästen für die Diskussionen. **2.** Die Sozialisten helfen den Rentnern. **3.** Die Arbeiter folgen den Politikern. **4.** Die Menschen sollen die Tiere und die Pflanzen schützen. **5.** Meine Freunde vertrauen den Parteien.

C. 1. der Herr. **2.** der Gast. **3.** der Politiker. **4.** das Altersgeld. **5.** das Interesse.

D. 1. Schwarz. **2.** Grün. **3.** Schwarz. **4.** Rot. **5.** Grün. **6.** Rot. **7.** Rot. **8.** Grün. **9.** Schwarz. **10.** Rot.

E. 1. FAUX : Vertrauen Sie den Ökologen. **2.** VRAI. **3.** FAUX : Ich danke den Politikern und den Gästen für die Diskussion. **4.** FAUX : Sie können einem Demokraten ruhig glauben. **5.** FAUX : Wir schützen die Umwelt, die Tiere und die Pflanzen.

F. 1. Herr Grün ist Ökologe, er schützt die Menschen und die Umwelt. **2.** Vertraust du den Politikern? Ja, ich vertraue ihnen. **3.** Ich danke den Journalisten und den Gästen für die Fernsehdiskussion. **4.** Wir garantieren den Leuten eine Rente (ein Altersgeld). **5.** Folgen Sie meiner Politik. Ich will Ihnen helfen.

MÉMENTO

● À l'**accusatif**, le **pronom personnel** prend les formes suivantes :
mich, dich, ihn/es/sie, uns, euch, sie/Sie.
> **Ich muss ihn anrufen.**
> **Er will uns einladen.**

● Au **datif**, les formes du **pronom personnel** sont les suivantes :
mir, dir, ihm/ihm/ihr, uns, euch, ihnen/Ihnen.
> **Geben Sie mir die Telefonnummer.**
> **Wir schicken Ihnen den Scheck.**

● Au **datif**, l'**article défini** exige les formes suivantes (nominatif :
der Rentner : *le retraité* ; **das Haus** : *la maison* ; **die Wohnung** :
l'appartement).

	SINGULIER	PLURIEL
masculin	**dem Rentner**	**den Rentnern**
neutre	**dem Haus**	**den Häusern**
féminin	**der Wohnung**	**den Wohnungen**

Remarques : 1) N'oubliez pas que le nom prend lui aussi **-n** ou
-en au datif pluriel. 2) Les désinences du datif singulier **-em/-er**
et du pluriel **-en** s'ajoutent à l'article indéfini et aux possessifs :
**einem Rentner/Haus, einer Wohnung, meinen Häusern,
unseren Wohnungen.**

● Les **verbes réfléchis** du type **sich freuen** : *se réjouir*, se conju-
guent ainsi : **ich freue mich, wir freuen uns ◆ du freust dich,
ihr freut euch ◆ er/sie/es freut sich, sie/Sie freuen sich.**

Certains verbes ou adjectifs s'emploient généralement avec une
préposition *et une seule*. Il faut donc apprendre le groupe entier
(verbe/adjectif + préposition) :
> **Sie interessiert sich für Musik.**
> **Wir sind stolz auf dich.**

● Les prépositions **für** : *pour*, **ohne** : *sans*, **um** : *autour de*, exigent
l'**accusatif** :
> **Das ist eine Eintrittskarte für dich.**
> **Wir kommen ohne unseren Hund.**
> **Es gibt einen Garten um das Haus.**

• Les **prépositions bei** : *chez, auprès de*, **mit** : *avec*, **von** : *de*, **zu** : *chez*, sont suivies du **datif** :

Wir bleiben bei dir.
Kommst du mit deiner Freundin?
Dort ist das Haus von Brigitte und ihrem Freund.

• Avec un **verbe directionnel**, *chez* se traduit par **zu + D**, avec un **verbe locatif**, *chez* se traduit par **bei + D**.

Kommst du zu mir?
Ich bleibe bei dir.

• Avec un **nom de ville ou de pays du neutre**, le **directionnel** s'exprime par **nach**, le **locatif** (lieu) par **in**.

Fahren Sie nach Berlin?
Wohnen Sie in Frankfurt?

Certains **verbes** sont obligatoirement suivis d'un complément au **datif** : **jdm. helfen (i)** : *aider qqn.* ; **jdm. danken** : *remercier qqn.* ; **jdm. folgen** : *suivre qqn.* ; **jdm. glauben** : *croire qqn.*

Ich danke dir.
Wir folgen dem Politiker.
Sie hilft den Leuten.

• À la 3ᵉ personne du singulier, le **possessif** est **sein** quand le possesseur est masculin ou neutre, **ihr** quand il est du féminin.

(Peter) Sein Hund ist groß.
(Brigitte) Ihr Haus ist schön.

• Les **masculins faibles** désignent presque toujours des êtres vivants. Ils prennent **-n** ou **-en** à tous les cas sauf au nominatif singulier : **der Mensch, en, en** : *l'homme, l'être humain* ; **der Journalist, en, en** : *le journaliste* ; **der Ökologe, n, n** : *l'écologiste*.

> **Attention !**
> un cas à part : **der Herr** : *le monsieur* prend **-n** au singulier, **-en** au pluriel.

125

Die Gemäldegalerie des Dahlemer Museums

Brigitte (B), Freunde: Klaus (K), Anke (A)

1. **B:** U-Bahnhof »Dahlem-Dorf«. Wir sind jetzt im Süden von Berlin. Dort ist der Eingang des Museums.

2. **K:** Gehen wir zuerst in die Gemäldegalerie. Ich möchte die Werke von Dürer sehen.

3. **B:** Die Bilder des Mittelalters und der Renaissance sind im Erdgeschoss.

(Fünf Minuten später)

4. **K:** Ah, da ist das *Porträt einer Frau* von Albrecht Dürer. Wie schön und jung sie ist! Das ist ein Meisterwerk.

5. **A:** Wie viele Werke gibt es hier?

6. **B:** Die Zahl der Bilder kenne ich nicht genau. Die Sammlung ist nämlich groß.

7. **A:** Hier ist ein Gemälde des Künstlers Hans Holbein. Wer kennt es? Wen seht ihr auf diesem Bild?

8. **K:** Das ist das *Bild eines Kaufmanns*. Ich bewundere die Technik des Malers.

9. **B:** Dort sind die Werke der Holländer und der Flamen: ein *Selbstporträt* von Rembrandt und ein Gemälde von Van Dyck, *Bild eines Genuesen und einer Genuesin*.

10. **A:** Die Maltechnik und die Porträtkunst dieser Meister überraschen mich immer wieder.

11. **K:** Und für die Künstler von heute sind sie ein Vorbild.

Prononciation

1 à 3. Süden [z<u>u:</u>dən] ◆ Museum [mouz<u>é:</u>oum] ◆ Gemälde [guəm<u>è:</u>ldə] ◆ Erdgeschoss [<u>é:</u>rdguəchoss]

4 à 6. Porträt [portr<u>è:</u>] ◆ Meisterwerk [m<u>ai</u>stərvèrk]

La galerie [de tableaux] du musée de Dahlem

Brigitte (B) ; des amis : Klaus (K), Anke (A)

1. B : *Station de métro « Dahlem-Dorf ». Nous sommes à présent au sud de Berlin. L'entrée du musée est là-bas.*

2. K : *Allons d'abord à la galerie de tableaux. J'aimerais voir les œuvres de Dürer.*

3. B : *Les toiles du Moyen Âge et de la Renaissance sont au rez-de-chaussée.*

(Cinq minutes plus tard)

4. K : *Ah, voici le Portrait de femme d'Albrecht Dürer. Comme elle est jeune et jolie ! C'est un chef-d'œuvre.*

5. A : *Combien d'œuvres y a-t-il ici ?*

6. B : *Je ne connais pas exactement le nombre de toiles. La collection est en effet très importante [grande].*

7. A : *Voici une toile de l'artiste Hans Holbein. Qui la connaît ? Qui voyez-vous sur ce tableau ?*

8. K : *C'est le Portrait d'un commerçant. J'admire la technique de ce peintre.*

9. B : *Là-bas, il y a les œuvres des Hollandais et des Flamands : un Autoportrait de Rembrandt et une toile de Van Dyck : Portrait d'un Génois et d'une Génoise.*

10. A : *La technique picturale et l'art du portrait de ces maîtres me surprendront encore et toujours [me surprennent toujours à nouveau].*

11. K : *Et pour les artistes d'aujourd'hui, ils sont un modèle.*

7-8. wen [vé:n] ◆ Bild [bilt]
9-10. Holländer [Họllèndər] ◆ Flamen [fla:mən] ◆ Van Dyck [fann daïk]

Vocabulaire

◆

das Werk, e : *l'œuvre*
die Kunst, ¨e : *l'art*
der Künstler, - : *l'artiste*
das Porträt, s : *le portrait*
der Maler, - : *le peintre*
die Zahl, en : *le nombre*
der Süden (sg.) : *le sud*
das Bild, er : *l'image, (ici) le tableau*
das Gemälde, - : *la toile, la peinture*
die Galerie, n : *la galerie (de tableaux)*
das Museum, een : *le musée*
das Meisterwerk, e : *le chef-d'œuvre*
die Sammlung, en : *la collection*
das Mittelalter (sg.) : *le Moyen Âge*
die Renaissance : *la Renaissance*
der U-Bahnhof, ¨e : *la station de métro*
das Erdgeschoss, e : *le rez-de-chaussée*
der Kaufmann, -leute : *le commerçant*

■

malen : *peindre*
jdn. bewundern : *admirer qqn.*
jdn. überraschen : *surprendre qqn.*

●

wieder : *à nouveau*
da : *là (tout près)*
dort : *là-bas (loin)*
wie viel (sg.) : *combien*
wie viele (pl.) : *combien*

GRAMMAIRE

• Le génitif

Le cas du **génitif** a souvent la fonction de complément du nom, c'est-à-dire qu'il élargit ou précise un groupe. Il implique une idée d'appartenance, de possession, mais il permet aussi, comme ici, de désigner l'auteur d'une œuvre. Le génitif des **articles défini** et **indéfini** est le suivant :

SINGULIER			PLURIEL DES TROIS GENRES
masculin	neutre	féminin	
des/eines	des/eines	der/einer	der/Ø
des/eines **Künstlers**	des/eines **Museums**	der/einer **Frau**	der **Künstler/Frauen** Ø **Künstler/Frauen**

Remarques :

1) Au génitif, les noms masculins et neutres prennent également un **-s** (**-es** quand le nom se termine par **-s, -ß, -z**) : **das Werk des Künstlers**, *l'œuvre de l'artiste* ; **der Eingang des Hauses**, *l'entrée de la maison*.

2) Les masculins faibles par contre (*cf.* leçon 15) prennent la désinence **-n** ou **-en** au génitif : **des Menschen**, *de l'homme* ; **des Genuesen**, *du Génois*.

3) Le nom féminin, de même que le substantif pluriel, n'ont pas de marque au génitif : **die Bilder der Frau/der Künstler/der Museen**, *les tableaux de la femme/des artistes/des musées*.

4) Les désinences du génitif **-es/-er** sont marquées sur les démonstratifs et les possessifs : **dieses/dieser, meines/meiner**.

5) Le génitif pluriel des articles définis, des pronoms démonstratifs ou possessifs est identique pour les 3 genres : **der/dieser/ seiner/ihrer Männer/Kinder/Frauen**.

GRAMMAIRE (suite)

● Le démonstratif (**dieser/dieses/diese** : *ce, cet, cette* et **diese** : *ces*) a les mêmes désinences que l'article défini : **der/das/die** (singulier) et **die** (pluriel).

● **Rappel :**
L'accusatif de l'interrogatif **wer** [vé:r] (fonction sujet) (*cf.* **der**) est **wen** [vé:n] (fonction complément d'objet direct) (*cf.* **den**) :

   Wer ist Dürer? *Qui est Dürer ?*
   Wen siehst du auf dem Bild? *Qui vois-tu sur le tableau ?*

Le datif de l'interrogatif **wer** est **wem** : **Von wem ist das Bild eines Kaufmanns?**

● Retenez les **adverbes de lieu** : **hier**, *ici* ; **da**, *voici, là* (près) ; **dort**, *voilà, là-bas* (loin). Quand ils sont en tête de phrase, le verbe se trouve en seconde position : **Dort sind die Bilder/die Bilder sind dort**.

● **Le locatif**
Après les verbes non directionnels, d'état ou de position, les prépositions **in** : *dans*, **auf** : *sur*, sont suivies d'un complément au **datif**. C'est ce que l'on appelle le **locatif**. Ce complément répond à la question **wo** : *où*.

   Wir sind im Süden von Berlin.
   Nous sommes au sud de Berlin.

   Wo sind wir? Im Süden von Berlin.
   Où sommes-nous ? Au sud de Berlin.

   Auf dem Bild sehe ich eine Frau.
   Je vois une femme sur le tableau.

   Wo sehe ich eine Frau? Auf dem Bild.
   Où est-ce que je vois une femme ? Sur le tableau.

EXERCICES

A. Indiquez le génitif des noms suivants
1. das Werk
2. die Frau
3. der Künstler
4. ein Kaufmann
5. eine Technik
6. ein Bild
7. ein Gemälde
8. ein Mensch
9. die Zahlen (pl.)
10. diese Meister (pl.)

B. Quelles sont les désinences du génitif ?
1. Hier ist der Eingang d___ U-Bahnhof___.
2. Da sind die Bilder d___ Mittelalter___.
3. Dort ist ein Gemälde d___ Künstler___ Holbein.
4. Die Technik und die Kunst diese___ Meister___ überraschen mich.
5. Wir gehen oft in die Gemäldegalerie d___ Dahlemer Museum___.

C. Répondez par un complément au datif avec les prépositions « in » ou « auf », en utilisant le pronom personnel
Ex. Wo <u>sind die Bilder der Renaissance?</u> (Erdgeschoss des Museums) → <u>Sie</u> sind im Erdgeschoss des Museums.
1. Wo sieht man *den Kaufmann*? (Bild von Holbein)
2. Wo können wir *die Gemälde von Dürer sehen*? (die Galerie)
3. Wo ist *der U-Bahnhof »Dahlem-Dorf«*? (Süden von Berlin)
4. Wo sind *die Werke der Holländer*? (das Dahlemer Museum)
5. Wo sind *die Freunde von Brigitte*? (die Stadt)

D. Répondez aux questions

1. Wo ist der U-Bahnhof »Dahlem-Dorf«?
2. Wo sind die Werke von Dürer?
3. Von wem ist das »Bild eines Kaufmanns«?
4. Was überrascht Anke?
5. Was sind die Meister für die Künstler von heute?

E. Reconnaissez le peintre

a) d'après son prénom
1. Hans ___
2. Albrecht ___

b) d'après son tableau
3. Bild eines Kaufmanns
4. Porträt einer Frau
5. Bild eines Genuesen und einer Genuesin

F. Traduisez

1. D'abord, nous allons à la galerie (de tableaux) du musée.
2. Les œuvres du Moyen Âge sont au rez-de-chaussée de la galerie.
3. Les tableaux de cette collection sont très beaux.
4. Ici [Là] il y a [est] le portrait d'un commerçant, là-bas il y a [sont] les toiles des Hollandais.
5. La technique de ces maîtres m'étonne toujours.

CORRIGÉS

A. 1. des Werks. **2.** der Frau. **3.** des Künstlers. **4.** eines Kauf-manns. **5.** einer Technik. **6.** eines Bildes. **7.** eines Gemäl-des. **8.** eines Menschen. **9.** der Zahlen. **10.** dieser Meister.

B. 1. des U-Bahnhofs. **2.** des Mittelalters. **3.** des Künstlers. **4.** dieses Meisters. **5.** des Dahlemer Museums.

C. 1. Man sieht ihn auf dem Bild von Holbein. **2.** Wir können sie in der Galerie sehen. **3.** Er ist im Süden von Berlin. **4.** Sie sind im Dahlemer Museum. **5.** Sie sind in der Stadt.

D. 1. Der U-Bahnhof »Dahlem-Dorf« ist im Süden von Berlin. **2.** Die Werke von Dürer sind im Erdgeschoss. **3.** Das »Bild eines Kaufmanns« ist von Holbein. **4.** Die Maltechnik und die Porträtkunst der (dieser) Meister überraschen Anke. **5.** Die Meister sind ein Vorbild für die Künstler von heute.

E. 1. Holbein. **2.** Dürer. **3.** Holbein. **4.** Dürer. **5.** Van Dyck.

F. 1. Zuerst gehen wir in die Gemäldegalerie des Museums. (Wir gehen zuerst in … Museums.) **2.** Die Werke des Mit-telalters sind im Erdgeschoss der Gemäldegalerie. **3.** Die Bilder (Die Gemälde) dieser Sammlung sind sehr schön. **4.** Hier (Da) ist das Porträt eines Kaufmanns, dort sind die Gemälde (die Bilder) der Holländer. **5.** Die Technik dieser Meister überrascht mich immer.

Wir sind alle multikulturelle Produkte

1. **Sie:** Ich liebe die französische Küche und du hast die italienische Pizza gern.

2. **Er:** Der indische Reis und die chinesische Suppe kommen bei uns oft auf den Tisch.

3. **Sie:** Ich koche dir ungarisches Gulasch und du servierst mir griechischen Salat.

4. **Er:** Deutsches Bier, amerikanische Cola und brasilianischer Kaffee sind unsere Lieblingsgetränke.

5. **Sie:** Wir kaufen nur japanische Wagen, denn die japanische Technik ist sicher und zuverlässig.

6. **Er:** Für die Kommunikation brauchen wir die lateinischen Buchstaben und die arabischen Zahlen.

7. **Sie:** Ich mag gotische Kirchen und du magst asiatische Tempel.

8. **Er:** Sind nicht alle Menschen multikulturelle und internationale Produkte?

9. **Sie und Er:** Darum sind wir für Frieden und Integration und gegen Hass und Rassismus!

Prononciation

1 et 2. französisch [frannts<u>eu:</u>zich] ◆ Küche [kÿçhə] ◆ Reis [raïs] ◆ chinesisch [çhin<u>é:</u>zich] ◆ Suppe [zǫuppə]

3 et 4. koche [kǫCHə] ◆ Salat [zala<u>:</u>t] ◆ Bier [bi:r] ◆ Kaffee [kạffé:]

5 et 6. Technik [tèçhnik] ◆ brauchen [bra<u>o</u>CHən] ◆ Buchstaben [b<u>ou:</u>CHchta:bən]

7 à 9. mag [ma:k] ◆ Menschen [mèņchən] ◆ darum [darǫum/da<u>:</u>roum] ◆ Frieden [fr<u>i:</u>dən]

Nous sommes tous des produits multiculturels

1. **Elle :** J'aime la cuisine française, et toi, tu aimes la pizza italienne.

2. **Lui :** Le riz indien et la soupe chinoise sont souvent servis, chez nous [viennent chez nous souvent sur la table].

3. **Elle :** Je te prépare du goulasch hongrois et tu me sers de la salade grecque.

4. **Lui :** La [De la] bière allemande, le [du] Coca-Cola américain et le [du] café brésilien sont nos boissons préférées.

5. **Elle :** Nous n'achetons que des voitures japonaises, car la technique japonaise est sûre et fiable.

6. **Lui :** Pour la communication, nous utilisons [avons besoin des] les caractères latins et les chiffres arabes.

7. **Elle :** J'aime les églises gothiques et toi, tu aimes les temples asiatiques.

8. **Lui :** Tous les hommes ne sont-ils pas des produits multiculturels et internationaux ?

9. **Elle et lui :** C'est la raison pour laquelle nous sommes pour la paix et l'intégration, et contre la haine et le racisme.

◆

die Küche, n: *la cuisine*
die Kirche, n: *l'église*
der Tempel, -: *le temple*
der Kaffee (sg.): *le café*
die Cola (sg.): *le Coca-Cola*
das Bier (sg.): *la bière*
das Gulasch (sg.): *le goulasch*
der Salat, e: *la salade*
der Reis (sg.): *le riz*
die Suppe, n: *la soupe*
die Zahl, en: *le nombre*
der Buchstabe, n: *la lettre*
der Wagen, -: *la voiture*
die Technik, en: *la technique*
der Hass (sg.): *la haine*
der Frieden (sg.): *la paix*
der Rassismus (sg.): *le racisme*
die Integration, en: *l'intégration*
das Lieblingsgetränk, e: *la boisson préférée*

■

trinken: *boire*
servieren: *servir*
kochen: *cuire, faire la cuisine*
lieben/gern haben/mögen: *aimer*
auf den Tisch kommen: *être servi (à table)*

●

französisch: *français*
brasilianisch: *brésilien*
deutsch: *allemand*
ungarisch: *hongrois*
indisch: *indien*
gotisch: *gothique*
lateinisch: *latin*
multikulturell: *multiculturel*
sicher: *sûr*
gegen: *contre*
darum: *c'est pourquoi*

italienisch: *italien*
amerikanisch: *américain*
japanisch: *japonais*
griechisch: *grec*
chinesisch: *chinois*
zuverlässig: *fiable*
arabisch: *arabe*
international: *international*

GRAMMAIRE

● Le datif du pronom personnel

Le pronom personnel au datif prend les formes suivantes :

SINGULIER		PLURIEL	
ich	**mir**	wir	**uns**
du	**dir**	ihr	**euch**
er, es	**ihm**	sie	**ihnen**
sie	**ihr**	Sie	**Ihnen**
		(forme de politesse)	

Er gibt mir/dir/ihm/ihr eine Cola. *Il me/te/lui (= à lui/à elle) donne un Coca.*
Du servierst uns/ihnen Reis. *Tu nous/leur sers du riz.*

● La déclinaison de l'adjectif épithète (nominatif/accusatif)

En allemand, l'adjectif épithète précède toujours le nom. Il se décline selon deux modèles :

1) La déclinaison dite « faible » (non-marquée)

Précédé d'un article défini : **der, das, die**, ou d'un déterminatif : **dieser**, *celui-ci*, etc., portant une marque de cas, l'adjectif suit la déclinaison **non-marquée**, dite **faible**. Deux désinences (terminaisons) sont alors possibles : **-e** et **-en**.
L'adjectif prend la désinence **-e** :
● au nominatif singulier masculin, neutre, féminin ;
● à l'accusatif singulier neutre et féminin.
Partout ailleurs, l'adjectif prend la désinence **-en**.

Article marqué → Adjectif non-marqué (déclinaison faible)			
MASCULIN	NEUTRE	FÉMININ	PLURIEL
N der gut**e** Kaffee	das deutsch**e** Bier	die arabisch**e** Zahl	die japanisch**en** Wagen
A den gut**en** Kaffee			

GRAMMAIRE (suite)

2) La déclinaison « forte » (marquée) de l'adjectif

Lorsqu'un groupe nominal n'est précédé ni d'article ni de déterminatif (et par conséquent d'aucune marque de cas), c'est l'adjectif qui prend la marque du cas et qui transmet donc l'information de la fonction ou/et du genre. C'est ce qu'on appelle la déclinaison **forte** ou **marquée** de l'adjectif.

Sans article → Adjectif marqué (déclinaison forte)			
MASCULIN	NEUTRE	FÉMININ	PLURIEL
N indisch**er** Reis	ungarisch**es** Gulasch	gut**e** Küche	arabisch**e** Zahlen
A indisch**en** Reis			

Attention !

Le groupe nominal s'emploie sans article quand on veut parler de qqch. en général :

der indische Reis, *le riz indien*
indischer Reis, *le riz indien* (en général), *du riz indien*
die japanischen Wagen, *les voitures japonaises*
japanische Wagen, *les voitures japonaises* (en général), *des voitures japonaises*

EXERCICES

A. Complétez
1. d___ deutsch___ Bier
2. d___ japanisch___ Autos
3. d___ brasilianisch___ Kaffee
4. d___ französisch___ Küche
5. d___ italienisch___ Produkt

B. Ajoutez les déterminatifs et les terminaisons des adjectifs
1. Ich mag d___ italienisch___ Pizza und d___ indisch___ Reis.
2. Du liebst ungarisch___ Gulasch und chinesisch___ Suppe.
3. Wir kaufen nur japanisch___ Wagen und deutsch___ Bier.
4. All___ Menschen sind international___ Produkte.
5. Er bewundert dies___ arabisch___ Tempel (sg.) und dies___ gotisch___ Kirche.

C. Supprimez l'article défini et modifiez la désinence de l'adjectif
Ex. Du hast die deutschen Autos gern.
Du hast deutsche Autos gern.
1. Wir essen den indischen Reis und das ungarische Gulasch.
2. Trinkst du oft den deutschen Wein?
3. Er interessiert sich nur für die japanischen Wagen.
4. Unsere Freunde kaufen die internationalen Produkte.
5. Brauchen alle Menschen die lateinischen Buchstaben?

Wir sind alle multikulturelle Produkte • Nous sommes tous des produits multiculturels

EXERCICES (suite)

D. Complétez par le verbe, l'article et la désinence appropriés

1. Ich ____ d___ französisch____ Küche gern.
2. Wir ____ nur japanisch____ Wagen.
3. Für die Kommunikation ____ wir lateinisch____ Buchstaben.
4. Alle Menschen ____ multikulturell____ Produkte.
5. Ich ____ asiatisch____ Tempel.

E. Corrigez les erreurs

1. Ich liebe das italienische Gulasch und die französische Cola.
2. Du magst gotische Tempel und arabische Kirchen.
3. Ich trinke gern chinesisches Bier, aber du isst ungarischen Reis gern.
4. Wir kaufen multikulturelle Wagen.

F. Traduisez

1. Voici de la bière allemande et du café brésilien.
2. Nous n'achetons que des voitures allemandes, car la technique allemande est fiable.
3. Il ne s'intéresse qu'aux produits japonais.
4. Pour la communication, j'utilise les (j'ai besoin des) caractères latins.
5. Nous sommes tous pour la paix et contre le racisme.

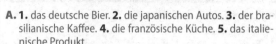

CORRIGÉS

A. 1. das deutsche Bier. **2.** die japanischen Autos. **3.** der brasilianische Kaffee. **4.** die französische Küche. **5.** das italienische Produkt.

B. 1. Ich mag die italienische Pizza und den indischen Reis. **2.** Du liebst ungarisches Gulasch und chinesische Suppe. **3.** Wir kaufen nur japanische Wagen und deutsches Bier. **4.** Alle Menschen sind internationale Produkte. **5.** Er bewundert diesen arabischen Tempel und diese gotische Kirche.

C. 1. Wir essen indischen Reis und ungarisches Gulasch. **2.** Trinkst du oft deutschen Wein? **3.** Er interessiert sich nur für japanische Wagen. **4.** Unsere Freunde kaufen internationale Produkte. **5.** Brauchen alle Menschen lateinische Buchstaben?

D. 1. Ich habe die französische Küche gern. **2.** Wir kaufen nur japanische Wagen. **3.** Für die Kommunikation brauchen wir lateinische Buchstaben. **4.** Alle Menschen sind multikulturelle Produkte. **5.** Ich mag asiatische Tempel.

E. 1. das ungarische Gulasch, die amerikanische Cola. **2.** asiatische Tempel und gotische Kirchen. **3.** deutsches Bier, indischen Reis. **4.** japanische Wagen.

F. 1. Hier ist (Da ist) deutsches Bier und brasilianischer Kaffee. **2.** Wir kaufen nur deutsche Wagen (Autos), denn die deutsche Technik ist zuverlässig. **3.** Er interessiert sich nur für (die) japanische(n) Produkte. **4.** Für die Kommunikation brauche ich die lateinischen Buchstaben. **5.** Wir sind alle für den Frieden und gegen den Rassismus.

Wir sind alle multikulturelle Produkte • Nous sommes tous des produits multiculturels

Welches Schlafmittel soll ich nehmen?

Brigitte (B), Dr. Scholl (Dr.)

1. **B:** Herr Doktor, seit einem Monat schlafe ich nicht. Eine schlaflose Nacht ist für mich eine Qual.

2. **Dr.:** Gegen Schlaflosigkeit muss man unbedingt etwas tun. Die Gesundheit hängt ja von der Qualität des Schlafs ab.

3. **B:** Morgens bin ich immer so müde und komme kaum aus dem Bett. Ich möchte gern weiterschlafen. Welches Schlafmittel soll ich nehmen?

4. **Dr.:** Ich verschreibe Ihnen ein neues Schlafmittel. Aber Sie müssen auch die Ursachen Ihrer Schlaflosigkeit kennen. Welche Faktoren spielen bei Ihnen eine Rolle?

5. **B:** Zu viel Kaffee, zu viele Zigaretten, starker Lärm und zu helles Licht stören natürlich meinen Schlaf.

6. **Dr.:** Angst und Stress tragen ebenfalls zur Schlafstörung bei.

7. **B:** Welche Ratschläge können Sie mir geben? Ein heißes Bad abends hilft mir oft.

8. **Dr.:** Joggen Sie oder gehen Sie nach dem Abendessen spazieren! Trinken Sie einen Kräutertee! Das tut Ihnen gut.

9. **B:** Gut tut auch ein frisches Bier oder ein süßer Wein.

10. **Dr.:** Vorsicht mit dem Alkohol! Aber ich kann Ihnen Joga empfehlen. Sie schlafen dann wie ein Murmeltier.

Prononciation

1 à 3. Monat [mô:nat] ◆ Qual [kva:l] ◆ Schlaflosigkeit [chla:flô:ziçhkaït] ◆ nehmen [né:mən]

4 à 6. Faktoren [faktô:rən] ◆ starker [chtạrkər] ◆ Angst [ạnngst]

Quel somnifère dois-je prendre ?

Brigitte (B), Dr Scholl (Dr)

1. B : *Docteur, je ne dors pas depuis un mois. Une nuit d'insomnie [sans sommeil] est une torture pour moi.*

2. Dr : *Il faut absolument faire quelque chose contre l'insomnie. La santé dépend, en effet, de la qualité du sommeil.*

3. B : *Le matin, je suis toujours si fatiguée, j'arrive à peine à me sortir du lit [je viens à peine hors du lit]. J'aimerais bien continuer à dormir. Quel somnifère dois-je prendre ?*

4. Dr : *Je vais vous prescrire [vous prescris] un nouveau somnifère. Mais vous devez également connaître les raisons de votre insomnie. Quels sont les facteurs qui jouent un rôle chez vous ?*

5. B : *Trop de café, trop de cigarettes, le bruit fort et la lumière trop vive troublent mon sommeil, bien sûr.*

6. Dr : *La peur et le stress contribuent également à l'insomnie [aux troubles du sommeil].*

7. B : *Quels conseils pouvez-vous me donner ? Un bain chaud, le soir, me fait souvent du bien [m'aide souvent].*

8. Dr : *Faites du jogging ou allez vous promener après le dîner. Buvez une tisane. Cela vous fera [fait] du bien.*

9. B : *Une bière fraîche ou un vin doux feront [font] également du bien.*

10. Dr : *Prudence avec l'alcool ! Mais je peux vous recommander le yoga. Vous dormirez [dormez] alors comme un loir [une marmotte].*

---

7 à 10. Ratschläge [ra:tchlè:guə] ◆ Bad [ba:t] ◆ Abendessen [a:bəntèssən] ◆ süßer [zu:sər] ◆ empfehlen [èmpfé:lən] ◆ Murmeltier [mourməltj:r]

Vocabulaire

◆

der Schl**a**f: *le sommeil*
die Schl**a**flosigkeit: *l'insomnie*
das Schl**a**fmittel, -: *le somnifère*
die N**a**cht, ¨e: *la nuit*
das M**u**rmeltier, e: *la marmotte*
die **A**ngst, ¨e: *la peur*
die **U**rsache, n: *la cause, l'origine*
der Str**e**ss: *le stress*
der F**a**ktor, en: *le facteur*
der L**ä**rm: *le bruit*
der R**a**tschlag, ¨e: *le conseil*
das B**a**d, ¨er: *le bain*
der Kr**äu**tertee: *la tisane*
die V**o**rsicht: *la prudence*
die Qu**a**l, en: *la souffrance, la torture*
die Schl**a**fstörung, en: *les troubles du sommeil*

■

t**u**n = m**a**chen: *faire*
j**o**ggen: *faire du jogging*
st**ö**ren: *troubler, déranger*
empf**e**hlen (ie): *recommander*
eine R**o**lle spielen: *jouer un rôle*
k**e**nnen: *connaître*
schl**a**fen (ä): *dormir*
w**ei**ter/schlafen (ä): *continuer à dormir*
zu etw. (D) b**ei**/tragen (ä): *contribuer à qqch.*
von etw. (D) **a**b/hängen (D): *dépendre de qqch.*
spaz**ie**ren gehen: *se promener*

●

schl**a**flos: *insomniaque*
m**ü**de: *fatigué*
h**ei**ß: *chaud*
h**e**ll: *clair*
s**ü**ß: *doux, sucré*
oft: *souvent*
ebenfalls: *également*

GRAMMAIRE

• **L'interrogatif welcher, welches, welche** : *quel, quelle* ; **welche** : *quels, quelles*, porte les mêmes désinences que l'article défini **der, das, die** :

welcher Wein, welches Schlafmittel, welche Zigarette?

● **La déclinaison « mixte » de l'adjectif**
Précédé de l'**article indéfini ein, eine**, l'adjectif suit la **déclinaison marquée (forte)** aux trois nominatifs singuliers ainsi qu'à l'accusatif neutre et féminin (identiques au nominatif singulier) ; il suit la **déclinaison non-marquée (faible)** avec la désinence **-en** à tous les autres cas du singulier.

Masculin	Neutre	Féminin
N ein süß**er** Wein	ein frisch**es** Bier	eine schlaflos**e** Nacht
A einen süß**en** Wein		
D einem süß**en** Wein	einem frisch**en** Bier	einer schlaflos**en** Nacht
G eines süß**en** Weins	eines frisch**en** Biers	

Rappel

1) L'article indéfini **ein** ne donnant aucune information sur le genre du nom, il est normal que ce soit l'adjectif qui porte la marque de l'information **-er** et **-es**.

2) Pour la déclinaison (l'accord) de l'adjectif, nous aurons dorénavant trois cas de figure :
   a) **der süße Wein :** *le vin doux ;*
   b) **süßer Wein :** *du vin doux* (le vin doux en général) ;
   c) **ein süßer Wein :** *un vin doux.*

GRAMMAIRE (suite)

• Les prépositions avec datif obligatoire

aus : *de, hors de* ; **bei** : *chez, près de* ; **mit** : *avec* ; **nach** : 1° *vers* (directionnel), 2° *après* (temporel) ; **seit** : *depuis* ; **von** : *de* (provenance) ; **zu** : *chez, à* (directionnel).

Er kommt aus Berlin. *Il vient de Berlin.*
Wohnst du bei deinem Freund? *Habites-tu chez ton ami ?*
Ich habe einen Termin mit ihm. *J'ai (un) rendez-vous avec lui.*
Wir fahren nach England. *Nous allons en Angleterre.*
Nach dem Abendessen geht sie spazieren.
Après le dîner, elle va se promener.
Seit einem Monat schläft er nicht gut.
Depuis un mois, il ne dort pas bien.
Er kommt von Hamburg. *Il vient de Hambourg.*
Kommst du zu mir? *Viens-tu chez moi ?*

Rappel

Certains verbes, dits « prépositionnels », ne peuvent se construire qu'avec une préposition et une seule : **ab/hängen von** + D : *dépendre de* ; **bei/tragen (ä) zu** + D : *contribuer à*.

Die Gesundheit hängt von der Qualität des Schlafs ab.
La santé dépend de la qualité du sommeil.

Der Stress trägt zur Schlafstörung bei.
Le stress contribue aux troubles du sommeil.

• Familles de mots

1) **weiter** + **verbe** traduit l'idée de continuation : **Sie schläft weiter**, *elle continue à dormir* ; **wir arbeiten weiter**, *nous continuons à travailler.*

2) Le **suffixe -los** traduit l'absence de qqch. : **schlaflos** : *sans sommeil, insomniaque* ; **die Schlaflosigkeit** : *l'insomnie* ; **arbeitslos** : *sans travail, chômeur.*

EXERCICES

A. Faites des énoncés cohérents à partir de ces éléments

Ex. ein Monat, schlafen, ich, seit, nicht
→ *Seit einem Monat schlafe ich nicht.*

1. morgens, kommen, aus, sie, kaum, das Bett
2. abends, ein Bad, heiß, helfen, ich
3. oft, eine Rolle spielen, Faktoren, viele, bei, er
4. zwei Wochen, seit, nehmen, ein Schlafmittel, er
5. nach dem Joggen, gut tun, ein Bier, frisch, ich

B. Remplacez l'article défini par l'article indéfini correspondant. Mettez ensuite le groupe au pluriel

Ex. der süße Wein → ein süßer Wein, süße Weine

1. die schlaflose Nacht
2. das neue Schlafmittel
3. der gute Ratschlag
4. das heiße Bad
5. der japanische Wagen
6. die deutsche Technik
7. der lateinische Buchstabe
8. die gotische Kirche
9. die chinesische Suppe
10. das deutsche Auto

C. Complétez et faites le bon choix de préposition

1. Ich habe ein___ Termin ___ ihm. (von/mit/zu)
2. ___ ein___ Monat schläft er nicht. (seit/aus/bei)
3. Kommst du ___ m___? (nach/bei/zu)
4. ___ d___ Abendessen gehe ich spazieren. (aus/von/nach)
5. Der Schlaf trägt ___ ein___ guten Gesundheit bei. (an/von/zu)

EXERCICES (suite)

D. Transformez les énoncés en interrogatives, puis répondez par la négative

Ex. Ich soll ein Schlafmittel nehmen. →
Soll ich ein Schlafmittel nehmen?
Nein, du sollst kein Schlafmittel nehmen.

1. Eine schlaflose Nacht ist gut.
2. Zu viel Wein stört den Schlaf.
3. Ich trinke einen Kräutertee.
4. Ein frisches Bier tut gut.
5. Ein heißes Bad hilft immer.

E. Répondez par un adjectif formé sur le suffixe privatif « -los »

Ex. Was ist ein Zimmer ohne Fenster?
Es ist ein fensterloses Zimmer.

1. Was ist ein Essen ohne Fleisch?
2. Was ist eine Nacht ohne Schlaf?
3. Was ist ein Mensch ohne Arbeit?
4. Was ist ein Paar ohne Kinder?

F. Traduisez

1. Trop de café et trop de cigarettes troublent mon sommeil.
2. Un vin doux te fera [fait] du bien.
3. Quel conseil me donnez-vous ?
4. Je vous recommande ce nouveau somnifère.
5. L'insomnie dépend de beaucoup de facteurs.

A. 1. Morgens kommt sie kaum aus dem Bett. **2.** Abends hilft mir ein heißes Bad. **3.** Oft spielen viele Faktoren bei ihm eine Rolle. **4.** Seit zwei Wochen nimmt er ein Schlafmittel. **5.** Nach dem Joggen tut mir ein frisches Bier gut.

B. 1. eine schlaflose Nacht, schlaflose Nächte. **2.** ein neues Schlafmittel, neue Schlafmittel. **3.** ein guter Ratschlag, gute Ratschläge. **4.** ein heißes Bad, heiße Bäder. **5.** ein japanischer Wagen, japanische Wagen. **6.** eine deutsche Technik, deutsche Techniken. **7.** ein lateinischer Buchstabe, lateinische Buchstaben. **8.** eine gotische Kirche, gotische Kirchen. **9.** eine chinesische Suppe, chinesische Suppen. **10.** ein deutsches Auto, deutsche Autos.

C. 1. Ich habe einen Termin mit ihm. **2.** Seit einem Monat schläft er nicht. **3.** Kommst du zu mir? **4.** Nach dem Abendessen gehe ich spazieren. **5.** Der Schlaf trägt zu einer guten Gesundheit bei.

D. 1. Ist eine schlaflose Nacht gut? Nein, eine schlaflose Nacht ist nicht gut. **2.** Stört zu viel Wein den Schlaf? Nein, zu viel Wein stört nicht den Schlaf. **3.** Trinke ich einen Kräutertee? Nein, ich trinke keinen Kräutertee. **4.** Tut ein frisches Bier gut? Nein, ein frisches Bier tut nicht gut. **5.** Hilft ein heißes Bad immer? Nein, ein heißes Bad hilft nicht immer.

E. 1. Es ist ein fleischloses Essen. **2.** Es ist eine schlaflose Nacht. **3.** Es ist ein arbeitsloser Mensch. **4.** Es ist ein kinderloses Paar.

F. 1. Zu viel Kaffee und zu viele Zigaretten stören meinen Schlaf. **2.** Ein süßer Wein tut dir gut. **3.** Welchen Ratschlag geben Sie mir? **4.** Ich empfehle Ihnen dieses neue Schlafmittel. **5.** Die Schlaflosigkeit (Schlafstörung) hängt von vielen Faktoren ab.

Woher kommen Sie? Wo wohnen Sie? Wohin fahren Sie?

Brigitte (B) gibt eine Party, denn Peter (P) feiert seinen Geburtstag. Viele Freunde (F) kommen zur Party. Peter und Brigitte sprechen mit Herrn Dupont (D) aus Frankreich.

1. **F:** Herzlichen Glückwunsch zum Geburtstag, Peter. Hier eine kleine Überraschung für dich.

2. **P:** Danke für die Glückwünsche. Oh, eine CD, *Die vier Jahreszeiten* von Vivaldi. Vielen Dank.

3. **B:** Darf ich dich mit Herrn Dupont aus Frankreich bekannt machen?

4. **P:** Guten Tag, Herr Dupont. Herzlich willkommen bei uns in Berlin. Woher kommen Sie?

5. **D:** Ich komme aus Bordeaux, das hört man doch. Hier ein kleines Geschenk aus meiner Heimat.

6. **P:** Oh, ein Rotwein: Mouton-Rothschild 2005. Ein ausgezeichneter Jahrgang! Herzlichen Dank.

7. **F:** Wo wohnen Sie in Bordeaux? Ich kenne die Stadt sehr gut, denn ich fahre oft zu einem französischen Kollegen.

8. **D:** Im Zentrum, ganz in der Nähe des großen Theaters, le Grand Théâtre.

9. **B:** Und wie lange bleiben Sie in unserer Stadt?

10. **D:** Wahrscheinlich 14 (vierzehn) Tage. Wissen Sie, ich bin Weinhändler und möchte hier in Berlin meinen Bordeaux verkaufen.

11. **P:** Gute Qualität verkauft sich immer. Und wohin geht die Reise danach?

12. **D:** Danach fahre ich zu einem alten Kunden in Leipzig. In 3 Wochen fliege ich wieder nach Bordeaux zurück.

13. **P:** Wir wünschen Ihnen noch einen schönen Aufenthalt in unserer Metropole und gute Geschäfte in Deutschland.

D'où venez-vous ?
Où habitez-vous ? Où allez-vous ?

Brigitte (B) donne une soirée, car Peter (P) fête son anniversaire. Beaucoup d'amis (A) viennent à la soirée. Peter et Brigitte s'entretiennent [parlent] avec M. Dupont (D), qui vient de France.

1. **A :** Joyeux anniversaire [Vœux de bonheur cordiaux], Peter. Voici une petite surprise pour toi.

2. **P :** Merci pour les vœux. Oh, un CD, Les Quatre Saisons de Vivaldi. Merci beaucoup.

3. **B :** Permets-moi de [Puis-je] te présenter M. Dupont, (qui vient) de France.

4. **P :** Bonjour, monsieur Dupont. Soyez le bienvenu chez nous à Berlin. D'où venez-vous ?

5. **D :** Je viens de Bordeaux, cela s'entend, non ? Voici un petit cadeau de mon pays (natal).

6. **P :** Oh, un vin rouge : un Mouton-Rothschild 2005. Un excellent millésime ! Merci infiniment.

7. **A :** Où habitez-vous à Bordeaux ? Je connais très bien la ville car je vais souvent chez un collègue français.

8. **D :** Dans le centre, tout près du Grand Théâtre.

9. **B :** Et combien de temps resterez-vous [restez-vous] dans notre ville ?

10. **D :** Probablement 14 jours. Vous savez, je suis négociant en vins et j'aimerais vendre mon Bordeaux, ici, à Berlin.

11. **P :** La bonne qualité se vend toujours. Et où vous rendrez-vous ensuite ? [Et où va le voyage après ?]

12. **D :** Après, je me rendrai [me rends] chez un vieux client à Leipzig. Dans trois semaines, je reprendrai l'avion pour Bordeaux [je me ré-envole pour Bordeaux].

13. **P :** Nous vous souhaitons encore un bon [beau] séjour dans notre métropole et de bonnes affaires en Allemagne.

Vocabulaire

◆

der Geburtstag, e : *l'anniversaire*
die Überraschung, en : *la surprise*
die Heimat (sg.) : *le pays natal*
der Kollege, n, n : *le collègue*
das Zentrum, -tren : *le centre*
das Geschäft, e : *(ici) l'affaire*
der Jahrgang, ¨e : *(ici) le millésime*

die Jahreszeit, en : *la saison*
das Geschenk, e : *le cadeau*
das Theater, - : *le théâtre*
die Qualität, en : *la qualité*
der Rotwein, e : *le vin rouge*
der Aufenthalt, e : *le séjour*

die CD, s / die DVD, s : *le CD (disque compact) / le DVD*
der Weinhändler, - : *le négociant en vins*
der Glückwunsch, ¨e : *les vœux de bonheur*
die Party, s [pa:rti] : *la soirée, la surprise-partie*

■

sprechen (i) : *parler*
wissen : *savoir*
wünschen : *souhaiter*
zurück/fliegen : *retourner en avion*
herzlich willkommen! : *bienvenue !*
bekannt machen/ bekanntmachen : *présenter*
ich mache dich mit ihm bekannt : *je te présente à lui*

feiern : *fêter*
bleiben : *rester*
verkaufen : *vendre*

●

herzlich : *cordial*
ausgezeichnet : *excellent*
wahrscheinlich : *probable(ment)*
danach : *après, ensuite*
wie lange? : *combien de temps ?*
vielen/herzlichen Dank* : *merci beaucoup*

* **Rappel** : dans des expressions comportant plusieurs éléments, seul l'accent de groupe est mentionné : vielen Dank, guten Tag, auf Wiedersehen, etc.

Prononciation

1. Glückwunsch [glückkvounch]. **2.** CD [tsé:dé:]. **3.** bekannt machen [bəkannt maCHən]. **5.** Heimat [Haïma:t]. **6.** Rotwein [rô:tvaïn]. **7.** Stadt [chtatt]. **10.** wahrscheinlich [va:rchaïnliçh]. **11.** Qualität [kvalitè:t]. **13.** Aufenthalt [aofəntHalt]

GRAMMAIRE

● **Le locatif et l'interrogatif** « wo », *où ?*

Le **locatif** correspond à une **localisation** dans l'espace, exprimée par des verbes tels que **sein** : *être*, **bleiben** : *rester*, **wohnen** : *habiter*, **arbeiten** : *travailler*. L'**adverbe interrogatif** correspondant est **wo?** : *Wo wohnst du? Où habites-tu ?*

Le complément prépositionnel peut être introduit :

● soit par une préposition à double cas (mixte) **in, an, auf**, etc. suivie du **datif** :

Er bleibt in Berlin/in der Stadt/in dem (= im) Museum.

● soit par la préposition **bei** + **datif** pour traduire *chez* sans déplacement :

Sie wohnt bei einem Freund. (*Cf.* leçon 14.)

● **Le directionnel et l'interrogatif** « wohin », *où ?*

Le **directionnel** correspond à un **déplacement** dans l'espace exprimé par des verbes comme **gehen** : *aller* ; **fahren** : *aller* (voiture, train, etc.) ; **fliegen** : *voler, aller en avion*.

L'**adverbe interrogatif** correspondant est **wohin** : *Wohin gehst du? Où vas-tu ?*

Le complément prépositionnel peut être introduit par :

● Une préposition à double cas (mixte) **in, an, auf** suivie de l'**accusatif** :

Wohin fährt er? Er fährt in die Stadt/in das (ins) Museum.

● La préposition **zu** + **datif** pour traduire *chez (qqn.)* avec déplacement :

Wohin gehst du? Ich gehe zu einem Freund/zu dir. (*Cf.* leçon 14.)

● La préposition **nach** avec un nom de ville ou de pays :

Wohin fahrt ihr? Wir fahren nach München/nach Frankreich.

GRAMMAIRE (suite)

● **La provenance : l'interrogatif** « woher » : *d'où ?*

La provenance, *le lieu d'où l'on vient*, répond à la question **woher**.

Le complément correspondant est introduit par les prépositions **aus** et **von** suivies du **datif** :

Woher kommen Sie? Ich komme aus/von Frankreich/Bordeaux.
Woher kommst du? Ich komme von dem (vom) Arzt.

WO? sein, bleiben, wohnen	WOHIN? gehen, fahren, fliegen	WOHER? kommen
in dem/im Garten	in den Garten	aus/von dem Garten
in dem/im Haus	in das Haus	aus/von dem Haus
in der Stadt	in die Stadt	aus/von der Stadt
bei dem/beim Arzt	zu dem/zum Arzt	von dem/vom Arzt
bei der Freundin	zu der/zur Freundin	von der Freundin
bei den Kollegen	zu den Kollegen	von den Kollegen
in München	nach München	aus/von München
in Deutschland	nach Deutschland	aus/von Deutschland

Remarques

1) Attention aux formes contractées : **in dem = im, von dem = vom, zu dem = zum, zu der = zur.**

2) La préposition *du lieu où l'on est, où l'on va et d'où l'on vient* est fonction du complément :
   Ich bin in dem Haus/in Deutschland/bei dem Arzt.
   Ich gehe in das Haus/nach Deutschland/zu dem Arzt.

● **Retenez les constructions suivantes :**
   Ich mache dich mit ihm bekannt. *Je te présente à lui.*
   Er spricht mit uns/ihm/Herrn Dupont. *Il parle avec moi/lui/ M. Dupont.*

EXERCICES

A. « Wo, wohin, woher? » Choisissez l'interrogatif approprié.

Ex. Wir wohnen in München. → Wo wohnen wir?
Er fährt nach Hamburg. → Wohin fährt er?
Ich komme von Bordeaux. → Woher komme ich?

1. Du kommst aus Bordeaux.
2. Herr Dupont möchte seinen Wein in Leipzig verkaufen.
3. Sie fliegen nach Köln (forme de politesse).
4. Sie bleibt bei ihrem Kollegen.
5. Ich muss zum Arzt gehen.

B. Faites des phrases cohérentes à partir de ces éléments

1. du, in, eine Stadt, groß, wohnen
2. ich, ein Freund, zu, fahren, Nürnberg, in
3. wir, kommen, die Hauptstadt, aus
4. Sie, bleiben, vierzehn Tage, Berlin, in, müssen
5. Er, zurück/fliegen, in drei Wochen, Bordeaux, nach

C. Répondez aux questions en utilisant le complément entre parenthèses

Ex. Wo wohnt Brigitte? (das Zentrum)
→ Brigitte wohnt in dem (im) Zentrum.

1. Woher kommt Herr Dupont? (Bordeaux)
2. Wohin fährt er? (ein Kunde, Leipzig)
3. Wo will er seinen Wein verkaufen? (die deutsche Metropole)
4. Woher kommen die Freunde von Peter? (München)
5. Wohin will Brigitte gehen? (das Museum)

Woher kommen Sie? Wo wohnen Sie? Wohin fahren Sie? • D'où venez-vous ? Où habitez-vous ? Où allez-vous ?

D. Faites des phrases cohérentes à partir de ces éléments

Ex. ● *er, sein, das Restaurant, in → Er ist in dem Restaurant.*
   ● *du, kommen, die Stadt, aus → Du kommst aus der Stadt.*

1. Sie, gehen, die Wohnung (das Restaurant), in
2. wir, fahren, müssen, Deutschland (Köln), nach
3. du, wollen, das Haus (die Stadt), gehen, in
4. ich, kommen, aus, der Garten (das Haus)
5. ihr, müssen, in, die Wohnung (der Supermarkt, das Theater), bleiben

E. Choisissez la bonne préposition et remplissez les blancs

1. Er kommt ____ Frankreich und fährt ____ Köln.
2. ____ 14 Uhr bin ich ____ d____ Stadt, ____ 15 Uhr bin ich ____ ein ____ Kollegen.
3. Brigitte geht morgen ____ ihr____ Freund.
4. Wir gehen ____ d____ Museum von Dahlem.
5. Wie lange bleiben Sie ____ dies ____ Restaurant?

F. Traduisez

1. Brigitte s'entretient avec M. Dupont, qui vient de France.
2. Il est négociant en vins et habite à Bordeaux, dans le centre-ville.
3. Il aimerait vendre son vin dans la métropole allemande.
4. Il veut aussi aller à Leipzig car il doit voir [aller chez] un vieux client.
5. Il restera [reste] 15 jours (deux semaines) dans cette belle ville, ensuite il reprendra [reprend] l'avion pour Bordeaux.

CORRIGÉS

A. 1. Woher kommst du? **2.** Wo möchte Herr Dupont seinen Wein verkaufen? **3.** Wohin fliegen Sie? **4.** Wo bleibt sie? **5.** Wohin muss ich gehen?

B. 1. Du wohnst in einer großen Stadt. **2.** Ich fahre zu einem Freund in Nürnberg. **3.** Wir kommen aus der Hauptstadt. **4.** Sie müssen vierzehn Tage in Berlin bleiben. **5.** Er fliegt in drei Wochen nach Bordeaux zurück.

C. 1. Herr Dupont kommt aus (von) Bordeaux. **2.** Er fährt zu einem Kunden in Leipzig. **3.** Er will seinen Wein in der deutschen Metropole verkaufen. **4.** Die Freunde von Peter kommen aus (von) München. **5.** Brigitte will in das [ins] Museum gehen.

D. 1. Sie geht in die Wohnung / in das [ins] Restaurant. **2.** Wir müssen nach Deutschland (nach Köln) fahren. **3.** Du willst in das [ins] Haus (in die Stadt) gehen. **4.** Ich komme aus dem Garten (aus dem Haus). **5.** Ihr müsst in der Wohnung (in dem [im] Supermarkt/in dem [im] Theater) bleiben.

E. 1. Er kommt aus Frankreich und fährt nach Köln. **2.** Um 14 Uhr bin ich in der Stadt, um 15 Uhr bin ich bei einem Kollegen. **3.** Brigitte geht morgen zu ihrem Freund. **4.** Wir gehen in das Museum von Dahlem. **5.** Wie lange bleiben Sie in diesem Restaurant?

F. 1. Brigitte spricht mit Herrn Dupont aus (von) Frankreich. **2.** Er ist Weinhändler und wohnt in Bordeaux im Stadtzentrum. **3.** Er möchte seinen Wein in der deutschen Metropole verkaufen. **4.** Er will auch nach Leipzig fahren, denn er muss zu einem alten Kunden gehen. **5.** Er bleibt 14 (vierzehn) Tage (zwei Wochen) in dieser schönen Stadt, danach fliegt er nach Bordeaux zurück.

Woher kommen Sie? Wo wohnen Sie? Wohin fahren Sie? • D'où venez-vous ? Où habitez-vous ? Où allez-vous ?

157

Wir zahlen Steuern, weil der Staat Geld braucht

Kinder stellen Eltern viele Fragen, weil Erwachsene im Prinzip alles wissen. Ein »Warum-Weil-Dialog« zwischen Vater (V), Tochter (T), Mutter (M) und Sohn (S).

1. **S:** Mutti, warum singen die Vögel nicht mehr?
2. **M:** Weil die Bäume krank sind und weil der Wald langsam stirbt. Das Waldsterben tötet auch die Vögel.
3. **T:** Vati, warum spielt das Geld eine so große Rolle?
4. **V:** Weil alles vom Geld abhängt. Weil das Geld die Welt regiert.
5. **S:** Mutti, warum zahlen wir Steuern?
6. **M:** Weil der Staat Geld braucht und weil er Straßen, Schulen und Krankenhäuser bauen muss.
7. **T:** Vati, warum stehlen die Leute im Supermarkt?
8. **V:** Weil das Stehlen dort leicht ist. Vielleicht aber auch weil es viele Arme und Obdachlose gibt.
9. **S:** Mutti, warum sprechen Funk und Fernsehen so viel von den Arbeitslosen?
10. **M:** Weil viele Länder eine Wirtschaftskrise haben. Weil der Computer den Arbeitern und Angestellten oft die Arbeit wegnimmt.
11. **Eltern:** Kinder, warum stellt ihr uns so viele Fragen?
12. **Kinder:** Weil wir neugierig sind und alles wissen möchten wie die Erwachsenen.

Prononciation

1 à 4. singen [zịnngən] ◆ Wald [valt] ◆ Rolle [rọllə] ◆ regiert [régui:rt]. **5 à 8.** zahlen [tsa:lən] ◆ Staat [chta:t] ◆ Obdachlose [ọpdaCHlô:zə] **9 à 12.** sprechen [chprẹ̀çhən] ◆ Computer [kommpjou:tər] ◆ neugierig [nọïgui:riçh]

Nous payons des impôts parce que l'État a besoin d'argent

Les enfants posent beaucoup de questions aux parents parce qu'en principe les adultes savent tout. Un dialogue du style « pourquoi-parce que » entre un père (P), une fille (FL), une mère (M) et un fils (FS).

1. **FS :** *Maman, pourquoi les oiseaux ne chantent-ils plus ?*

2. **M :** *Parce que les arbres sont malades, et parce que la forêt meurt lentement. L'agonie des forêts tue aussi les oiseaux.*

3. **FL :** *Papa, pourquoi l'argent joue-t-il un si grand rôle ?*

4. **P :** *Parce que tout dépend de l'argent. Et parce que l'argent gouverne le monde.*

5. **FS :** *Maman, pourquoi payons-nous des impôts ?*

6. **M :** *Parce que l'État a besoin d'argent, et parce qu'il doit construire des routes, des écoles et des hôpitaux.*

7. **FL :** *Papa, pourquoi les gens volent-ils au [dans le] supermarché ?*

8. **P :** *Parce que le vol y est facile. Mais peut-être aussi parce qu'il y a beaucoup de pauvres et de sans-abri.*

9. **FS :** *Maman, pourquoi la radio et la télévision [radio et télévision] parlent-elles tant des chômeurs ?*

10. **M :** *Parce que de nombreux pays connaissent [ont] une crise économique. Parce que l'ordinateur ôte souvent le travail aux ouvriers et aux employés.*

11. **Parents :** *Dites, les enfants [Enfants], pourquoi nous posez-vous tant de questions ?*

12. **Enfants :** *Parce que nous sommes curieux et aimerions tout savoir, comme les adultes.*

◆

der Dialog, e : *le dialogue*	das Kind, er : *l'enfant*
die Eltern (pl.) : *les parents*	der Vater, ¨ : *le père*
das Geld (sg.) : *l'argent*	die Mutter, ¨ : *la mère*
die Steuer, n : *l'impôt*	die Rolle, n : *le rôle*
der Baum, ¨e : *l'arbre*	der Sohn, ¨e : *le fils*
der Wald, ¨er : *la forêt*	die Tochter, ¨ : *la fille*
die Welt, en : *le monde*	der Vogel, ¨ : *oiseau*
das Krankenhaus, ¨er : *l'hôpital*	die Straße, n : *la rue*
der Supermarkt, ¨e : *le supermarché*	die Schule, n : *l'école*
der (ein) Arme(r) (adj. subst.) : *le pauvre*	das Land, ¨er : *le pays*

der Arbeiter,- : *l'ouvrier*
der (ein) Obdachlose(r) (adj. subst.) : *le sans-abri*
der (ein) Arbeitslose(r) (adj. subst.) : *le chômeur*
der (ein) Angestellte(r) (adj. subst.) : *l'employé*
der (ein) Erwachsene(r) (adj. subst.) : *l'adulte*
das Waldsterben (sg.) : *l'agonie des forêts*
die Wirtschaftskrise, n : *la crise économique*
der Computer,- [kɔmpjuːtər] : *l'ordinateur*

■

singen : *chanter*	regieren : *gouverner*
bauen : *bâtir, construire*	sterben (i) : *mourir*
stehlen (ie) : *voler, dérober*	töten : *tuer*
eine Rolle spielen : *jouer un rôle*	kennen : *connaître*
Steuern zahlen : *payer des impôts*	wissen (weiß) : *savoir*
eine Frage stellen : *poser une question*	

Geld brauchen : *avoir besoin d'argent*
von etw. (D) sprechen (i) : *parler de qqch.*
von etw. (D) ab/hängen : *dépendre de qqch.*
weg/nehmen (nimmt ... weg) : *enlever, ôter*

●

krank : *malade*
langsam : *lent(ement)*
neugierig : *curieux*
leicht : *(ici) facile*
so viel (sg.) : *tant*
so viele (pl.) : *tant*
im Prinzip : *en principe*

LEÇON
20

• **La proposition subordonnée introduite par la conjonction** « weil » : *parce que*

La proposition subordonnée est une structure nouvelle dans votre étude. Elle peut être introduite soit par une conjonction telle que **weil** : *parce que*, soit par un pronom relatif que nous étudierons par la suite.

Dans toute subordonnée, le verbe ou le groupe verbal est déplacé vers la droite et l'élément conjugué occupe la dernière position.

Die Vögel singen nicht, weil der Wald langsam stirbt.
Les oiseaux ne chantent pas parce que la forêt meurt lentement.

Wir zahlen Steuern, weil der Staat Straßen bauen muss.
Nous payons des impôts parce que l'État doit construire des routes.

Das Geld regiert die Welt, weil alles vom Geld abhängt.
L'argent gouverne le monde parce que tout dépend de l'argent.

Remarques :
1) Faites bien attention à la place du verbe dans la subordonnée :
   der Wald stirbt langsam → weil der Wald langsam stirbt;
   die Bäume sind krank → weil die Bäume krank sind.
2) Le verbe de modalité conjugué se trouve en dernière position :
   der Staat muss Straßen bauen → weil der Staat Straßen bauen muss.
3) En subordonnée, la particule est ressoudée au groupe verbal comme à l'infinitif :
   alles hängt vom Geld ab → weil alles vom Geld abhängt ;
   l'infinitif étant **ab/hängen.**
4) Retenez également que toute subordonnée doit être précédée d'une virgule :
   die Vögel singen nicht, weil die Bäume krank sind.

161

Wir zahlen Steuern, weil der Staat Geld braucht. • Nous payons des impôts parce que l'État a besoin d'argent

GRAMMAIRE (suite)

● **L'adjectif substantivé**

Certains adjectifs ou participes passés peuvent devenir des noms :

ein armer Mensch *(un homme pauvre)* → **ein Armer** : *un pauvre* ;

der erwachsene Mann *(l'homme adulte)* → **der Erwachsene** : *l'adulte* ;

arbeitslose Menschen *(des personnes au chômage)* → **Arbeitslose** : *des chômeurs.*

Ces adjectifs substantivés seront signalés de la façon suivante : **der (ein) Arme(r)**. Ils s'écrivent avec une majuscule et se déclinent comme l'adjectif suivi d'un nom. (*Cf.* leçons 17 et 18.)

	Précédé de l'**article défini** : **der**	
	SINGULIER	PLURIEL
N	**der Arme**, *le pauvre*	{ **die Armen**, *les pauvres*
A	**den Armen**	
D	**dem Armen**	**den Armen**
G	**des Armen**	**der Armen**

	Précédé de l'**article indéfini** : **ein**	
	SINGULIER	PLURIEL
N	**ein Angestellter**, *un employé*	{ **Angestellte**, *des employés*
A	**einen Angestellten**	
D	**einem Angestellten**	**Angestellten**
G	**eines Angestellten**	**Angestellter**

Remarque : L'adjectif substantivé peut également être au féminin : **die arme Frau** *(la femme pauvre)* → **die Arme**, **eine Angestellte** : *une employée*, **eine Erwachsene** : *une adulte.*

EXERCICES

A. L'adjectif substantivé. Mettez les énoncés suivants au singulier

Ex. *1. Die Erwachsenen kennen die Welt. → Der Erwachsene kennt die Welt.*
2. Arme haben kein Geld. → Ein Armer hat kein Geld.

1. Die Arbeitslosen haben viele Probleme.
2. Obdachlose haben kein Haus.
3. Angestellte müssen Steuern zahlen.
4. Siehst du die Obdachlosen in der Stadt?
5. Der Computer nimmt den Angestellten oft die Arbeit weg.

B. Complétez et mettez le verbe entre parenthèses à la forme voulue

1. Die Erwachsen____ /Erwachsen____ (wissen) alles, sagen die Kind____.
2. ____ Deutschland (geben) es viele Arm____ und Obdachlos____.
3. Warum (wollen) du dem Arbeitslos____ /den Arbeitslose____ Geld geben?
4. Ein Arm____ /Der Arm____ (haben) groß____ Problem__ in unser____ Welt.
5. Angestellt____ /Die Angestellt____ (finden) ____ Prinzip ein____ interessant____ Arbeit.

C. Transformez la proposition en subordonnée

Ex. *Das Geld spielt eine große Rolle.*
    → Weil das Geld eine große Rolle spielt.

1. Die Kinder stellen den Eltern viele Fragen.
2. Es gibt in Europa viele Arbeitslose und Obdachlose.
3. Funk und Fernsehen sprechen viel von der Wirtschaftskrise.
4. Der Bau von Schulen und Krankenhäusern hängt vom Staat ab.
5. Die Bäume sind krank und die Vögel sterben.

EXERCICES (suite)

D. Formez des énoncés « warum - weil » sur le modèle suivant

Ex. Meine Mutter ist müde. Sie kann nicht mehr schlafen.
  → Warum ist meine Mutter müde? Weil sie nicht mehr schlafen kann.

1. Sie muss etwas tun. Die Gesundheit hängt vom Schlaf ab.
2. Der Weinhändler fährt nach Berlin. Er will dort seinen Wein verkaufen.
3. Sie bleiben drei Wochen in München. Sie lieben diese Stadt.
4. Wir kaufen japanische Wagen. Die japanische Technik ist sicher.
5. Ich will den Arbeitslosen und Obdachlosen helfen. Diese Leute sind sehr arm.

E. Répondez aux questions avec « weil » en vous référant au dialogue

1. Warum singen die Vögel nicht mehr?
2. Warum braucht der Staat Geld?
3. Warum stehlen die Leute im Supermarkt?
4. Warum spricht das Fernsehen so viel von den Arbeitslosen?
5. Warum sind die Kinder so neugierig?

F. Traduisez

1. Nous payons des impôts parce que l'État veut construire des écoles et des hôpitaux.
2. Pourquoi tout dépend-il de l'argent ? Parce que l'argent gouverne le monde.
3. Un enfant pose des questions à ses parents parce qu'il est curieux.
4. En principe, un adulte connaît bien (les adultes connaissent bien) le monde du travail.
5. Un chômeur (Le chômeur) n'a pas de travail. Un sans-abri (Le sans-abri) n'a pas de logement.

CORRIGÉS

A. 1. Der Arbeitslose hat viele Probleme. **2.** Ein Obdachloser hat kein Haus. **3.** Ein Angestellter muss Steuern zahlen. **4.** Siehst du den Obdachlosen in der Stadt? **5.** Der Computer nimmt dem Angestellten oft die Arbeit weg.

B. 1. Die Erwachsenen/Erwachsene wissen alles, sagen die Kinder. **2.** In Deutschland gibt es viele Arme und Obdachlose. **3.** Warum willst du dem Arbeitslosen/den Arbeitslosen Geld geben? **4.** Ein Armer/Der Arme hat große Probleme in unserer Welt. **5.** Angestellte/Die Angestellten finden im Prinzip eine interessante Arbeit.

C. 1. Weil die Kinder den Eltern viele Fragen stellen. **2.** Weil es in Europa viele Arbeitslose und Obdachlose gibt. **3.** Weil Funk und Fernsehen viel von der Wirtschaftskrise sprechen. **4.** Weil der Bau von Schulen und Krankenhäusern vom Staat abhängt. **5.** Weil die Bäume krank sind und die Vögel sterben.

D. 1. Warum muss sie etwas tun? Weil die Gesundheit vom Schlaf abhängt. **2.** Warum fährt der Weinhändler nach Berlin? Weil er dort seinen Wein verkaufen will. **3.** Warum bleiben sie drei Wochen in München? Weil sie diese Stadt lieben. **4.** Warum kaufen wir japanische Wagen? Weil die japanische Technik sicher ist. **5.** Warum will ich den Arbeitslosen und Obdachlosen helfen? Weil diese Leute sehr arm sind.

E. 1. Weil die Bäume krank sind. (Weil der Wald langsam stirbt.) **2.** Weil er Straßen (Schulen und Krankenhäuser) bauen muss. **3.** Weil das Stehlen im Supermarkt leicht ist. (Weil es viele Arme gibt.) **4.** Weil viele Länder eine Wirtschaftskrise haben. (Weil es eine Krise gibt.) **5.** Weil sie alles wissen möchten.

F. 1. Wir zahlen Steuern, weil der Staat Schulen und Krankenhäuser bauen will. **2.** Warum hängt alles vom Geld ab? Weil das Geld die Welt regiert. **3.** Ein Kind stellt seinen Eltern Fragen, weil es neugierig ist. **4.** Im Prinzip kennt ein Erwachsener (kennen die Erwachsenen) die Welt der Arbeit gut. **5.** Ein Arbeitsloser (Der Arbeitslose) hat keine Arbeit. Ein Obdachloser (Der Obdachlose) hat keine Wohnung.

Wir zahlen Steuern, weil der Staat Geld braucht • Nous payons des impôts parce que l'État a besoin d'argent

MÉMENTO

● Le **génitif** est le cas du **complément de nom** et il prend les formes suivantes :

MASCULIN	NEUTRE	FÉMININ
des/dieses/ eines Manns	des/dieses/ eines Kinds	der/dieser/ einer Frau
PLURIEL : der/dieser/ø Männer/Kinder/Frauen		

Die Wohnung des Manns/des Kinds/der Frau.
Das Haus der Männer/der Kinder/der Frauen.

● La **déclinaison faible de l'adjectif** après les déterminatifs **der/ dieser/welcher**, etc. prend les formes suivantes :

	MASCULIN	NEUTRE	FÉMININ
N	der gute Freund	das frische Bier	die schöne Frau
A	den guten Freund		
D	dem guten Freund	dem frischen Bier	der schönen Frau
G	des guten Freunds	des frischen Biers	
PLURIEL :	N/A : die jungen Leute ; D : den jungen Leuten ;		
	G : der jungen Leute		

● La **déclinaison mixte de l'adjectif** après **ein/kein/mein**, etc. prend les formes suivantes :

	MASCULIN	NEUTRE	FÉMININ
N	ein guter Mann	ein altes Haus	eine junge Dame
A	einen guten Mann		
D	einem guten Mann	einem alten Haus	einer jungen Dame
G	eines guten Manns	eines alten Hauses	
PLURIEL : N/A : alte Leute ; D : alten Leuten ; G : alter Leute			

● La **déclinaison de l'adjectif substantivé** : Certains adjectifs peuvent devenir des noms : **ein kranker Mann → ein Kranker**, *un malade* ; **die kranke Frau → die Kranke**, *la malade* ; **kranke Leute → Kranke**, *des malades*.

• Les **masculins faibles** prennent **-en** ou **-n** à toutes les formes, sauf au nominatif singulier :

	SINGULIER	PLURIEL
N	der Mensch/Kollege	die Menschen/Kollegen
A	den Menschen/Kollegen	die Menschen/Kollegen
D	dem Menschen/Kollegen	den Menschen/Kollegen
G	des Menschen/Kollegen	der Menschen/Kollegen

• Les **interrogatifs : wo** : *où* traduit le locatif ; **wohin** : *où* exprime le directionnel et **woher** : *d'où* marque la provenance :
Wo wohnt er? Er wohnt in München/in diesem Haus/in der Stadt. ◆ Wohin fährt sie? Sie fährt nach Frankfurt/in den Park/in die Stadt. ◆ Woher kommst du? Ich komme aus/von Deutschland, aus/von der Schule, aus/von der Stadt.

• La **subordonnée** introduite par **weil** : *parce que* connaît un déplacement du verbe en fin de proposition. Il en est ainsi de toutes les subordonnées :
Die Vögel singen nicht, weil die Bäume krank sind.

• **Les marques du pluriel des noms**

Les masculins
• **invariables** quand le nom se termine par **-el, -er, -en : der Wagen, -** : *la voiture* ; **der Fahrer, -** : *le conducteur*
• **-e +** ¨ : **der Flug, ¨e** : *le vol (avion)*
• **-e** : **der Hund, e** : *le chien* ; **der Tag, e** : *le jour*
• ¨ **+ -er** : **der Mann, ¨er** : *l'homme*
• **-n** ou **-en** pour les masculins faibles : **der Kollege, n** : *le collè-gue* ; **der Mensch, en** : *l'être humain*

Les neutres
• ¨ **+ er** : **das Haus, ¨er** : *la maison*
• **-e** : **das Paar, e** : *le couple* ; **das Programm, e** : *le programme*

Les féminins :
• **-n** ou **-en** : **die Rose, n** : *la rose* ; **die Frau, en** : *la femme*

Mots d'origine étrangère :
• **-s** : **das Hotel, s** : *l'hôtel* ; **das Foto, s** : *la photo*

Glaubst du, dass es den ganzen Tag regnet?

Brigitte (B) beginnt, das Frühstück zu machen. Sie weiß, dass Peter (P) eine wichtige Besprechung hat. Der Deutschlandfunk (DLF) bringt Nachrichten.

1. **DLF:** *Berlin: Starke Regenfälle verursachen Staus auf der Autobahn.*
2. **P:** Glaubst du, dass es den ganzen Tag regnet? Ich muss heute nach Hamburg fahren.
3. **B:** Es ist besser, den Zug zu nehmen. Ich denke, dass du mit dem Wagen zu spät ankommst.
4. **P:** Du hast Recht, mit der Deutschen Bahn bin ich sicher, pünktlich in Hamburg anzukommen. Die Besprechung fängt nämlich um 14 Uhr an.
5. **DLF:** *München: Die Polizei warnt die Bevölkerung vor falschen Banknoten. Sie vermutet, dass das Falschgeld aus dem Ausland kommt.*
6. **B:** Hörst du das? Unglaublich! Pass auf, dass du kein Falschgeld bekommst. Es ist wichtig, die Geldscheine genau zu prüfen, besonders am Zeitungskiosk und im Restaurant.
7. **DLF:** *Frankfurt: Die Europäische Zentralbank versucht, die Währungspolitik der verschiedenen Länder zu harmonisieren. Es scheint, dass die Inflation zurückgeht.*
8. **P:** Endlich eine gute Nachricht! Ich nehme jetzt den Frühzug nach Hamburg und hoffe, dass ich um 20 Uhr zurück bin. Wir wollen uns doch den Krimi im zweiten Programm ansehen. Tschüs, Brigitte.
9. **B:** Tschüs, Peter. Vergiss nicht, deinen Regenschirm mitzunehmen, denn es regnet den ganzen Tag.

Crois-tu qu'il va pleuvoir toute la journée ?

Brigitte (B) commence à préparer le petit déjeuner. Elle sait que Peter (P) a un entretien important. Le Deutschlandfunk [Radio d'Allemagne] (DLF) donne des informations.

1. DLF: Berlin : De fortes chutes de pluie provoquent des embouteillages sur les autoroutes.

2. P : Crois-tu qu'il va pleuvoir [pleut] toute la journée ? Je dois aller à Hambourg aujourd'hui.

3. B : Il vaut mieux prendre le train. En [Avec la] voiture, je pense que tu arriveras [arrives] trop tard.

4. P : Tu as raison, avec les Chemins de fer allemands, je suis certain d'arriver à l'heure à Hambourg. C'est que [En effet] l'entretien commence à 14 heures.

5. DLF: Munich : La police met la population en garde contre les faux billets. Elle présume que la fausse monnaie vient de l'étranger.

6. B : Tu entends ça ? Incroyable ! Fais attention à ne pas te faire donner de fausse monnaie [que tu ne reçoives pas de fausse monnaie]. Il est important d'examiner minutieusement les billets, particulièrement au kiosque à journaux et au restaurant.

7. DLF: Francfort : La Banque centrale européenne s'efforce d'harmoniser la politique monétaire des différents pays. Il semble que l'inflation régresse.

8. P : Enfin une bonne nouvelle ! Je vais prendre [prends maintenant] le premier train [train matinal] pour Hambourg et j'espère que je serai [suis] de retour à 20 heures. Tu sais bien que nous voulons voir le film policier sur la deuxième chaîne. Salut, Brigitte.

9. B : Salut, Peter. N'oublie pas d'emporter ton parapluie car il va pleuvoir [pleut] toute la journée.

◆

der Krimi, s : *le film policier*
die Besprechung, en : *l'entretien*
die Nachricht, en : *l'information*
der Stau, s : *l'embouteillage*
die Autobahn, en : *l'autoroute*
das Geld (sg.) : *l'argent*
der Regenschirm, e : *le parapluie*
der Regenfall, ¨e : *la chute de pluie*
der Frühzug, ¨e : *le train du matin*
das Ausland (sg.) : *l'étranger*
das Falschgeld (sg.) : *la fausse monnaie*
die Zentralbank, en : *la banque centrale*
der Geldschein, e :
die Banknote, n : } *le billet de banque*
das Frühstück, e : *le petit déjeuner*
der Zeitungskiosk, e : *le kiosque à journaux*
die Bevölkerung, en : *la population*
die Deutsche Bahn : *les Chemins de fer allemands*

der Funk (sg.) :
das Radio, s : } *la radio*
die Polizei (sg.) : *la police*
der Zug, ¨e : *le train*
die Zeitung, en : *le journal*
die Inflation, en : *l'inflation*
das Land, ¨er : *le pays*

■

beginnen :
an/fangen (ä) : } *commencer*
fahren (ä) : *aller (en véhicule)*
Recht haben : *avoir raison*
auf/passen : *faire attention*
bekommen : *recevoir*
vermuten : *supposer, présumer*
es scheint, dass : *il semble que*
versuchen : *essayer, s'efforcer de*
zurück/gehen : *(ici) régresser, diminuer*
sich etw. (A) an/sehen (ie) : *regarder qqch. (à la télé, au cinéma)*
mit/nehmen (nimmt ... mit) : *emporter*
es ist wichtig, dass : *il est important que*
Nachrichten bringen : *donner des informations*
vor etw. (D) warnen : *mettre en garde contre qqch.*

wissen (weiß) : *savoir*
bringen : *apporter*
verursachen : *causer*
glauben : *croire*
hören : *écouter*
prüfen : *examiner*
es regnet : *il pleut*
an/kommen : *arriver*

●

stark : *fort(ement)*
falsch : *faux*
unglaublich : *incroyable*
pünktlich : *ponctuel, à temps*
den ganzen Tag : *toute la journée*

genau : *précis*
tschüs (fam.) : *salut*
auf Wiedersehen : *au revoir*
nämlich : *en effet*
(zu) spät : *(trop) tard*

• La subordonnée avec « dass »

La conjonction **dass** : *que* introduit un type de subordonnée très fréquent dans les deux langues :

Sie weiß, dass er eine Besprechung hat.
Elle sait qu'il a un entretien.

Ich hoffe, dass du um 8 Uhr kommst.
J'espère que tu viendras à 8 heures.

Es scheint, dass die Inflation zurückgeht.
Il semble que l'inflation régresse.

Attention !
1) Comme dans toute subordonnée, le verbe est en fin de proposition.
2) N'oubliez pas la virgule avant la subordonnée.

• L'infinitif complément avec « zu »

En français l'infinitif complément est généralement précédé des prépositions *de* ou *à* : *il est content de venir* ; *je commence à travailler*. En allemand, il est généralement rendu par un verbe à l'infinitif précédé de **zu** :

Sie beginnt, das Frühstück zu machen.
Elle commence à préparer le petit déjeuner.

Ich bin sicher, pünktlich in Hamburg anzukommen.
Je suis sûr d'arriver à l'heure à Hambourg.

Es ist wichtig, die Geldscheine genau zu prüfen.
Il est important de bien vérifier les billets.

Glaubst du, dass es den ganzen Tag regnet? • Crois-tu qu'il va pleuvoir toute la journée ?

GRAMMAIRE (suite)

Remarques :

1) Certains verbes tels que **hoffen**, *espérer* ; **denken**, *penser* ; **glauben**, *croire* ; **scheinen**, *sembler*, et **wünschen**, *souhaiter*, ont un infinitif complément précédé de **zu** bien qu'il n'y ait ni *de* ni *à* en français : **Er hofft, nach Hamburg zu fahren.** *Il espère aller à Hambourg.*

2) Dans un verbe à particule séparable, **zu** s'intercale entre la particule et le verbe : **Vergiss nicht, den Regenschirm mitzunehmen.** *N'oublie pas de prendre le parapluie.*

Retenez les expressions :

es ist besser, dass : *il vaut mieux que* ; **es ist besser, zu** : *il est préférable de.*

Es ist besser, dass du den Zug nimmst.
Il vaut mieux que tu prennes le train.

Es ist besser, in München zu wohnen.
Il est préférable d'habiter à Munich.

Remarque :

Dans **es ist besser** (mot à mot : il est meilleur), **besser** est le comparatif de **gut** : *bien*. Nous y reviendrons ultérieurement.

• Les ordinaux

Ils se forment en ajoutant :

● le suffixe **-te** aux chiffres jusqu'à **19**, **der/das/die zweite** : *le/la deuxième* ; **der/das/die zehnte** : *le/la dixième.*

● le suffixe **-ste** à partir de **20** : **der/das/die zwanzigste** : *le/la vingtième.*

● Notez toutefois les deux exceptions : **der/das/die erste** : *le/la premier/première*, et **der/das/die dritte** : *le/la troisième.*

A. Faites précéder les énoncés de « Ich denke, dass »

1. Der Deutschlandfunk bringt um 8 Uhr Nachrichten.

2. Peter muss am Mittwoch nach Hamburg fahren.

3. Wir kommen mit dem Wagen zu spät an.

4. Sie nimmt ihren Regenschirm mit.

5. Seit einem Monat geht die Inflation zurück.

**B. Faites des énoncés à l'aide de « Es ist besser »
suivi d'une structure infinitive**

Ex. mit dem Frühzug fahren
   → Es ist besser, mit dem Frühzug zu fahren.

1. den Zug nach Bremen nehmen

2. pünktlich um 20.00 Uhr ankommen

3. den Regenschirm mitnehmen

4. die Geldscheine im Restaurant prüfen

5. die Währungspolitik der Länder harmonisieren

**C. Remplacez la structure infinitive par une
subordonnée avec « dass »**

Ex.   Pass auf, kein Falschgeld zu bekommen.
   → Pass auf, dass du kein Falschgeld bekommst.

1. Ich hoffe, um 20.00 Uhr anzukommen.

2. Wir sind sicher, mit dem Wagen zu spät anzukommen.

3. Es ist wichtig, die Banknoten zu prüfen. (du/Sie)

4. Es ist besser, nach Köln zu fliegen. (die Kinder/der Vater)

5. Er hofft, den Geburtstag seiner Freundin nicht zu
vergessen.

Glaubst du, dass es den ganzen Tag regnet? ● Crois-tu qu'il va pleuvoir toute la journée ?

D. Répondez aux questions en employant une subordonnée avec « weil »

Ex. Warum muss Peter nach Hamburg fahren? (Er hat eine wichtige Besprechung.) → Weil er eine wichtige Besprechung hat.

1. Warum nimmt er den Zug? (Er will pünktlich ankommen.)
2. Warum prüfst du die Geldscheine? (Es gibt viel Falschgeld.)
3. Warum wollen Sie um 20.00 Uhr zurück sein? (Ich will mir einen Krimi im Fernsehen ansehen.)
4. Warum gibt es Staus auf den Autobahnen? (Es regnet seit drei Tagen.)
5. Warum machst du in Italien Urlaub? (Dort ist das Wetter immer schön.)

E. Traduisez les expressions

1. das Frühstück machen
2. eine Besprechung haben
3. die Geldscheine prüfen
4. den Frühzug nehmen
5. Falschgeld bekommen
6. *commencer à travailler*
7. *emporter le parapluie*
8. *venir de l'étranger*
9. *mettre en garde, avertir*
10. *donner des informations*

A. 1. Ich denke, dass der Deutschlandfunk um 8 Uhr Nachrichten bringt. **2.** Ich denke, dass Peter am Mittwoch nach Hamburg fahren muss. **3.** Ich denke, dass wir mit dem Wagen zu spät ankommen. **4.** Ich denke, dass sie ihren Regenschirm mitnimmt. **5.** Ich denke, dass die Inflation seit einem Monat zurückgeht.

B. 1. Es ist besser, den Zug nach Bremen zu nehmen. **2.** Es ist besser, pünktlich um 20.00 Uhr anzukommen. **3.** Es ist besser, den Regenschirm mitzunehmen. **4.** Es ist besser, die Geldscheine im Restaurant zu prüfen. **5.** Es ist besser, die Währungspolitik der Länder zu harmonisieren.

C. 1. Ich hoffe, dass ich um 20.00 Uhr ankomme. **2.** Wir sind sicher, dass wir mit dem Wagen zu spät ankommen. **3.** Es ist wichtig, dass du (Sie) die Banknoten prüfst (prüfen). **4.** Es ist besser, dass die Kinder (der Vater) nach Köln fliegen (fliegt). **5.** Er hofft, dass er den Geburtstag seiner Freundin nicht vergisst.

D. 1. Weil er pünktlich ankommen will. **2.** Weil es viel Falschgeld gibt. **3.** Weil ich mir einen Krimi im Fernsehen ansehen will. **4.** Weil es seit drei Tagen regnet. **5.** Weil das Wetter dort (dort das Wetter) immer schön ist.

E. 1. *préparer le petit déjeuner.* **2.** *avoir un entretien.* **3.** *contrôler les billets.* **4.** *prendre le train du matin.* **5.** *se faire donner des faux billets.* **6.** zu arbeiten anfangen. **7.** den Regenschirm mitnehmen. **8.** aus dem Ausland kommen. **9.** warnen. **10.** Nachrichten bringen.

Glaubst du, dass es den ganzen Tag regnet? • Crois-tu qu'il va pleuvoir toute la journée ?

Die Konkurrenten sind schneller und besser als wir

Brigitte (B) und Peter (P) streiten sich. Sie wirft ihm vor, zu viel zu arbeiten und keine Zeit für sie zu haben.

1. **B:** Guten Abend, Peter. Du kommst aber spät nach Haus. Du hattest einen langen Arbeitstag.

2. **P:** Ja, wir arbeiten viel und die Arbeitstage sind lang, aber die Konkurrenz arbeitet noch mehr und länger.

3. **B:** Den Weltrekord halten Japaner und Chinesen. Ich weiß, dass sie am meisten und am längsten arbeiten.

4. **P:** Sie sind auch die Besten und die Größten. Ihre Produktivität ist sehr hoch, auf jeden Fall höher als bei uns.

5. **B:** Ich glaube, dass die Deutschen auch hohe Leistungen erzielen. Und sie kommen früher nach Haus als die Japaner und Chinesen. Bei uns sind die Arbeitszeiten kürzer.

6. **P:** Ich möchte auch weniger arbeiten, kürzere Arbeitszeiten haben und um 17 Uhr (siebzehn Uhr) zu Haus sein. Aber wir müssen besser und schneller sein als unsere Konkurrenten. Das ist es eben!

Les concurrents sont plus rapides et meilleurs que nous

Brigitte (B) et Peter (P) se disputent. Elle lui reproche de trop travailler et de ne pas avoir de temps pour elle.

1. **B :** *Bonsoir, Peter. Tu rentres bien tard, dis donc. Tu as eu [avais] une longue journée de travail.*
2. **P :** *Oui, nous travaillons beaucoup et les journées de travail sont longues, mais nos concurrents travaillent [la concurrence travaille] davantage encore, et plus longtemps.*
3. **B :** *Ce sont les Japonais et les Chinois qui détiennent le record du monde. Je sais que ce sont eux qui [qu'ils] travaillent le plus et le plus longtemps.*
4. **P :** *Ils sont aussi les meilleurs et les plus grands. Leur productivité est très élevée, en tout cas plus élevée que chez nous.*
5. **B :** *Je crois que les Allemands réalisent eux aussi de grandes performances. Et ils rentrent plus tôt chez eux [à la maison] que les Japonais et les Chinois. Chez nous, les durées de travail sont plus courtes.*
6. **P :** *Moi aussi, j'aimerais travailler moins, avoir des horaires moins lourds [des temps de travail plus courts] et être à la maison à 17 heures. Mais nous devons être meilleurs et plus rapides que nos concurrents. C'est bien là le hic !*

Vocabulaire

◆

der Chinese, n, n : *le Chinois*
der Japaner, - : *le Japonais*
der Arbeitstag, e : *la journée de travail*
die Arbeitszeit, en : *le temps, la durée de travail*
die Konkurrenz, en : *la concurrence*
der Konkurrent, en, en : *le concurrent*
der Weltrekord, e : *le record mondial*
die Produktivität, en : *la productivité*
die Leistung, en : *la performance, le rendement*

■

sich streiten : *se disputer*
arbeiten : *travailler*
erzielen : *obtenir, réaliser*
halten (ä) : *tenir*
zu Haus(e) sein : *être à la maison*
nach Haus(e) kommen : *rentrer à la maison*
jdm. etw. (A) vor/werfen (i) : *reprocher qqch. à qqn.*

●

wenig ≠ viel : *peu ≠ beaucoup*
spät ≠ früh : *tard ≠ tôt*
auf jeden Fall : *en tout cas*
gewöhnlich : *d'habitude*
lang ≠ kurz : *long ≠ court*

GRAMMAIRE

• L'expression du passé

Pour exprimer un événement passé, le français a recours à l'imparfait ou au passé composé. En allemand, dans la langue courante, on emploiera presque toujours le **parfait**, que nous verrons plus tard, et le **prétérit** pour les auxiliaires **haben** et **sein** ou certains verbes très usités que nous rencontrerons par la suite. Le prétérit de **haben**, *avoir*, est le suivant :

ich	hatte	*j'avais (ai eu)*
du	hattest	*tu avais (as eu)*
er/es/sie	hatte	*il/elle avait (a eu)*
wir	hatten	*nous avions (avons eu)*
ihr	hattet	*vous aviez (avez eu)*
sie	hatten	*ils/elles avaient (ont eu)*
Sie	hatten	*vous aviez (avez eu)*
		(forme de politesse)

• Le comparatif de supériorité

Il se forme en ajoutant **-er** à l'adjectif, et *que* se traduit alors par **als** : schön → **schöner** (als) : *plus beau (que)* ; klein → **kleiner** (als) : *plus petit (que)*.

Certains adjectifs dont la voyelle radicale est **a** ou **u** prennent également l'inflexion :

alt → **älter** : *plus vieux*

lang → **länger** : *plus long*

kurz → **kürzer** : *plus court*

jung → **jünger** : *plus jeune*

groß → **größer** : *plus grand*

Er arbeitet schneller als ich. *Il travaille plus vite que moi.*

Sie ist größer als ihr Bruder. *Elle est plus grande que son frère.*

Attention !

Certains adjectifs très courants ont une forme irrégulière :

viel → **mehr** : *beaucoup* → *plus, davantage*
gut → **besser** : *bon/bien* → *meilleur/mieux*
hoch → **höher** : *élevé* → *plus élevé*
gern (haben) → **lieber (haben)** : *(aimer) bien* → *(aimer) mieux*

GRAMMAIRE (suite)

• Le superlatif

Il se forme en ajoutant **-ste** à l'adjectif et se décline comme un adjectif normal :

das schnellste Auto : *la voiture la plus rapide*

Remarques :

1) Les adjectifs qui prennent une inflexion au comparatif (**alt, jung, lang**) la prennent aussi au superlatif : **der jüngste Kollege**.

2) Le suffixe est **-este** pour les adjectifs se terminant par **z, s, t** : **die kürzeste Arbeitszeit, der älteste Kollege**.

• Le superlatif adverbial

Pour le former, on fait précéder l'adjectif de **am** et on lui ajoute le suffixe **-sten** :

Jürgen arbeitet am schnellsten. *C'est Jürgen qui travaille le plus vite.* ◆ **Christel schläft am längsten.** *C'est Christel qui dort le plus longtemps.*

• Le superlatif irrégulier

Comme pour le comparatif de supériorité, vous noterez les adjectifs suivants :

gut : *bon, bien* → **der/das/die beste, am besten**

hoch : *élevé* → **der/das/die höchste, am höchsten**

viel : *beaucoup* → **der/das/die meiste, am meisten**

gern : *volontiers (aimer)* → **der/das/die liebste, am liebsten**

• Zu Haus(e) sein, nach Haus(e) gehen : *être à la maison, aller à la maison*

Zu Haus(e) sein/bleiben : *être/rester à la maison*, exprime le locatif, le lieu où l'on est :

Paul ist heute nicht zu Haus(e). *Paul n'est pas chez lui aujourd'hui.*

Nach Haus(e) gehen/kommen/fahren : *rentrer/aller/venir à la maison*, exprime le directionnel, le lieu où l'on se rend, le déplacement :

Du kommst spät nach Haus(e). *Tu rentres tard.*

EXERCICES

A. Formez des énoncés au comparatif avec les éléments ci-dessous
Ex. Er ist groß. (sein Vater) → Er ist größer als sein Vater.
1. die Japaner arbeiten viel. (die Deutschen)
2. Wir müssen gut arbeiten. (unsere Konkurrenten)
3. Wir haben kurze Arbeitszeiten. (die Japaner)
4. Du kommst spät nach Haus. (unsere Freunde)
5. Ich habe einen langen Arbeitstag. (du)

B. Faites des énoncés sur le modèle suivant
Ex. schön sein, sie
   → Sie ist die Schönste.
1. jung sein, du
2. dick sein, Sie
3. klein sein, ich
4. groß sein, er
5. alt sein, wir

C. Faites des énoncés au superlatif
Ex. Ich fahre schnell. → Aber du fährst am schnellsten.
1. Ich arbeite lang im Büro.
2. Ich trinke viel Bier.
3. Ich esse gern Fisch.
4. Ich muss gut arbeiten.
5. Ich fahre gern nach Italien.

Die Konkurrenten sind schneller und besser als wir • Les concurrents sont plus rapides et meilleurs que nous

D. Cochez la réponse exacte

1. Du kommst aber spät ____ Haus.
   ☐ *nach*   ☐ *zu*   ☐ *bei*

2. Die Konkurrenz arbeitet ____ als wir.
   ☐ *schnell*   ☐ *am schnellsten*   ☐ *schneller*

3. Die Deutschen erzielen ____ Leistungen.
   ☐ *hohen*   ☐ *hohe*   ☐ *hoch*

4. Ich will ____ 17 Uhr ____ Haus sein.
   ☐ *um/nach*   ☐ *bei/zu*   ☐ *um/zu*

5. Wir haben die ____ Arbeitszeiten von allen.
   ☐ *kürzeren*   ☐ *kürzesten*   ☐ *kurzen*

E. Complétez les blancs et infléchissez la voyelle le cas échéant

1. Heute hatt____ du ein____ lang____ Arbeitstag.
2. D____ best____ Leistung____ erzielen Japaner und Chinesen.
3. Bei uns sind die Arbeitszeit____ kurz____ als in Japan und China.
4. Sie arbeiten ____ schnell____ und ____ lang____.
5. Ihr hattet ein____ schön____ und interessant____ Urlaub ____ wir.

F. Traduisez

1. Tu as eu [avais] une longue journée de travail, tu rentres tard à la maison.
2. Ce sont les Japonais et les Chinois qui travaillent le plus vite et le mieux.
3. En tout cas, leur productivité est plus élevée que chez nous.
4. Je serai [suis] à la maison à 17 h 30. Tu arrives plus tard, je crois.
5. Nous devons travailler davantage et plus vite que nos concurrents.

CORRIGÉS

A. 1. Die Japaner arbeiten mehr als die Deutschen. **2.** Wir müssen besser arbeiten als unsere Konkurrenten. **3.** Wir haben kürzere Arbeitszeiten als die Japaner. **4.** Du kommst später nach Haus als unsere Freunde. **5.** Ich habe einen längeren Arbeitstag als du.

B. 1. Du bist der Jüngste. **2.** Sie sind der Dickste. **3.** Ich bin der Kleinste. **4.** Er ist der Größte. **5.** Wir sind die Ältesten.

C. 1. Aber du arbeitest am längsten im Büro. **2.** Aber du trinkst am meisten Bier. **3.** Aber du isst am liebsten Fisch. **4.** Aber du musst am besten arbeiten. **5.** Aber du fährst am liebsten nach Italien.

D. 1. nach. **2.** schneller. **3.** hohe. **4.** um/zu. **5.** kürzesten.

E. 1. Heute hattest du einen langen Arbeitstag. **2.** Die besten Leistungen erzielen Japaner und Chinesen. **3.** Bei uns sind die Arbeitszeiten kürzer als in Japan und China. **4.** Sie arbeiten am schnellsten und am längsten. **5.** Ihr hattet einen schöneren und interessanteren Urlaub als wir.

F. 1. Du hattest einen langen Arbeitstag, du kommst spät nach Haus(e). **2.** Japaner und Chinesen arbeiten am besten und am schnellsten. **3.** Auf jeden Fall ist ihre Produktivität höher als bei uns. **4.** Ich bin um 17.30 Uhr (siebzehn Uhr dreißig) zu Haus(e). Du kommst später, glaube ich. **5.** Wir müssen mehr und schneller arbeiten als unsere Konkurrenten.

Die Konkurrenten sind schneller und besser als wir • Les concurrents sont plus rapides et meilleurs que nous

Früher war ich nicht so gestresst wie heute

Die Diskussion zwischen Brigitte (B) und Peter (P) über Arbeit und Freizeit geht weiter. Der Assistent (A) von Peter Schubert ruft an.

1. **B:** Früher hattest du jedenfalls mehr Zeit für mich. Jetzt denkst du nur an deinen Job.
2. **P:** Früher war ich nicht so gestresst wie heute, weil ich weniger Verantwortung hatte. Du weißt doch, dass ich dich liebe.
3. **B:** Du hast mich vielleicht gern, aber deine Karriere hast du lieber. Für dich spielen Beruf und Erfolg eine größere Rolle.
4. **P:** Nein, das stimmt nicht. In meinem Leben sind Freundschaft und Liebe so wichtig wie Beruf und Karriere. Für mich warst und bleibst du die beste Partnerin.
5. **B:** Früher warst du netter zu mir, und ich war glücklicher als heute. Wir hatten auch mehr Freunde.
6. **P:** Vielleicht hast du Recht. Wir müssen öfter ausgehen und unsere Freunde einladen. Weißt du was? Wir gehen heute Abend ins Theater und dann ins Restaurant.

(Das Telefon klingelt.)

7. **A:** Herr Schubert, Entschuldigung, dass ich so spät anrufe. Ich habe hier ein Fax. Ihr Geschäftspartner aus München muss Sie unbedingt sprechen. Heute Abend noch, um 21 Uhr im Hotel Berlin. Es geht um wichtige Dinge.

Autrefois, je n'étais pas aussi stressé qu'aujourd'hui

La discussion entre Brigitte (B) et Peter (P) à propos du travail et des loisirs se poursuit. L'assistant (A) de Peter Schubert téléphone.

1. B : Autrefois, en tout cas, tu avais davantage de temps pour moi. Maintenant, tu ne penses plus qu'à ton job.

2. P : Autrefois, je n'étais pas aussi stressé qu'aujourd'hui parce que j'avais moins de responsabilités. Tu sais bien que je t'aime.

3. B : Tu m'aimes bien, peut-être, mais tu préfères [aimes mieux] ta carrière. Pour toi, la profession et le succès jouent un rôle plus important.

4. P : Non, c'est inexact. Dans ma vie, (l')amitié et (l')amour sont aussi importants que (le) métier et (la) carrière. Pour moi, tu étais et tu demeures la meilleure partenaire.

5. B : Autrefois, tu étais plus gentil avec moi, et j'étais plus heureuse qu'aujourd'hui. Nous avions plus d'amis, aussi.

6. P : Tu as peut-être raison. Il faut que nous sortions plus souvent et que nous invitions nos amis [Nous devons sortir... et inviter]. Tu sais quoi ? Ce soir, nous irons [allons] au théâtre et ensuite au restaurant.

(Le téléphone sonne.)

7. A : Mes excuses, monsieur Schubert, si je vous appelle [que je...] si tard. J'ai un fax sous les yeux [ici]. Votre partenaire commercial de Munich doit vous parler à tout prix [absolument]. Ce soir même [encore], à 21 heures à l'hôtel Berlin. Il s'agit de choses importantes.

Vocabulaire

◆

die Freizeit, en : *les loisirs*
die Karriere, n : *la carrière*
das Fax, e : *le fax, la télécopie*
der Partner, - : *le partenaire*
die Partnerin, nen : *la partenaire*
der Beruf, e : *la profession, le métier*
der Geschäftspartner, - : *le partenaire commercial*
die Verantwortung, en : *la responsabilité*

der Job, s [djob] : *le job*
das Ding, e : *la chose*
die Rolle, n : *le rôle*
der Erfolg, e : *le succès*

■

es geht um + A : *il s'agit de*
lieben/gern haben : *aimer*
eine Rolle spielen : *jouer un rôle*
Recht/recht haben : *avoir raison*
an etw. (A) denken : *penser à qqch.*
jdn. an/rufen : *appeler qqn., donner un coup de fil à qqn.*

sprechen (i) : *parler*
aus/gehen : *sortir*
weiter/gehen : *continuer*
ein/laden (ä) : *inviter*

●

jedenfalls : *en tout cas*
gestresst : *stressé*
Entschuldigung : *excusez-moi*
nett (zu) : *gentil (avec, envers)*

wichtig : *important*
früher : *autrefois*
heute Abend : *ce soir*

GRAMMAIRE

● Le prétérit de « sein »

Nous avons déjà vu le prétérit (expression du passé) de **haben**.
Voici le prétérit du verbe **sein** : *être*, qui, souvenez-vous, peut
correspondre soit à l'imparfait, soit au passé composé français.

		— sein, *être* —
ich	war	*j'étais (ai été)*
du	warst	*tu étais (as été)*
er/sie/es	war	*il/elle était (a été)*
wir	waren	*nous étions (avons été)*
ihr	wart	*vous étiez (avez été)*
sie	waren	*ils/elles étaient (ont été)*
Sie	waren	*vous étiez (avez été)* **(forme de politesse)**

• **Le comparatif d'égalité :** « so ... wie »

Il s'exprime en faisant précéder l'adjectif de **so**, et *que* se traduit par **wie**.

> **Sie ist so groß wie er.** *Elle est aussi grande que lui.*

> **Du bist so sportlich wie ich.** *Tu es aussi sportif que moi.*

Remarque : Une variante de **so ... wie** est **ebenso ... wie** : **Wir sind ebenso sportlich wie ihr.** *Nous sommes (tout) aussi sportifs que vous.*

• **Le comparatif d'infériorité : nicht so ... wie** *pas aussi ... que/pas autant ... que* :

> **Sie ist nicht so gestresst wie er.**
> *Elle n'est pas aussi stressée que lui.*

> **Wir haben nicht so viele Freunde wie ihr.**
> *Nous n'avons pas autant d'amis que vous.*

• **Gern/lieber + verbe** : *aimer bien/mieux + infinitif* : **gern haben** : *aimer bien* ; **lieber haben** : *aimer mieux, préférer.*

> **Ich habe dich gern.** *Je t'aime bien.*

> **Du hast deinen Beruf lieber.**
> *Tu aimes mieux (préfères) ton métier.*

De la même manière : **gern essen** : *aimer manger* ; **gern lesen** : *aimer lire* ; **lieber trinken** : *préférer boire.*

> **Du trinkst gern Bier.** *Tu aimes boire de la bière.*

> **Wir trinken lieber Wein.**
> *Nous aimons mieux boire du vin/préférons le vin.*

> **Ich gehe lieber ins Theater als ins Kino.**
> *J'aime mieux aller au théâtre qu'au cinéma. Je préfère le théâtre au cinéma.*

Notez : *J'aime l'eau, tu préfères le vin, c'est le thé qu'elle préfère.*
Ich trinke gern Wasser, du trinkst lieber Wein, am liebsten trinkt sie Tee.

Früher war ich nicht so gestresst wie heute • Autrefois, je n'étais pas aussi stressé qu'aujourd'hui

EXERCICES

A. Faites des énoncés à partir des éléments isolés

Ex. er, gestresst sein, wir, so … wie
   → *Er ist so gestresst wie wir.*
1. du, groß sein, so … wie, ich, nicht
2. ich, ebenso … wie, sportlich sein, du
3. sie, nicht, Brigitte, schön sein, so … wie
4. die Freundschaft, wichtig sein, so … wie, der Beruf

B. Faites des énoncés au comparatif sur le modèle ci-dessous

Ex. Trinken Sie gern Bier? (Wein) → Ja, ich trinke gern Bier, aber Wein trinke ich lieber.
1. Geht sie gern ins Kino? (sie, ins Theater)
2. Isst du gern zu Haus? (ich, im Restaurant)
3. Denkt ihr gern an euren Job? (wir, an den Urlaub)
4. Geht er gern ins Konzert? (er, ins Theater)

C. Faites des énoncés sur le modèle suivant

Ex. trinken (Whisky, Wein, Champagner) → Ich trinke gern Whisky, du trinkst lieber Wein, er trinkt am liebsten Champagner.
1. essen (Brot, Wurst, Kuchen)
2. lesen (eine Illustrierte, ein Magazin, einen Roman)
3. gehen (ins Restaurant, ins Theater, ins Kino)

D. Traduisez

1. Ce soir, je préfère aller au théâtre qu'au restaurant.
2. Autrefois, Peter avait davantage de temps pour Brigitte.
3. Il n'était pas si stressé qu'aujourd'hui.
4. Il préfère son amie à sa carrière.
5. Elle a toujours été sa meilleure partenaire et lui son meilleur ami.

CORRIGÉS

A. 1. Du bist nicht so groß wie ich. **2.** Ich bin ebenso sportlich wie du. **3.** Sie ist nicht so schön wie Brigitte. **4.** Die Freundschaft ist so wichtig wie der Beruf.

B. 1. Ja, sie geht gern ins Kino, aber ins Theater geht sie lieber. **2.** Ja, ich esse gern zu Haus, aber im Restaurant esse ich lieber. **3.** Ja, wir denken gern an unseren Job, aber an den Urlaub denken wir lieber. **4.** Ja, er geht gern ins Konzert, aber ins Theater geht er lieber.

C. 1. Ich esse gern Brot, du isst lieber Wurst, er isst am liebsten Kuchen. **2.** Ich lese gern eine Illustrierte, du liest lieber ein Magazin, er liest am liebsten einen Roman. **3.** Ich gehe gern ins Restaurant, du gehst lieber ins Theater, er geht am liebsten ins Kino.

D. 1. Heute Abend gehe ich lieber ins Theater als ins Restaurant. **2.** Früher hatte Peter mehr Zeit für Brigitte. **3.** Er war nicht so gestresst wie heute. **4.** Er hat lieber seine Freundin als seine Karriere/Er hat seine Freundin lieber als seine Karriere. **5.** Sie war immer seine beste Partnerin und er (war) ihr bester Freund.

Früher war ich nicht so gestresst wie heute • Autrefois, je n'étais pas aussi stressé qu'aujourd'hui

Wir haben eine Skiwanderung gemacht

Brigitte (B) und Peter (P) verbringen ihren Winterurlaub
in Österreich. Vor dem Skilift treffen sie alte Bekannte aus
Berlin, Isolde (I) und Tristan (T).

1. **P:** Was für eine Überraschung, euch hier zu sehen. Wie
   geht es euch? Wann seid ihr gekommen?
2. **I:** Im Urlaub geht es uns immer gut. Wir sind seit
   gestern hier und haben über Internet eine Berghütte
   gemietet. Wo wohnt ihr denn?
3. **B:** In Innsbruck. Dort haben wir ein Zimmer reserviert.
   Habt ihr schon eine Skiwanderung gemacht?
4. **T:** Klar, heute Morgen sind wir mit der Sesselbahn nach
   Lizum gefahren. Wart ihr schon dort?
5. **P:** Wir haben das am Ende der Woche geplant. Wir sind
   Anfänger und müssen noch üben.
6. **I:** Übung macht den Meister. Wir haben viel trainiert
   und sind jedes Jahr Ski gelaufen.
7. **T:** Hört mal, wollt ihr nicht mit uns Ski laufen? Wir
   zeigen euch die schönsten Pisten.
8. **I:** *(Eine Stunde später.)* Wo ist Peter? Habt ihr ihn nicht
   gesehen? Ah, da kommt er... Du bist aber ganz weiß!
   Was ist dir denn passiert?
9. **P:** Ich habe euch fotografiert. Aber beim Fotografieren
   bin ich in den Schnee gefallen.
10. **I:** Du siehst aus wie ein Schneemann. Auch Skilaufen
    muss man lernen. Peter, es ist noch kein Meister vom
    Himmel gefallen!

Nous avons fait une randonnée à skis

Brigitte (B) et Peter (P) passent leurs vacances d'hiver en Autriche. Au départ du [devant le] télésiège, ils rencontrent de vieux amis de Berlin, Isolde (I) et Tristan (T).

1. **P :** Quelle surprise de vous voir ici ! Comment allez-vous ? Quand êtes-vous arrivés [venus] ?

2. **I :** En vacances, ça va toujours bien. Nous sommes ici depuis hier et nous avons loué un chalet par Internet. Où habitez-vous donc ?

3. **B :** À Innsbruck. Nous y avons réservé une chambre. Avez-vous déjà fait une randonnée à skis ?

4. **T :** Bien sûr, ce matin, nous sommes allés à Lizum par la télécabine. Y êtes-vous déjà allés ? [Étiez-vous déjà là-bas ?]

5. **P :** Nous avons projeté cela pour la fin de la semaine. Nous sommes des débutants et nous devons encore nous entraîner.

6. **I :** C'est en forgeant qu'on devient forgeron. [L'exercice fait le maître.] Nous nous sommes beaucoup entraînés et nous avons fait du ski chaque année.

7. **T :** Dites voir [Écoutez donc], ne voulez-vous pas skier avec nous ? Nous vous indiquerons [montrons] les plus belles pistes.

8. **I :** (Une heure plus tard.) Où est Peter ? Ne l'avez-vous pas vu ? Ah, le voilà... Mais tu es tout blanc ! Qu'est-ce qui t'est donc arrivé ?

9. **P :** Je vous ai pris en photo. Mais en photographiant, je suis tombé dans la neige.

10. **I :** Tu as l'air d'un bonhomme de neige. Le ski aussi doit s'apprendre. [On doit aussi apprendre à faire du ski.] On ne devient pas champion du jour au lendemain, Peter ! [Aucun maître n'est encore tombé du ciel.]

Wir haben eine Skiwanderung gemacht · Nous avons fait une randonnée à skis

Vocabulaire

◆

Österreich : *l'Autriche*
der Skilift, e/s : *le télésiège, le lift*
die Überraschung, en : *la surprise*
die Piste, n : *la piste*
der Ski, er : *le ski*
die Übung, en : *l'exercice*
der Meister, - : *le maître*
der Anfänger, - : *le débutant*
das Ende, n : *la fin*
die Berghütte, n : *le chalet de montagne*
das Zimmer, - : *la chambre*
die Skiwanderung, en : *la randonnée à skis*
die Sesselbahn, en : *le téléphérique, la télécabine*
der Winterurlaub, e : *les vacances d'hiver*
der Schneemann, ¨er : *le bonhomme de neige*
der (ein) Bekannte(r) (adj. subst.) : *la (une) connaissance, l'ami*

■

fotografieren : *photographier*
planen : *projeter, prévoir*
fallen (fällt, ist gefallen) : *tomber*
laufen (läuft, ist gelaufen) : *courir*
Ski laufen : *faire du ski*
üben : *s'exercer*
reservieren : *réserver*
trainieren : *s'entraîner*
wohnen : *habiter*
seinen Urlaub verbringen : *passer ses vacances*
jdn. treffen (trifft, getroffen) : *rencontrer qqn.*
es geht mir gut : *je me porte, je vais bien*
fahren (fährt, ist gefahren) : *aller (en véhicule)*
aus/sehen (ie) wie : *avoir l'air de*

●

vor + D : *devant*
seit + D : *depuis*
gestern : *hier*
klar : *(ici) bien entendu*
heute Morgen : *ce matin*
noch : *encore*
jedes Jahr : *chaque année*

GRAMMAIRE

• **Le parfait (passé composé)**

Le **parfait** est le temps le plus utilisé pour exprimer le passé. Il se forme avec l'auxiliaire *avoir* : **haben** ou *être* : **sein** + le **participe passé** du **verbe conjugué**, généralement rejeté en fin de proposition.

Pour la formation du participe passé, il faut distinguer entre les **verbes faibles** ou **réguliers**, et les **verbes forts** ou **irréguliers**.

1) Les **verbes faibles** forment leur participe passé en faisant précéder le radical du préfixe **ge-** et en lui ajoutant la terminaison **-t** ou **-et** : **lernen** → **ge-lern-t**, *appris* ; **machen** → **ge-mach-t**, *fait* ; **wohnen** → **ge-wohn-t**, *habité*.

Attention !
1) Quand le radical se termine par un **d** ou un **t** la terminaison est **-et** : **arbeiten** → **ge-arbeit-et**, *travaillé* ; **mieten** → **ge-miet-et**.
2) Les verbes qui se terminent par le suffixe **-ieren**, porteur d'accent tonique, ne prennent jamais le préfixe **ge-** au participe passé : **fotografieren** : **fotografiert**, *photographié*.
3) À un verbe réfléchi français ne correspond pas obligatoirement un verbe réfléchi en allemand : *il s'est entraîné* : **er hat trainiert**.

2) Les **verbes forts** forment leur participe passé en faisant précéder le radical (modifié parfois, nous le verrons par la suite) du préfixe **ge-** et en ajoutant la terminaison **-en** : **fahren** → **ge-fahr-en**, *allé* ; **laufen** → **ge-lauf-en**, *couru* ; **fallen** → **ge-fall-en**, *tombé* ; **kommen** → **ge-komm-en**, *venu*.

3) **Le parfait : quel auxiliaire utiliser ?**

Retenez pour l'instant que presque tous les verbes allemands forment leur parfait avec **haben** : **Er hat gemacht/reserviert/gesehen/gelesen/fotografiert.** *Il a fait/ réservé/vu/lu/photografié.*

Les verbes exprimant un **directionnel** ou un **changement de lieu** (**gehen, kommen, fahren**) forment leur passé avec **sein** :

Ich bin nach Deutschland gefahren.
Je suis allé en Allemagne.

Wann bist du gekommen?
Quand es-tu venu ?

GRAMMAIRE (suite)

● **Le pronom indéfini « man » : on**

Man : *on*, est toujours sujet d'un verbe à la 3ᵉ personne du singulier et ne s'emploie donc qu'au nominatif :

Man muss Ski fahren lernen.
On doit apprendre à faire du ski.

Man muss viel trainieren.
On doit s'entraîner beaucoup.

● **Was für ein/eine.** Ce groupe peut traduire une **exclamation** ou une **interrogation** :

Was für eine Überraschung!
Quelle surprise !

Was für einen Wagen hast du?
Quelle sorte de voiture as-tu ?

● **Beim + infinitif substantivé** : *en* + participe présent traduit une action en cours :

Beim Fotografieren bin ich in den Schnee gefallen.
En photographiant, je suis tombé dans la neige.

EXERCICES

A. Mettez les énoncés au parfait (passé composé)
1. Brigitte fährt nach Innsbruck. Kommt Peter auch?
2. Wir mieten eine Berghütte. Ich reserviere sie.
3. Wir planen eine Skiwanderung nach Lizum.
4. Seht ihr Peter? Was macht er?
5. Er fällt in den Schnee. Ich fotografiere ihn.

B. Choisissez le verbe et l'auxiliaire appropriés
reservieren   fallen   machen   fahren   laufen
1. Es ___ noch kein Meister vom Himmel ___.
2. Wir ___ eine Skiwanderung ___.
3. ___ du heute Ski ___?
4. Wann ___ sie nach Österreich ___?
5. Ich ___ ein Gästezimmer ___.

C. Reconstituez un énoncé cohérent au parfait
Ex. ich, machen, in Österreich, mein Urlaub
    → *Ich habe meinen Urlaub in Österreich gemacht.*
1. du, trainieren, jedes Jahr, viel
2. er, oft, fahren, Lizum, nach
3. wir, sehen, Peter, nicht
4. sie (pluriel), in Österreich, Ski laufen, gern
5. ihr, eine Berghütte, schön, mieten

Wir haben eine Skiwanderung gemacht • Nous avons fait une randonnée à skis

EXERCICES (suite)

D. Complétez par le pronom et l'interrogatif voulus

1. Seid ihr schon lange hier? ___ geht es ___?
2. Es geht ___ gut. ___ wohnt ihr denn?
3. ___ für eine Berghütte habt ___ reserviert?
4. Wart ___ schon in Lizum? Kommt doch mit ___.
5. Wir zeigen ___ die schönsten Pisten. Wollt ihr ___
fotografieren?

E. Répondez aux questions

1. Wo verbringen Peter und Brigitte ihren Winterurlaub?
2. Wen treffen sie dort?
3. Was haben Tristan und Isolde gemietet?
4. Laufen sie gut Ski?
5. Warum sieht Peter wie ein Schneemann aus?

F. Traduisez

1. Peter et Brigitte ont fait une randonnée à skis.
2. En prenant une photo, je suis tombé dans la neige.
3. Leurs amis ont réservé une chambre en Autriche.
4. Nous nous sommes beaucoup entraînés, nous avons
beaucoup skié.
5. Ils nous ont montré les plus belles pistes d'Innsbruck.

A. 1. Brigitte ist nach Innsbruck gefahren. Ist Peter auch ge-kommen? **2.** Wir haben eine Berghütte gemietet. Ich habe sie reserviert. **3.** Wir haben eine Skiwanderung nach Lizum geplant. **4.** Habt ihr Peter gesehen? Was hat er gemacht? **5.** Er ist in den Schnee gefallen. Ich habe ihn fotografiert.

B. 1. ist, gefallen. **2.** haben, gemacht. **3.** Bist, gelaufen. **4.** sind, gefahren. **5.** habe, reserviert.

C. 1. Du hast jedes Jahr viel trainiert. **2.** Er ist oft nach Lizum gefahren. **3.** Wir haben Peter nicht gesehen. **4.** Sie sind in Österreich gern Ski gelaufen. **5.** Ihr habt eine schöne Berg-hütte gemietet.

D. 1. Wie, euch. **2.** uns, Wo. **3.** Was, ihr. **4.** ihr, uns. **5.** euch, uns.

E. 1. Sie verbringen ihren Winterurlaub in Österreich. **2.** Sie treffen dort alte Bekannte (Freunde/Tristan und Isolde). **3.** Sie haben eine Berghütte gemietet. **4.** Ja, sie laufen gut Ski; sie sind keine Anfänger. Sie haben viel trainiert. **5.** Beim Fotografieren ist er in den Schnee gefallen.

F. 1. Peter und Brigitte haben eine Skiwanderung gemacht. **2.** Beim Fotografieren bin ich in den Schnee gefallen. **3.** Ihre Freunde haben in Österreich ein Zimmer reserviert (haben ein Zimmer in Österreich gemietet). **4.** Wir haben viel trainiert, wir sind viel Ski gelaufen. **5.** Sie haben uns die schönsten Pisten von Innsbruck gezeigt.

Wir haben unsere Freunde eingeladen

Vor 14 Tagen sind Brigitte (B) und Peter (P) aus Österreich zurückgekommen. Sie haben ihre Freunde Isolde (I) und Tristan (T) zum Abendessen eingeladen.

1. B: Wir hatten einen wunderbaren Skiurlaub. Schade, dass wir nicht länger in Innsbruck bleiben konnten.

2. P: Der Aufenthalt in den Bergen hat uns gutgetan. Und wie war euer Urlaub? Ihr seid ja länger geblieben als wir.

3. I: Die beiden ersten Tage waren super. Wir sind viel Ski gelaufen und oft ins Kino gegangen. Wir wollten ja maximal von unserem Urlaub profitieren. Dann hat die Pechsträhne begonnen.

4. T: Zuerst hat man mir die Skier gestohlen, das war am dritten Tag. Ich musste mir also neue Bretter kaufen.

5. I: Am vierten Tag hatten wir einen Autounfall, weil so ein Idiot die Vorfahrt nicht beachtet hat.

6. T: Die Pechsträhne hat uns weiter verfolgt. Am fünften Tag habe ich meine Brieftasche verloren.

7. I: Und wir hatten keinen Cent mehr. Da haben wir gesagt: »Zu viel ist zu viel!« Wir haben unseren Skiurlaub beendet und sind nach Haus gefahren. Mit dem Zug, das war sicherer.

8. T: Zum Glück hat uns der Besitzer der Berghütte Geld gegeben. So konnten wir die Fahrkarten kaufen.

9. B: Vergessen wir jetzt euer Unglück. Ich habe einen »Kaiserschmarren« gemacht, ein Omelett mit Rosinen. Ich bin sicher, dass ihr das noch nie gegessen habt.

Nous avons invité nos amis

Il y a quinze jours, Brigitte (B) et Peter (P) sont revenus d'Autriche. Ils ont invité leurs amis Isolde (I) et Tristan (T) à dîner.

1. B : Nous avons passé [avions] de superbes vacances de neige [ski]. Dommage que nous n'ayons pas pu rester [nous ne pouvions pas rester] plus longtemps à Innsbruck.

2. P : Le séjour en montagne nous a fait du bien. Et comment se sont passées [étaient] vos vacances ? C'est que vous êtes restés plus longtemps que nous.

3. I : Les deux premiers jours ont été [étaient] super. Nous avons fait beaucoup de ski et nous sommes allés souvent au cinéma. Oui, nous avons voulu [voulions] profiter au maximum de nos vacances. Après, la guigne a commencé.

4. T : D'abord, on m'a volé mes [les] skis, c'était le troisième jour. J'ai donc dû [Je devais] m'acheter de nouveaux skis [de nouvelles planches].

5. I : Le quatrième jour, nous avons eu [avions] un accident de voiture parce qu'une espèce d'idiot n'a pas respecté la priorité.

6. T : La poisse a continué de nous poursuivre. Le cinquième jour, j'ai perdu mon portefeuille.

7. I : Et nous n'avions plus un centime. Alors, nous nous sommes dit [nous avons dit] : « Trop c'est trop ! » Nous avons terminé nos vacances de neige [ski] et nous sommes rentrés à la maison. Par [Avec] le train, c'était plus sûr.

8. T : Par bonheur, le propriétaire du chalet nous a donné de l'argent. Comme ça, nous avons pu payer [pouvions acheter] nos billets de train.

9. B : Oublions vos malheurs à présent [votre malheur]. J'ai fait un « Kaiserschmarren », une omelette aux raisins de Corinthe [secs]. Je suis certaine que vous n'en avez encore jamais mangé.

Vocabulaire

der Besitzer, - : *le propriétaire*
die Fahrkarte, n : *le billet de train*
die Rosine, n : *le raisin sec*
der Idiot, en, en : *l'idiot, le crétin*
das Unglück, e : *le malheur*
der Skiurlaub, e : *les vacances de neige*
die Pechsträhne, n : *la poisse, la guigne*
der (Auto)unfall, ¨e : *l'accident (de voiture)*

das Omelett, e : *l'omelette*
der Ski, er : *le ski*
das Brett, er : *la planche*
das Abendessen, - : *le dîner*

---

bleiben (ist geblieben) : *rester*
beginnen (begonnen) : *commencer*
stehlen (stiehlt, gestohlen) : *voler*
verlieren (verloren) : *perdre*
schade, dass : *dommage que*
guttun (gutgetan) : *faire du bien*
vergessen (vergisst, vergessen) : *oublier*
die Vorfahrt beachten : *respecter la priorité*
von etw. (D) profitieren : *profiter de qqch.*
ins Kino gehen (ist gegangen) : *aller au cinéma*
zurück/kommen (ist zurückgekommen) : *revenir*
jdn. ein/laden (einlädt, eingeladen) : *inviter qqn.*
jdm. Geld geben (gibt, gegeben) : *donner de l'argent à qqn.*

kaufen : *acheter*
beenden : *terminer*
verfolgen : *poursuivre*

---

vor 14 Tagen : *il y a 15 jours*
wunderbar : *superbe*
neu : *nouveau, neuf*
zum Glück : *par chance*
zu viel ist zu viel : *trop c'est trop*
die beiden ersten : *les deux premiers*

super : *super*
oft : *souvent*
zuerst : *d'abord*
jetzt : *maintenant*
sicher : *sûr*

GRAMMAIRE

• Le parfait (passé composé) (suite)

1) Dans les verbes à **particule séparable**, le préfixe **ge-** s'intercale entre la particule et le radical verbal : **ein/laden → hat eingeladen**, *a invité* ; **zurück/kommen → ist zurückgekommen**, *est revenu*.

2) Certains verbes « forts » changent leur voyelle radicale au participe passé : **bleiben → ist geblieben**, *est resté* ; **gehen → ist**

gegangen, *est allé* ; **stehlen → hat gestohlen**, *a volé* ; **tun →
hat getan**, *a fait*.

3) Retenez la particularité du participe passé de **essen** : **hat
ge̲g̲essen**, *a mangé*, et non pas « geessen ».

4) Les verbes qui commencent par **be-, ver-, er-, zer-** ne prennent
pas **ge-** au participe passé. Ces particules dites « inséparables »
sont inaccentuées et font partie intégrante du verbe :

beachten → hat beachtet, *a respecté* ; **beenden → hat beendet**, *a terminé* ; **beginnen → hat begonnen**, *a commencé* ; **verlieren → hat verloren**, *a perdu*.

Rappel : Dans toute subordonnée, c'est le verbe, c'est-à-dire
l'élément conjugué [donc l'auxiliaire dans un temps composé]
qui occupe la dernière position :

**Ich habe Probleme, weil ich meine Brieftasche verloren
<u>habe</u>.** *J'ai des problèmes parce que j'ai perdu mon portefeuille.*

• Le prétérit des auxiliaires de mode

Nous avons déjà étudié le prétérit de **sein (war)** et de **haben
(hatte)**. Voici les trois auxiliaires de mode (verbes de modalité)
de la leçon :

	müssen, *devoir*	**wollen**, *vouloir*	**können**, *pouvoir*
ich	**muss-te** : *je devais/*	**woll-te** : *je voulais/*	**konn-te** : *je pouvais/*
	j'ai dû	*j'ai voulu*	*j'ai pu*
du	muss-test	woll-test	konn-test
er/es/sie	muss-te	woll-te	konn-te
wir	muss-ten	woll-ten	konn-ten
ihr	muss-tet	woll-tet	konn-tet
sie	muss-ten	woll-ten	konn-ten
Sie	muss-ten	woll-ten	konn-ten

Er konnte/wollte Ski laufen.
Il pouvait/voulait skier (a pu/voulu).

• *Il y a* + indication de temps se référant à une action dans le passé se rend par **vor + D** :

Vor einer Woche war ich in Deutschland.
Il y a une semaine, j'étais en Allemagne.

Vor 14 Tagen war ich in Nürnberg.
Il y a 15 jours, j'étais à Nuremberg.

Wir haben unsere Freunde eingeladen • Nous avons invité nos amis

EXERCICES

A. Trouvez l'auxiliaire et le participe passé des verbes suivants

Ex. fahren → ist gefahren; geben → hat gegeben

1. kommen
2. verlieren
3. beginnen
4. sagen
5. stehlen
6. tun
7. bleiben
8. einladen
9. zurückfahren
10. essen

B. Mettez les énoncés au parfait (passé composé)

1. Peter lädt mich zum Essen ein, aber ich bleibe zu Haus.
2. Die Ferien in den Bergen tun mir gut. Ich komme nicht gern zurück.
3. Wir laufen Ski und gehen oft ins Kino.
4. Wir beenden unseren Urlaub, weil die Pechsträhne uns verfolgt.

C. Mettez au prétérit (au passé)

1. Ich bin in Österreich und habe einen schönen Skiurlaub.
2. Brigitte hat kein Geld. Sie kann die Fahrkarte nicht kaufen.
3. Du bist gestresst und willst vom Urlaub profitieren.
4. Er hat keine Skier mehr, er muss neue Bretter kaufen.

D. Traduisez

1. Nous ne sommes pas restés longtemps à Innsbruck.
2. (Espèce d') idiot, vous n'avez pas respecté la priorité.
3. Nous avons eu [avions] un accident, c'est pourquoi nous sommes rentrés plus tôt.
4. Le troisième jour, on m'a volé les skis et j'ai dû [je devais] acheter une nouvelle paire (de nouvelles planches).

CORRIGÉS

A. 1. ist gekommen. **2.** hat verloren. **3.** hat begonnen. **4.** hat gesagt. **5.** hat gestohlen. **6.** hat getan. **7.** ist geblieben. **8.** hat eingeladen. **9.** ist zurückgefahren. **10.** hat gegessen.

B. 1. Peter hat mich zum Essen eingeladen, aber ich bin zu Haus geblieben. **2.** Die Ferien in den Bergen haben mir gut getan. Ich bin nicht gern zurückgekommen. **3.** Wir sind Ski gelaufen und sind oft ins Kino gegangen. **4.** Wir haben unseren Urlaub beendet, weil die Pechsträhne uns verfolgt hat.

C. 1. war, hatte. **2.** hatte, konnte ... kaufen. **3.** warst, wolltest. **4.** hatte, musste.

D. 1. Wir sind nicht lange in Innsbruck geblieben. **2.** Idiot, Sie haben die Vorfahrt nicht beachtet. **3.** Wir hatten einen Unfall, darum sind wir früher nach Haus gefahren. **4.** Am dritten Tag hat man mir die Skier gestohlen und ich musste neue Bretter (Skier) kaufen.

Wir haben unsere Freunde eingeladen • Nous avons invité nos amis

MÉMENTO

• La **conjonction dass** : *que*, introduit une **subordonnée** complétive avec verbe déplacé en fin de proposition :

Sie weiß, dass er eine Besprechung hat.
Elle sait qu'il a un entretien.

Ich hoffe, dass du um 20 Uhr zu Haus bist.
J'espère que tu seras à la maison à 20 heures.

• Il y a deux types de verbes, qui forment respectivement un **participe passé** différent :

1) Les **verbes réguliers** ou **faibles**, dont le **participe passé** est du type : **ge- + radical + -t** ou **-et** :
   Ich habe gewohnt/gelernt/gearbeitet.
   J'ai habité/appris/travaillé.

2) Les **verbes irréguliers** ou **forts**, dont le participe passé est : **ge- + radical + -en** :
   Wir haben gegeben/gelesen. *Nous avons donné/lu.*

   Il peut y avoir un changement vocalique du radical : **trinken** :
   Er hat getrunken. *Il a bu.*

• Le **participe passé sans préfixe ge-** : Les **verbes d'origine étrangère** se terminant par **-ieren** : **telefonieren, reservieren**, de même que les verbes à **particule inséparable** (**be-, ver-, er-, zer-**), ne prennent jamais de préfixe **ge-** au participe passé :

Sie hat telefoniert. *Elle a téléphoné.* ◆ **Wir haben ein Zimmer reserviert.** *Nous avons réservé une chambre.* ◆ **Er hat seine Brieftasche verloren.** *Il a perdu son portefeuille.*

• Presque tous les verbes allemands forment leur **parfait** avec l'auxiliaire **haben** : **Er hat gemacht/gewohnt/gearbeitet/ gekauft.** *Il a fait/habité/travaillé/acheté.*
Les verbes exprimant un **directionnel** ou un **changement de lieu**, par contre, forment leur parfait avec **sein** : **Ich bin gefahren/ gekommen/gefallen.** *Je suis allé/venu/tombé.*

• Pour les **auxiliaires haben** et **sein** et les **auxiliaires de mode müssen, wollen, können**, le passé s'exprime souvent par le prétérit : **er hatte** : *il avait/a eu* ; **sie war** : *elle était/a été* ; **er musste/ wollte/konnte** : *il devait/a dû, voulait/a voulu, pouvait/a pu*.

• L'**infinitif complément** est généralement précédé de **zu** et placé en fin de proposition :
Sie beginnt, das Frühstück zu machen.
Elle commence à faire le petit déjeuner.

Attention : Les verbes **denken** : *penser*, **glauben** : *croire*, **hoffen** : *espérer*, **wünschen** : *souhaiter*, **scheinen** : *sembler* sont obligatoirement suivis de **zu** :
Sie hofft, nach Hamburg zu fahren.
Elle espère aller à Hambourg.

• Retenez l'expression : **es ist besser, zu + infinitif**, *il vaut mieux + infinitif* :
Es ist besser, den Zug zu nehmen.
Il vaut mieux prendre le train.

• Le **comparatif** peut être :

• d'égalité : **so + adj. + wie** :
Sie ist so groß wie du. *Elle est aussi grande que toi.*

• d'infériorité : **nicht so + adj. + wie** :
Du bist nicht so groß wie er. *Tu n'es pas aussi grand que lui.*

• de supériorité : **adj. + er ou ¨er + als** :
Sie ist kleiner als er. *Elle est plus petite que lui.* ◆
Er ist größer als sie. *Il est plus grand qu'elle.*

• Le **superlatif** se forme en ajoutant **-ste** à l'adjectif : **das schnellste Auto** : *la voiture la plus rapide* ; **der jüngste Kollege** : *le collègue le plus jeune*.

Le superlatif adverbial se forme à l'aide de **am + adj. + -sten** :
Er arbeitet am schnellsten. *Il travaille le plus vite.*

• *Aimer/aimer mieux/préférer* : **Er trinkt gern Bier.** *Il aime (boire) la bière.* **Sie trinkt lieber Wein.** *Elle aime mieux (boire) le vin.* **Wir trinken am liebsten Champagner.** *C'est le champagne que nous préférons (que nous aimons le plus).*

• *Il y a* + indication de temps dans le passé se traduit par : **vor + datif** :
Vor acht Tagen war ich in Berlin. *Il y a huit jours, j'étais à Berlin.*

Wenn das Wetter schön ist, machen wir eine Radtour

1. **B:** Hier ist ein Brief von Corinne. Sie kommt nächsten Montag nach Berlin.

2. **P:** Wer ist denn Corinne?

3. **B:** Das ist die Tochter von Inge. Du weißt doch, dass meine Freundin mit einem Franzosen verheiratet ist.

4. **P:** Ja, ich erinnere mich sehr gut an Inges Tochter. Sie war damals fünf und mochte keinen Spinat. Aber alle haben sie Coco genannt.

5. **B:** Coco ist ihr Spitzname, ihr richtiger Name ist Corinne. Kannst du sie vom Flughafen abholen?

6. **P:** Ja, aber wie sieht Coco heute aus?

7. **B:** Dunkles Haar, groß, schlank und sportlich. Sie gleicht ihrem Vater. Hier ist ein Foto.

8. **P:** Hm, sie ist sehr hübsch und sieht typisch französisch aus. Spricht sie Deutsch?

9. **B:** Fließend, mit ihrer Mutter musste sie immer Deutsch sprechen. Sie ist fast zweisprachig.

10. **P:** Hast du auch an meinen Besuch gedacht? Nächste Woche kommt nämlich mein Neffe aus Nürnberg.

11. **B:** Daran habe ich gedacht. Das ist kein Problem, unsere Wohnung ist groß genug. Und ich bin sicher, dass sich Coco und Rolf gut verstehen.

12. **P:** Wenn das Wetter schön ist, machen wir zusammen eine Radtour.

13. **B:** Vielleicht sind die jungen Leute mehr daran interessiert, allein in die Disko zu gehen.

S'il fait beau,
nous ferons une promenade à vélo

1. **B** : Voici une lettre de Corinne. Elle vient lundi prochain à Berlin.
2. **P** : Qui est donc Corinne ?
3. **B** : C'est la fille d'Inge. Tu sais bien que mon amie est mariée à [avec] un Français.
4. **P** : Oui, je me souviens fort bien de la fille d'Inge. À l'époque, elle avait cinq ans et elle n'aimait pas les épinards. Mais tous l'appelaient [l'ont appelée] Coco.
5. **B** : Coco est son surnom. Son véritable nom est Corinne. Peux-tu aller la chercher à l'aéroport ?
6. **P** : Oui, mais à quoi ressemble Coco aujourd'hui ?
7. **B** : Cheveux foncés, grande, svelte et allure sportive. Elle ressemble à son père. Voici une photo.
8. **P** : Hum, elle est très jolie et elle a l'air typiquement français. Est-ce qu'elle parle allemand ?
9. **B** : Couramment. Elle a été obligée de [devait] parler allemand avec sa mère. Elle est presque bilingue.
10. **P** : As-tu également pensé à mon visiteur [ma visite] ? Car, la semaine prochaine, mon neveu Rolf vient de Nuremberg.
11. **B** : J'y ai pensé [J'ai pensé à cela]. Pas de problème [Ce n'est pas un problème], notre appartement est assez grand. Je suis certaine que Coco et Rolf s'entendront [s'entendent] bien.
12. **P** : S'il fait beau, nous ferons [faisons] ensemble une promenade à vélo.
13. **B** : Peut-être les jeunes gens sont-ils davantage intéressés à aller tout seuls en discothèque.

◆

die Disko, s : *la discothèque*
das Wetter (sg.) : *le temps*
der Besuch, e : *la visite*
der Brief, e : *la lettre*
der Neffe, n, n : *le neveu*
der Franzose, n, n : *le Français*
der Spinat (sg.) : *les épinards*
der Spitzname, n : *le surnom*
der Flughafen, ¨ : *l'aéroport*
die Radtour, en : *la promenade à vélo*

■

jdn. ab/holen : *aller chercher qqn.*
nennen (genannt) : *nommer*
sich gut verstehen : *bien s'entendre*
Deutsch sprechen (spricht, gesprochen) : *parler allemand*
an jdn./etw. (A) denken (gedacht) : *penser à qqn./à qqch.*
jdm. gleichen (geglichen) : *ressembler à qqn.*
an etw. (D) interessiert sein : *être intéressé par qqch.*
(mit jdm.) verheiratet sein : *être marié (à/avec qqn.)*
sich an jdn./etw. (A) erinnern : *se souvenir de qqn./de qqch.*

●

dunkel : *foncé*
schlank : *svelte*
hübsch : *mignon, beau*
allein : *seul*
zusammen : *ensemble*
nämlich : *en effet*
fließend : *couramment*
fast : *presque*
genug : *suffisamment, assez*
damals : *autrefois, à l'époque*
nächsten Montag : *lundi prochain*
nächste Woche : *la semaine prochaine*

GRAMMAIRE

• La subordonnée avec « wenn »

La conjonction **wenn** peut avoir deux sens suivant le contexte :
1) *si* conditionnel, 2) *quand, lorsque*.

Wenn das Wetter schön ist, machen wir eine Radtour.

1) *S'il fait beau, nous ferons une promenade à vélo.*

2) *Quand il fait/fera beau, nous faisons/ferons une promenade à vélo.*

Comme toute conjonction de subordination, **wenn** entraîne le déplacement du noyau verbal vers la droite. Le verbe se trouve donc en fin de proposition.

• Les verbes faibles irréguliers

Nennen : *nommer*, et **kennen** : *connaître*, sont des verbes faibles irréguliers, c'est-à-dire qu'ils ont à la fois la terminaison **-t** du participe passé des verbes faibles et le changement vocalique e → a des verbes forts :

Er nennt → Er hat genannt. *Il a nommé.*

Er kennt → Er hat gekannt. *Il a connu.*

Pour les verbes **denken** : *penser*, et **bringen** : *apporter*, il faut signaler, en outre, un changement consonantique : **k** et **g → ch** :

Er denkt → Er hat gedacht. *Il a pensé.*

Er bringt → Er hat gebracht. *Il a apporté.*

• Prétérit des auxiliaires de mode :

mögen *(aimer)* : **ich mochte**, *j'aimais, j'ai aimé*
sollen *(devoir)* : **er sollte**, *il devait, il a dû*
dürfen *(avoir le droit)* : **sie durfte**, *elle avait/a eu le droit*

Voici les désinences : **ich moch-te, du moch-test, er/sie/es moch-te, wir moch-ten, ihr moch-tet, sie/Sie moch-ten.** (*Cf.* leçon 25.)

GRAMMAIRE (Suite)

• Le pronom adverbial en « da(r) »

Le complément des verbes prépositionnels du type **denken an**, par exemple, désignant une **chose** peut être remplacé par un pronom adverbial formé sur **da(r)** + **préposition** :

Hast du an meinen Besuch gedacht? Ja, <u>daran</u> habe ich gedacht. *Oui, j'y ai pensé [j'ai pensé à cela].*

Interessieren Sie sich für Musik? Ja, <u>dafür</u> interessiere ich mich. *Oui, je m'y intéresse [je m'intéresse à cela].*

Attention !
Le pronom adverbial, **daran, dafür,** etc., est interdit si le complément est une **personne** ; dans ce cas, on emploiera la préposition + pronom personnel au cas voulu : **Ich denke an Rolf/an Eva ; ich denke <u>an ihn</u>/<u>an sie</u>.** Mais : **Ich denke an den Besuch : ich denke <u>daran</u>.**

• Les noms propres

Ils peuvent porter la marque **-s** pour indiquer l'appartenance :

Inges Tochter = die Tochter von Inge : *la fille d'Inge.*

Rolfs Freundin = die Freundin von Rolf : *l'amie de Rolf.*

C'est ce qu'on appelle le **génitif saxon**. Il est caractérisé par l'antéposition du nom propre, suivi de **-s** ainsi que par l'absence d'article défini.

• Le complément de temps précis ou de durée se met à l'accusatif :

nächste Woche, *la semaine prochaine.*

letztes Jahr, *l'année dernière.*

einen Monat/ein Jahr/eine Woche,
un mois/une année/une semaine.

EXERCICES

A. Faites des phrases conditionnelles avec « wenn »

Ex. Ich habe Zeit. Ich hole dich vom Flughafen ab.
> *→ Wenn ich Zeit habe, hole ich dich vom Flughafen ab.*

1. Mein Neffe kommt. Wir machen eine Radtour.
2. Du kommst nächste Woche. Du siehst Coco.
3. Sie bleibt drei Monate in Koblenz. Sie spricht fließend Deutsch.
4. Sie sind in München. Rufen Sie mich sofort an.
5. Du gehst in die Disko. Ich komme mit.

B. Faites des phrases cohérentes en mettant le verbe au parfait (passé composé)

Ex. sie, ihr Freund, nennen, oft, »Popol«
> *→ Sie hat ihren Freund oft »Popol« genannt.*

1. du, denken an, der Besuch, Nürnberg, aus
2. ich, Peter, der Brief, bringen
3. ihr, Inges Tochter, kennen, gut
4. wir, Corinne, immer, Coco, nennen
5. du, die Französin, jung, denken an

C. Remplacez le complément prépositionnel par le pronom adverbial équivalent

Ex. Haben Sie an den Brief gedacht?
> *→ Ja, daran habe ich gedacht.*

1. Erinnerst du dich an den Urlaub in Italien?
2. Sind Sie an meinen Fotos interessiert?
3. Haben die jungen Leute über Politik diskutiert?
4. Freut sich Corinne auf den Besuch in Berlin?
5. Kümmert sich Rolf um die Radtour?

Wenn das Wetter schön ist, machen wir eine Radtour. • S'il fait beau, nous ferons une promenade à vélo

D. Remplacez le groupe nominal souligné par un génitif saxon

1. <u>Die Tochter von Inge</u> heißt Coco.
2. <u>Der Spitzname von Corinne</u> ist Coco.
3. <u>Der Neffe von Peter</u> kommt aus Nürnberg.
4. <u>Die Freundin von Brigitte</u> wohnt in Frankreich.
5. <u>Der Bruder von Peter</u> ist der Vater von Rolf.

E. Mettez les auxiliaires de mode au prétérit

Ex. Sie darf nicht allein in die Disko gehen.
   → Sie durfte nicht allein in die Disko gehen.
1. Das kleine Mädchen mag keinen Spinat.
2. Sie will zu Haus bleiben.
3. Wir wollen unsere Freunde öfter einladen.
4. Wer will diese Arbeit machen?
5. Was musst du dafür zahlen?

F. Traduisez

1. Si la fille d'Inge vient, nous ferons une promenade à vélo.
2. As-tu pensé à la visite de Rolf ? Oui, j'y ai pensé.
3. Te souviens-tu des vacances en Angleterre ? Oui, je m'en souviens fort bien.
4. Corinne était obligée de parler allemand avec sa mère. Elle est presque bilingue.
5. Si les jeunes gens s'entendent bien, j'en serai [je suis] heureux.

CORRIGÉS

A. 1. Wenn mein Neffe kommt, machen wir eine Radtour. **2.** Wenn du nächste Woche kommst, siehst du Coco. **3.** Wenn sie drei Monate in Koblenz bleibt, spricht sie fließend Deutsch. **4.** Wenn Sie in München sind, rufen Sie mich sofort an. **5.** Wenn du in die Disko gehst, komme ich mit.

B. 1. Du hast an den Besuch aus Nürnberg gedacht. **2.** Ich habe Peter den Brief gebracht. **3.** Ihr habt Inges Tochter gut gekannt. **4.** Wir haben Corinne immer Coco genannt. **5.** Du hast an die junge Französin gedacht.

C. 1. Ja, daran erinnere ich mich. **2.** Ja, daran bin ich interessiert. **3.** Ja, darüber haben sie diskutiert. **4.** Ja, darauf freut sie sich. **5.** Ja, darum kümmert er sich.

D. 1. Inges Tochter heißt Coco. **2.** Corinnes Spitzname ist Coco. **3.** Peters Neffe kommt aus Nürnberg. **4.** Brigittes Freundin wohnt in Frankreich. **5.** Peters Bruder ist der Vater von Rolf (Rolfs Vater).

E. 1. Das kleine Mädchen mochte keinen Spinat. **2.** Sie wollte zu Haus bleiben. **3.** Wir wollten unsere Freunde öfter einladen. **4.** Wer wollte diese Arbeit machen? **5.** Was musstest du dafür zahlen?

F. 1. Wenn Inges Tochter (die Tochter von Inge) kommt, machen wir eine Radtour. **2.** Hast du an Rolfs Besuch (an den Besuch von Rolf) gedacht? Ja, daran habe ich gedacht. **3.** Erinnerst du dich an die Ferien in England? Ja, daran erinnere ich mich sehr gut. **4.** Corinne musste mit ihrer Mutter Deutsch sprechen. Sie ist fast zweisprachig. **5.** Wenn sich die jungen Leute gut verstehen, bin ich glücklich.

Mein Wagen steht in der Tiefgarage

Peter (P) fährt zum Flughafen, um Corinne (C) abzuholen.
Er sucht einen Parkplatz.

1. **Polizist:** Hier können Sie nicht parken. Stellen Sie Ihren Wagen in die Tiefgarage.

(Flughafenhalle, zehn Minuten später)

2. **P:** Entschuldigung, sind Sie Corinne Roy?
3. **C:** Ja. Und Sie sind Peter Schubert. Meine Mutter kennt Ihre Freundin Brigitte sehr gut.
4. **P:** Guten Tag, Corinne. Herzlich willkommen in Berlin. Wir können uns duzen. Kann ich deinen Koffer in den Gepäckkarren legen? Mein Gott, der wiegt ja eine Tonne.
5. **C:** Ich habe euch beiden Wein und Käse mitgebracht.
6. **P:** Vielen Dank. Das ist ein schönes Geschenk. Mein Wagen steht in der Tiefgarage. Wir brauchen zwanzig Minuten, um in die Stadt zu fahren.

(In der Tiefgarage)

7. **C:** Mensch, Peter, du hast einen Porsche! Davon habe ich immer geträumt. Darf ich mich neben dich setzen?
8. **P:** Wenn du die Strecke kennen willst, schau dir die Karte an. Auf dem Rücksitz liegt ein Stadtplan von Berlin.
9. **C:** In deinem Porsche sitzt man bequem. Jedenfalls bequemer als in meinem kleinen Fiat.

Ma voiture est dans le parking souterrain

Peter (P) se rend à l'aéroport pour passer prendre Corinne (C). Il cherche une place de stationnement.

1. **Agent de police :** Vous ne pouvez pas stationner ici. Garez [mettez] votre voiture dans le parking souterrain.

   (Dans le hall de l'aéroport, dix minutes plus tard)

2. **P :** Excusez-moi, êtes-vous Corinne Roy ?

3. **C :** Oui, et vous, vous êtes Peter Schubert. Ma mère connaît très bien votre amie Brigitte.

4. **P :** Bonjour, Corinne. Bienvenue à Berlin. Nous pouvons nous tutoyer. Est-ce que je peux mettre ta valise sur le chariot ? Mon Dieu, elle pèse une tonne.

5. **C :** J'ai apporté du vin et du fromage, pour vous deux [à tous les deux].

6. **P :** Merci beaucoup. C'est un beau cadeau. Ma voiture est dans le parking souterrain. Nous mettrons [avons besoin de] vingt minutes pour aller en ville.

   (Dans le parking souterrain)

7. **C :** Ça alors, Peter, tu as une Porsche ! J'en ai toujours rêvé. Est-ce que je peux m'asseoir à côté de toi ?

8. **P :** Si tu veux connaître l'itinéraire, regarde la carte. Il y a un plan [de ville] de Berlin sur le siège arrière.

9. **C :** On est confortablement assis dans ta Porsche. En tout cas, plus confortablement que dans ma petite Fiat.

Mein Wagen steht in der Tiefgarage ◦ Ma voiture est dans le parking souterrain

◆

der Polizist, en, en : *le policier*
der Koffer, - : *la valise*
der Flughafen, ¨ : *l'aéroport*
der Wagen, - : *la voiture*
der Sitz, e : *le siège*
die Strecke, n : *le parcours*
der Käse (sg.) : *le fromage*
der Gepäckkarren, - : *le chariot*
der Porsche/Fiat : *la Porsche/Fiat*
der Stadtplan, ¨e : *le plan de ville*
der Parkplatz, ¨e : *la place de parking*
die Tiefgarage, n : *le parking souterrain*
die Flughafenhalle, n : *le hall de l'aéroport*
der Rücksitz, e ≠ Vordersitz, e : *le siège avant ≠ arrière*

■

parken : *stationner*
jdn. ab/holen : *aller chercher qqn.*
jdn. duzen : *tutoyer qqn.*
kennen (gekannt) : *connaître*
mit/bringen (mitgebracht) : *apporter*
von etw. (D) träumen : *rêver de qqch.*
(eine Tonne) wiegen : *peser (une tonne)*
(20 Minuten) brauchen : *avoir besoin de/mettre (20 minutes)*

●

neben (prép.) : *à côté de*
in (prép.) : *dans, en*
auf (prép.) : *sur*
mein Gott! : *mon Dieu !*
herzlich willkommen (in) : *bienvenue (à)*
Mensch! (interjection de surprise) : *bon sang, ça alors !*
guten Tag ≠ auf Wiedersehen : *bonjour ≠ au revoir*

GRAMMAIRE

• **Les verbes (faibles)** « legen », « stellen », « sich setzen »
Les verbes **legen, stellen, sich setzen**, dits « de mouvement »,
sont essentiellement **directionnels** : le complément de lieu est
à l'**accusatif**. Ils correspondent à *mettre, poser*, mais l'allemand
précise « couché, à plat » et « debout » pour **legen** et **stellen** :

Er legt das Buch auf den Tisch.
Il pose (à plat) le livre sur la table.

Er stellt die Flasche auf den Tisch.
Il pose (« met debout ») la bouteille sur la table.

Er setzt sich auf das Kanapee.
Il s'assied sur le canapé.

L'interrogatif correspondant est **wohin** : *où*.

Wohin legst du den Schlüssel? *Où mets-tu la clé ?*

Ich lege ihn auf den Tisch. *Je la mets sur la table.*

• **Les verbes (forts)** « liegen », « stehen », « sitzen »
Les verbes **liegen** : *être couché*, **stehen** : *être debout*, **sitzen** : *être
assis*, dits « de position », sont essentiellement **locatifs** : le complément de lieu est au **datif**.

Das Buch liegt auf dem Tisch.
Le livre est (posé à plat) sur la table.

Die Flasche steht auf dem Tisch.
La bouteille est (posée debout) sur la table.

Er sitzt auf dem Kanapee.
Il est assis sur le canapé.

L'interrogatif correspondant est **wo** : *où*.

Wo liegt die Zeitung? *Où est le journal ?*

Sie liegt auf dem Tisch. *Il est sur la table.*

Mein Wagen steht in der Tiefgarage • Ma voiture est dans le parking souterrain

GRAMMAIRE (suite)

● **La subordonnée infinitive introduite par um ... zu** : *pour, afin de*, exprime une finalité, un but. Quand il y a un verbe à particule séparable, **zu** s'intercale entre la particule et le radical verbal.

Wir brauchen 20 Minuten, um in die Stadt zu fahren.
Il nous faut [nous avons besoin de] 20 minutes pour aller en ville.

Er fährt zum Flughafen, um Corinne abzuholen.
Il se rend à l'aéroport pour aller chercher Corinne.

En allemand, la subordonnée infinitive est toujours précédée d'une virgule.

Rappel :
Le **pronom indéfini** « **man** » correspond à *on* et exprime toujours un sujet à la 3ᵉ personne du singulier.

Man sitz bequem in dem (im) Wagen.
On est confortablement assis dans la voiture.

Heute lebt man länger als früher.
Aujourd'hui, on vit plus longtemps qu'autrefois.

● Les marques de voiture sont toutes du **masculin** en allemand : **der Porsche, der Fiat, der Mercedes, der Volkswagen, der Citroën.**

● Comme **an, in** et **auf**, la **préposition** « **neben** » : *à côté de*, est une préposition à double entrée (accusatif/directionnel - datif/locatif) :

Ich setze mich neben dich. *Je m'assois à côté de toi.*

Du sitzt neben mir. *Tu es assis à côté de moi.*

EXERCICES

**A. Choisissez le verbe approprié : « Stellen/stehen »,
« legen/liegen », « sich setzen/sitzen »**

1. ___ Sie bitte den Wein auf den Tisch.
2. Das Mineralwasser ___ schon auf dem Tisch.
3. Sie ___ auf dem Stuhl *(la chaise)* und trinkt ein Glas Wasser.
4. Er ___ auf das Kanapee.
5. Der Stadtplan ___ auf dem Rücksitz des Wagens. Du kannst deinen Pullover daneben ___.

B. Répondez aux questions
Ex. a) Wohin stellst du den Wagen? (die Tiefgarage) → Ich stelle ihn in die Tiefgarage.
   b) Wo steht das Auto? (die Tiefgarage) → Es steht in der Tiefgarage.
1. a) Wohin legst du den Koffer? (der Gepäckkarren)
   b) Wo liegt das Buch? (der Tisch)
2. a) Wohin setzt sich Peter? (das Kanapee)
   b) Wo sitzt Brigitte? (der Stuhl)
3. a) Wohin stellen Sie die Flasche Wein? (der Tisch)
   b) Wo steht die Flasche Bier? (der Tisch)
4. a) Wohin stellen Sie den Wagen? (neben/das Haus)
   b) Wo steht der Wagen? (neben/die Garage)
5. a) Wohin legen Sie die Zigaretten? (der Tisch)
   b) Wo liegen die Blumen? (der Tisch)

C. Faites une subordonnée infinitive avec « um ... zu »
Ex. Wir fahren nach Italien. (Ferien machen)
   → Wir fahren nach Italien, um Ferien zu machen.
1. Er fährt zum Flughafen. (die Französin abholen)
2. Coco kommt nach Berlin. (in die Museen gehen)
3. Wir fahren in die Berge. (Ski laufen)
4. Brigitte ruft ihre Freunde an. (sie einladen)
5. Wir arbeiten viel. (besser als die Konkurrenten sein)

Mein Wagen steht in der Tiefgarage • Ma voiture est dans le parking souterrain

EXERCICES (suite)

D. Faites des énoncés cohérents en utilisant l'indéfini « man » et en commençant par la partie soulignée

Ex. Wagen, in, dein, sitzen, bequem
→ In deinem Wagen sitzt man bequem.

1. heute, eine Radtour machen, können
2. am Samstag, gehen, die Disko, in
3. sich erinnern an, der schöne Urlaub, oft
4. diskutieren über, Politik, immer
5. diese Arbeit, schnell, machen, sollen

E. Mettez les énoncés suivants au parfait (passé composé)

1. Coco bringt ihren Freunden ein Geschenk mit.
2. Peter holt sie vom Flughafen ab.
3. Meine Mutter kennt ihre Freundin sehr gut.
4. Um 17 Uhr fahren wir in die Stadt.

F. Traduisez

1. Où puis-je garer (mettre) ma voiture ? Mettez-la à côté de la maison.
2. Tu cherches le plan de la ville ? Il est sur la table.
3. J'aimerais bien être assis (m'asseoir) dans une belle Porsche.
4. Il nous faut [nous avons besoin de] 30 minutes pour aller en ville.
5. Si l'on veut bien connaître une ville, il faut prendre le vélo.

CORRIGÉS

A. 1. Stellen. **2.** steht. **3.** sitzt. **4.** setzt sich. **5.** liegt, legen.

B. 1. a) Ich lege ihn in den Gepäckkarren. **1. b).** Es liegt auf dem Tisch. **2. a)** Er setzt sich auf das Kanapee. **2. b)** Sie sitzt auf dem Stuhl. **3. a)** Ich stelle sie auf den Tisch. **3. b)** Sie steht auf dem Tisch. **4. a)** Ich stelle ihn neben das Haus. **4. b)** Er steht neben der Garage. **5. a)** Ich lege sie auf den Tisch. **5. b)** Sie liegen auf dem Tisch.

C. 1. …, um die Französin abzuholen. **2.** …, um in die Museen zu gehen. **3.** …, um Ski zu laufen. **4.** …, um sie einzuladen. **5.** …, um besser als die Konkurrenten zu sein.

D. 1. Heute kann man eine Radtour machen. **2.** Am Samstag geht man in die Disko. **3.** Oft erinnert man sich an den schönen Urlaub. **4.** Immer diskutiert man über Politik. **5.** Diese Arbeit soll man schnell machen.

E. 1. Corinne hat ihren Freunden ein Geschenk mitgebracht. **2.** Peter hat sie vom Flughafen abgeholt. **3.** Meine Mutter hat ihre Freundin sehr gut gekannt. **4.** Um 17 Uhr sind wir in die Stadt gefahren.

F. 1. Wohin kann ich meinen Wagen (mein Auto) stellen? Stellen Sie ihn (es) neben das Haus. **2.** Suchst du den Stadtplan? Er liegt auf dem Tisch. **3.** Ich möchte gern in einem schönen Porsche sitzen. (Ich möchte mich gern in einen schönen Porsche setzen.) **4.** Wir brauchen 30 Minuten (eine halbe Stunde), um in die Stadt zu fahren. **5.** Wenn man eine Stadt gut kennen will, muss man das Rad (Fahrrad) nehmen.

Mein Wagen steht in der Tiefgarage • Ma voiture est dans le parking souterrain

An der Wand hängen Bilder von Berlin und Umgebung

Brigitte (B), Corinne/Coco (C)

1. **B:** Grüß dich, Coco. Ich hoffe, dass du einen angenehmen Flug hattest. Stell deinen Koffer in die Ecke dort.

2. **C:** Ich bin glücklich, in Berlin zu sein. Ihr wohnt in der Stadtmitte mit Blick auf das Brandenburger Tor. Die Wohnung ist wirklich toll. Und Bäume vor dem Haus!

3. **B:** Hinter dem Haus ist ein Park. Dort kannst du spazieren gehen und joggen. Jetzt will ich dir unsere Wohnung zeigen. Hier dein Zimmer. An der Wand hängen Bilder von Berlin und Umgebung. Der Zimmerschlüssel steckt im Schloß.

4. **C:** Ein Zimmer mit Fernsehen und Telefon. Das ist großer Luxus. Und wo ist das Bad?

5. **B:** Das zeige ich dir sofort. Bad und Toilette liegen direkt neben deinem Zimmer. Deine Handtücher kannst du an den Haken hier hängen. Unter dem Waschbecken sind Regale mit Seife, Schampon, Zahnpasta usw. (und so weiter).

6. **C:** Und wie sieht euer Wohnzimmer aus? Was für eine Küche habt ihr? Ich bin sehr neugierig.

7. **B:** Das Wohnzimmer hat Peter entworfen. Da stehen viele Design-Möbel von Knoll. Die Lithografie über dem Kanapee ist von Andy Warhol. Auf diesem Knoll-Stuhl beispielsweise sitzt man sehr gut.

8. **C:** Die Küche liegt zwischen Wohn- und Arbeitszimmer. Sie ist modern eingerichtet.

9. **B:** Kühlschrank, Spülmaschine, Mikrowelle und Elektroherd braucht man heutzutage, um schnell und gut zu kochen. Ich hoffe, daß dich meine Kochkunst nicht enttäuscht.

Des gravures de Berlin et de ses environs sont accrochées au mur

Brigitte (B), Corinne (C)

1. B : Salut, Coco. J'espère que ton vol a été agréable [que tu avais un vol agréable]. Pose ta valise dans le coin, là-bas.

2. C : Je suis heureuse d'être à Berlin. Vous habitez dans le centre-ville avec vue sur la porte de Brandebourg. L'appartement est vraiment super. Et des arbres devant la maison !

3. B : Derrière la maison, il y a un parc. Tu pourras [peux] t'y promener et faire du jogging. Je vais [veux] maintenant te montrer notre appartement. Voici ta chambre. Des gravures [images] de Berlin et de ses environs sont accrochées au mur. La clé de la chambre est sur [dans] la serrure.

4. C : Une chambre avec télévision et téléphone. C'est du grand luxe. Et où se trouve la salle de bains ?

5. B : Je te la montre immédiatement. La salle de bains et les toilettes sont juste [directement] à côté de ta chambre. Tu peux suspendre tes serviettes à cette patère-là. Sous le lavabo, il y a des étagères avec savon(nette), shampooing, dentifrice, etc.

6. C : Et à quoi ressemble votre salle de séjour ? Quelle sorte de cuisine avez-vous ? Je serais [suis] vraiment curieuse de le savoir.

7. B : C'est Peter qui a conçu la salle de séjour. Il y a beaucoup de mobilier design signé Knoll. La lithographie au-dessus du canapé est d'Andy Warhol. On est très bien assis sur cette chaise de Knoll, par exemple.

8. C : La cuisine se trouve entre le séjour et le bureau. Elle est aménagée en (style) moderne.

9. B : De nos jours, il faut un Frigidaire, un lave-vaisselle, un micro-ondes et une cuisinière électrique pour cuisiner vite et bien. J'espère que mon art culinaire ne te décevra [déçoit] pas.

◆

die Umgebung, en : *les environs*
das Bild, er : *le tableau, l'image*
die Stadtmitte, n : *le centre-ville*
das Zimmer, - : *la chambre*
das Wohnzimmer, - : *le salon*
das Schloss, ¨er : *la serrure*
das Fernsehen (sg.) : *la télévision*
das Telefon, e : *le téléphone*
das Bad, ¨er : *la salle de bains*
das Handtuch, ¨er : *la serviette*
das Waschbecken, - : *le lavabo*
das Möbel, - : *le(s) meuble(s)*
das Schampon, s : *le shampooing*
die Zahnpasta, -ten : *le dentifrice*
die Kochkunst, ¨e : *l'art culinaire, la cuisine*
der Kühlschrank, ¨e : *le réfrigérateur*
die Spülmaschine, n : *le lave-vaisselle*
die Toilette, n : *les toilettes, les WC*
die Mikrowelle, n : *le four à micro-ondes*
der Elektroherd, e : *la cuisinière, le four électrique*
das Arbeitszimmer, - : *le bureau, la salle de travail*

die Wand, ¨e : *le mur*
der Flug, ¨e : *le vol*
die Ecke, n : *le coin*
der Park, s : *le parc*
der Baum, ¨e : *l'arbre*
der Schlüssel, - : *la clé*
der Haken, - : *le crochet*
das Regal, e : *le rayon*
die Seife, n : *le savon*
der Stuhl, ¨e : *la chaise*
das Kanapee, s : *le canapé*
die Küche, n : *la cuisine*

■

jdn. grüßen : *saluer qqn.*
joggen : *faire du jogging*
kochen : *faire la cuisine*
spazieren gehen : *(aller) se promener*
hängen : *1° être accroché, 2° accrocher*
stecken : *1° être (dans), 2° mettre (dans)*
entwerfen (entwirft, entworfen) : *concevoir*
(modern) eingerichtet sein : *être aménagé (d'une façon moderne)*
hoffen : *espérer*
zeigen : *montrer*
enttäuschen : *décevoir*

●

angenehm : *agréable*
direkt : *direct(ement)*
neugierig : *curieux*

heutzutage : *de nos jours*
mit Blick auf + A : *avec vue sur*

224

GRAMMAIRE

• **Les verbes** **hängen** : *accrocher, suspendre*, et **stecken** : *mettre (dans)*, *« fourrer dans »* peuvent être **directionnels** et traduire un mouvement. Leur complément prépositionnel, introduit par une préposition spatiale, comme **an, in, auf**, etc., est alors à l'**accusatif**.

Ich hänge das Bild an die Wand.
J'accroche le tableau au mur.

Er steckt den Schlüssel in das (ins) Schloss.
Il met (« fourre ») la clé dans la serrure.

L'interrogatif correspondant est **wohin** : *où*.

Les verbes **hängen** : *être accroché*, et **stecken** : *être mis/ fourré (dans)* peuvent être aussi **locatifs** et traduire un lieu : le complément, introduit par l'une des neuf prépositions spatiales (**an, auf, in**, etc.), sera alors au **datif**.

An der Wand hängen Bilder von Berlin.
Au mur sont accrochés des tableaux de Berlin.

Der Schlüssel steckt in dem (im) Schloss.
La clé est (mise/fourrée) dans la serrure.

• **Les neuf prépositions spatiales** peuvent être suivies soit du **datif** (locatif), soit de l'**accusatif** (directionnel) : **an** : *à (au contact de)* ; **auf** : *sur* ; **in** : *dans, en* ; **vor** : *devant* ; **hinter** : *derrière* ; **über** : *au-dessus de* ; **unter** : *en dessous de* ; **neben** : *à côté de* ; **zwischen** : *entre*.

Ich stelle den Wagen vor/hinter/neben das Haus.
Je mets la voiture devant/derrière/à côté de la maison.

Der Wagen steht vor/hinter/neben dem Haus.
La voiture se trouve devant/derrière/à côté de la maison.

Retenez les formes contractées au datif (masculin/neutre) : **an dem → am, in dem → im** et à l'accusatif neutre : **an das → ans, auf das → aufs, in das → ins**.

EXERCICES

A. Choisissez la préposition appropriée
1. Stell deinen Koffer ___ die Ecke und die Tasche ___ den Stuhl.
2. ___ dem Haus gibt es alte Bäume, ___ dem Haus ist ein Park.
3. Bad und Toilette liegen ___ deinem Zimmer.
4. ___ der Wand hängen Bilder von Berlin und Umgebung.
5. Die Küche liegt ___ dem Wohnzimmer und dem Schlafzimmer.

B. Faites des phrases cohérentes
1. du, legen, das Regal, die Seife, auf
2. das Handtuch, liegen, das Waschbecken, neben
3. das Kanapee, modern, sitzen, man, bequem, auf
4. Sie, der Wagen, das Haus, stellen, vor, können
5. du, die Bilder, an, die Wand, hängen, müssen

C. Choisissez le verbe adéquat
    stellen   setzen   legen   hängen
    stehen   sitzen   liegen   stecken
1. ___ bitte den Wein auf den Tisch!
2. Der Schlüssel ___ in dem Schloss.
3. Der Wagen ___ vor dem Haus.
4. Vergiss nicht, die Handtücher an den Haken zu ___.
5. ___ Sie sich auf das Kanapee.
6. Auf diesem alten Stuhl ___ man bequem.
7. Seife und Zahnpasta ___ auf dem Waschbecken.
8. ___ Sie den Schlüssel auf den Tisch!

D. Traduisez
1. N'oublie pas d'accrocher les tableaux au mur.
2. Au-dessus du canapé, il y a [est accroché] une lithographie de Warhol.
3. Tu cherches la clé ? Elle est dans la serrure.
4. Posez votre valise sur/sous/à côté de la table.

CORRIGÉS

A. 1. in, auf (unter/neben/vor/hinter). **2.** Vor, hinter (neben)
3. neben. **4.** An. **5.** zwischen.

B. 1. Du legst die Seife auf das Regal. **2.** Das Handtuch liegt
neben dem Waschbecken. (Neben dem Waschbecken liegt
das Handtuch.) **3.** Auf dem modernen Kanapee sitzt man
bequem. (Man sitzt bequem auf dem modernen Kanapee.)
4. Sie können den Wagen vor das Haus stellen. **5.** Du musst
die Bilder an die Wand hängen.

C. 1. Stell. **2.** steckt. **3.** steht. **4.** hängen. **5.** Setzen. **6.** sitzt.
7. liegen. **8.** Legen.

D. 1. Vergiss nicht, die Bilder an die Wand zu hängen. **2.** Über
dem Kanapee hängt eine Lithografie von Warhol. **3.** Suchst
du den Schlüssel? Er steckt (ist) im (in dem) Schloss.
4. Stellen Sie Ihren Koffer auf/unter/neben den Tisch.

Nehmt die Räder, die im Hof stehen

Peter (P), Rolf (R), Coco (C), Verkäuferin (V)

1. **P:** Nehmt die Räder, die im Hof stehen. Habt ihr den Stadtplan in die Tasche gesteckt?
2. **R:** Wie lange brauchen wir bis zum Flohmarkt?
3. **P:** Wenn ihr die Goethestraße nehmt, die direkt zum Tiergarten führt, braucht ihr 15 (fünfzehn) Minuten.

(Auf dem Flohmarkt)

4. **C:** Dort ist ein alter Stuhl, der mir gut gefällt. Wie viel kostet er?
5. **V:** Das ist ein Stuhl, den Thonet im 19. (neunzehnten) Jahrhundert entworfen hat. Der kostet 150 (hundertfünfzig) Euro.
6. **R:** Und wie teuer ist das Automodell, das neben dem Spiegel steht?
7. **V:** 30 (dreißig) Euro. Das ist ein Spielzeug aus den 20er (zwanziger) Jahren.
8. **C:** Was für eine Puppe ist das, die dort an der Wand hängt?
9. **V:** Das ist eine Holzpuppe, die aus England kommt. Sie kostet nur 350 (dreihundertfünfzig) Euro.
10. **C:** Schade, das ist zu teuer für mich.

(In der Wohnung)

11. **R:** Peter, ich habe die Räder wieder in den Hof gestellt.
12. **P:** Und wie war der Flohmarkt? Habt ihr etwas Interessantes gefunden?
13. **C:** Antiquitäten sind für Leute, die Geld haben, nicht für uns. Auf dem Rückweg haben wir den Reichstag besichtigt.
14. **R:** Da waren viele Besucher und wir haben Schlange gestanden. Dann haben wir gepicknickt und lange am Spree-Ufer gesessen.

Prenez les vélos qui sont dans la cour

Peter (P), Rolf (R), Coco (C), une vendeuse (V)

1. **P :** Prenez les vélos qui sont dans la cour. Avez-vous mis le plan de la ville dans votre [la] poche ?
2. **R :** Il nous faut combien de temps pour aller au marché aux puces ?
3. **P :** Si vous prenez la rue Goethe, qui mène directement au Tiergarten, il vous faut 15 minutes.

(Au marché aux puces)

4. **C :** Il y a là-bas une chaise ancienne qui me plaît bien. Combien coûte-t-elle ?
5. **V :** C'est une chaise que Thonet a conçue au XIXᵉ siècle. Elle coûte 150 euros.
6. **R :** Et combien coûte [combien chère est] cette voiture miniature qui se trouve à côté de la glace ?
7. **V :** 30 euros. C'est un jouet des années 20.
8. **C :** Qu'est-ce que c'est que cette poupée qui est accrochée au mur, là-bas ?
9. **V :** C'est une poupée en bois qui vient d'Angleterre. Elle ne coûte que 350 euros.
10. **C :** Dommage, c'est trop cher pour moi.

(Dans l'appartement)

11. **R :** Peter, j'ai remis les vélos dans la cour.
12. **P :** Et le marché aux puces, c'était comment ? Avez-vous trouvé quelque chose d'intéressant ?
13. **C :** Les antiquités sont pour les gens qui ont les moyens [de l'argent], pas pour nous. Sur le chemin du retour, nous avons visité le Reichstag.
14. **R :** Il y avait beaucoup de visiteurs et nous avons fait la queue. Ensuite, nous avons pique-niqué et nous sommes restés longtemps assis au bord [sur la rive] de la Spree.

Vocabulaire

◆

das Rad, ¨er : *le vélo*
das Modell, e : *le modèle*
die Tasche, n : *le sac, la sacoche*
der Hof, ¨e : *la cour*
der Spiegel, - : *le miroir*
die Puppe, n : *la poupée*
das Spielzeug, e : *le jouet*
das Holz, ¨er : *le bois*
die Antiquität, en : *l'antiquité*
der Besucher, - : *le visiteur*
die Verkäuferin, nen : *la vendeuse*
das Ufer, - : *la berge, la rive*
der Rückweg, e : *le chemin du retour*
der Flohmarkt, ¨e : *le marché aux puces*

■

führen : *mener, conduire*
picknicken : *pique-niquer*
kosten : *coûter*
besichtigen : *visiter*
nehmen (nimmt, genommen) : *prendre*
Schlange stehen (gestanden) : *faire la queue*
jdm. gefallen (gefällt, gefallen) : *plaire à qqn.*
sitzen (gesessen) : *être assis*

●

alt : *vieux*
schade : *dommage, hélas*
bis zu + D : *jusqu'à*
im 19. Jahrhundert : *au XIXᵉ siècle*
aus den 20er Jahren : *des années 20*
was für ein(e) : *quel genre de, quelle sorte de*

GRAMMAIRE

• **La subordonnée relative** complète un groupe nominal. Comme dans toute subordonnée, le noyau verbal est déplacé vers la droite.

Le **genre** du pronom relatif est déterminé par son **antécédent**, c'est-à-dire par le nom qui le précède.

GRAMMAIRE (suite)

Le **cas** du pronom relatif dépend de sa fonction dans la subordonnée : sujet, complément d'objet direct/indirect (COD/COI), etc.

		LE PRONOM RELATIF		
	Masculin	Neutre	Féminin	Pluriel
N	der	} das	} die	} die
A	den			
D	dem	dem	der	denen

Das ist der Stuhl, der mir gut gefällt : *c'est la chaise qui me plaît bien* (antécédent : masculin ; fonction : sujet au nominatif).

Das ist ein Stuhl, den ich auf dem Flohmarkt gekauft habe : *c'est une chaise que j'ai achetée au marché aux puces* (antécédent : masculin ; fonction : COD à l'accusatif).

Das ist ein Modell, das teuer ist : *c'est un modèle qui est cher* (antécédent : neutre ; fonction : sujet au nominatif).

Das ist ein Modell, das ich in England gefunden habe : *c'est un modèle que j'ai trouvé en Angleterre* (antécédent : neutre ; fonction : COD à l'accusatif).

Ich nehme die Puppe, die an der Wand hängt : *je prends la poupée qui est accrochée au mur* (antécédent : féminin ; fonction : sujet au nominatif).

Das ist eine Puppe, die ich in England gefunden habe : *c'est une poupée que j'ai trouvée en Angleterre* (antécédent : féminin ; fonction : COD à l'accusatif).

Nehmt die Räder, die im Hof stehen : *prenez les vélos qui sont dans la cour* (antécédent : pluriel ; fonction : sujet au nominatif).

Wer ist der Mann, dem du geholfen hast? *Qui est l'homme que tu as aidé ?* (antécédent : masculin ; fonction : COI au datif).

Kennst du die Frau, der du folgst? *Connais-tu la femme que tu suis ?* (antécédent : féminin ; fonction : COI au datif).

Das ist der Mann, dem der Stuhl gefällt : *c'est l'homme à qui la chaise plaît* (antécédent : masculin ; fonction : COI au datif).

Nehmt die Räder, die im Hof stehen • Prenez les vélos qui sont dans la cour

GRAMMAIRE (suite)

• Retenez **le parfait (passé composé)** des verbes **directionnels/locatifs** étudiés dans les deux dernières leçons :

stellen: er hat das Rad in den Hof gestellt.
stehen: das Rad hat im Hof gestanden.
sich setzen: wir haben uns an das Spree-Ufer gesetzt.
sitzen: wir haben am (an dem) Spree-Ufer gesessen.
hängen: du hast die Puppe an die Wand gehängt.
hängen: die Puppe hat an der Wand gehangen.
stecken: er hat den Schlüssel in das (ins) Schloss gesteckt.
stecken: der Schlüssel hat im Schloss gesteckt.

Remarques :

1) Les verbes directionnels **stellen, sich setzen, hängen,** etc. sont des verbes faibles (réguliers) : **ich habe die Räder in die Garage gestellt** ; les verbes locatifs **stehen, sitzen,** etc. sont des verbes forts (irréguliers) avec changement vocalique au parfait (participe passé) : **die Räder haben in der Garage gestanden.**

2) Le verbe **stecken** utilise les mêmes formes pour le directionnel et le locatif : **er hat den Schlüssel ins Schloss gesteckt** (directionnel), **der Schlüssel hat im Schloss gesteckt** (locatif).

• Vous noterez également que tous **les verbes réfléchis**, tels que **sich setzen, sich interessieren,** etc., utilisent l'auxiliaire **haben** au **parfait (passé composé)** :

Er hat sich gesetzt : *il s'est assis.*

Wir haben uns immer für Musik interessiert : *nous nous sommes toujours intéressés à la musique.*

• **Etwas/nichts Interessantes** : *quelque chose/rien d'intéressant.* Les pronoms **etwas** et **nichts** peuvent être suivis d'un adjectif substantivé en **-es**, qui prend une majuscule :

etwas Schönes : *quelque chose de beau* ; **nichts Neues** : *rien de nouveau* ; avec l'exception **etwas/nichts anderes** : *qqch./rien d'autre.*

Retenez **les chiffres arabes et les ordinaux** :
das 19. (neunzehnte) Jahrhundert : *le XIXᵉ siècle* ; **im 20. (zwanzigsten) Jahrhundert** : *au XXᵉ siècle.*

Les années 20/Dans les années 90 se traduit par **die 20er (zwanziger) Jahre/in den 90er (neunziger) Jahren.**

EXERCICES

A. Faites une subordonnée relative

Ex. Nimm das Rad ; es steht vor dem Haus.
   → Nimm das Rad, das vor dem Haus steht.

1. Ich kaufe den Stuhl; er ist billig.
2. Kaufen Sie die Puppe; sie kostet nur 350 Euro.
3. Ich möchte das Spielzeug; es kommt aus Frankreich.
4. Was kostet der Spiegel? Er hängt an der Wand.
5. Wo steht der Wagen? Er ist kaputt.

B. Faites des énoncés cohérents

Ex. ich, die Straße, nehmen, die, führen, Brandenburger Tor, zum
   → Ich nehme die Straße, die zum Brandenburger Tor führt.

1. wir, ein Elektroherd, kaufen, der, modern sein
2. der Reichstag, den, besichtigen, die Besucher, groß sein
3. wie, der Mann, heißen, wir helfen, dem,?
4. eine Spülmaschine, die, modern sein, viel kosten
5. die Bilder, die, über, hängen, das Kanapee, schön sein

C. Mettez les phrases suivantes au parfait (passé composé)

1. Steckst du den Stadtplan in die Tasche?
2. Die Räder stehen hinter dem Haus.
3. Die Lithografie hängt im Wohnzimmer.
4. Stellen Sie den Wagen in die Tiefgarage?
5. Wir sitzen eine Stunde im Café.

Nehmt die Räder, die im Hof stehen • Prenez les vélos qui sont dans la cour

EXERCICES (suite)

D. Faites le bon choix : « etwas » ou « nichts » suivi d'un adjectif

Ex. Ja, heute Abend wollen wir ___ (gut) essen.
  → Ja, heute Abend wollen wir etwas Gutes essen.

1. Ja, ich möchte ___ (billig) kaufen.
2. Nein, sie will ___ (negativ) von ihm hören.
3. Natürlich wollen wir ___ (interessant) im Fernsehen sehen.
4. Sie haben Durst, sie möchten ___ (kalt) trinken.
5. Auf dem Flohmarkt habe ich ___ (schön) gefunden.

E. Corrigez les erreurs de ce texte par rapport au dialogue

1. Nehmt die Räder, die vor dem Haus stehen.
2. Wie lange brauchen wir bis zum Brandenburger Tor?
3. Dort ist ein Tisch, den Thonet entworfen hat.
4. Das Automodell aus den 30er Jahren kostet 40 Euro.
5. Das ist eine Puppe, die aus Italien kommt.

F. Traduisez

1. Où as-tu garé (mis) ma voiture ? Je l'ai mise au garage.
2. La poupée que vous avez accrochée au mur est belle.
3. Voici une chaise que Thonet a conçue au XIXᵉ siècle.
4. Ce jouet, qui coûte 100 euros, me plaît beaucoup.
5. Les gens qui ont beaucoup d'argent peuvent acheter de belles antiquités.

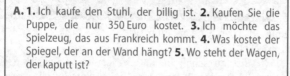

A. 1. Ich kaufe den Stuhl, der billig ist. **2.** Kaufen Sie die Puppe, die nur 350 Euro kostet. **3.** Ich möchte das Spielzeug, das aus Frankreich kommt. **4.** Was kostet der Spiegel, der an der Wand hängt? **5.** Wo steht der Wagen, der kaputt ist?

B. 1. Wir kaufen einen Elektroherd, der modern ist. **2.** Der Reichstag, den die Besucher besichtigen, ist groß. **3.** Wie heißt der Mann, dem wir helfen? **4.** Eine Spülmaschine, die modern ist, kostet viel. **5.** Die Bilder, die über dem Kanapee hängen, sind schön.

C. 1. Hast du den Stadtplan in die Tasche gesteckt? **2.** Die Räder haben hinter dem Haus gestanden. **3.** Die Lithografie hat im Wohnzimmer gehangen. **4.** Haben Sie den Wagen in die Tiefgarage gestellt? **5.** Wir haben eine Stunde im Café gesessen.

D. 1. etwas Billiges. **2.** nichts Negatives. **3.** etwas Interessantes. **4.** etwas Kaltes. **5.** nichts/etwas Schönes.

E. 1. ... die Räder, die im Hof stehen. **2.** ... bis zum Flohmarkt. **3.** Dort ist ein Stuhl, den ... **4.** Das Automodell aus den 20er Jahren kostet 30 Euro. **5.** ... die aus England kommt.

F. 1. Wohin hast du meinen Wagen (mein Auto) gestellt? Ich habe ihn (es) in die Garage gestellt. **2.** Die Puppe, die Sie an die Wand gehängt haben, ist schön. **3.** Hier (Das) ist ein Stuhl, den Thonet im 19. Jahrhundert entworfen hat. **4.** Dieses Spielzeug, das 100 Euro kostet, gefällt mir sehr. **5.** (Die) Leute, die viel Geld haben, können schöne Antiquitäten kaufen.

Nehmt die Räder, die im Hof stehen • Prenez les vélos qui sont dans la cour

Bist du schon im Warenhaus KaDeWe gewesen?

Rolf (R), Coco (C), Verkäufer (V)

1. **R:** Bist du schon im KaDeWe gewesen? Das ist das größte Berliner Warenhaus. Hier findest du alles, was du willst.
2. **C:** Dann zeig mir doch deinen Konsumtempel. Ich muss sowieso einige Reisesouvenirs kaufen.
3. **R:** Woran bist du interessiert? Wovon träumt eine junge Französin?
4. **C:** Die junge Französin denkt zuerst an ihre Eltern, die an Meißener Porzellan interessiert sind. Ich soll Tassen, Teller und Gläser aus Deutschland mitbringen.
5. **R:** Das Geschirr ist im fünften Stock. Nehmen wir den Aufzug.
6. **C:** Was soll ich bei einer so großen Auswahl nur nehmen? Man wird ja verrückt.
7. **R:** Wer die Wahl hat, hat die Qual!
8. **V:** Darf ich Ihnen einen Ratschlag geben? Nehmen Sie das Sonderangebot zu 420 Euro. Das Besteck, das zu diesem Porzellanservice gehört, ist auch sehr preisgünstig.
9. **C:** Diese Messer, Löffel und Gabeln haben ein schönes Design, aber das Ganze ist zu teuer für mich.
10. **V:** Dieses Modell hat viel Erfolg gehabt und ist international sehr bekannt geworden.
11. **C:** Gut, ich nehme heute das Porzellangeschirr. Das Besteck nehme ich das nächste Mal. Was macht das?
12. **V:** Das macht wie gesagt 420 Euro. Zahlen Sie bitte an der Kasse dort. In der Zwischenzeit packe ich Ihnen alles ein.

As-tu déjà été dans le grand magasin KaDeWe ?

Rolf (R), Coco (C), un vendeur (V)

1. **R :** Es-tu déjà allée [As-tu déjà été] au KaDeWe ? C'est le grand magasin le plus important de Berlin. Tu y trouveras tout ce que tu veux.

2. **C :** Et alors, qu'attends-tu pour me montrer [Montre-moi donc] ton temple de la consommation ? De toute façon, il faut que j'achète quelques souvenirs de voyage.

3. **R :** Qu'est-ce qui t'intéresse ? [Par quoi es-tu intéressée ?] De quoi rêve une jeune Française ?

4. **C :** La jeune Française pense d'abord à ses parents, qui sont intéressés par la porcelaine de Meißen. Je dois ramener des tasses, des assiettes et des verres d'Allemagne.

5. **R :** La vaisselle est au cinquième niveau [étage]. Prenons l'ascenseur.

6. **C :** Mais que vais-je bien pouvoir prendre avec un choix pareil ? [Mais qu'est-ce que je dois prendre avec un choix aussi grand ?] C'est à en perdre la tête. [On devient vraiment fou.]

7. **R :** Tu as l'embarras du choix ! [Qui a le choix, a le tourment !]

8. **V :** Permettez-moi de vous donner un conseil. Prenez l'offre spéciale à 420 euros. Les couverts qui font partie du service sont également avantageux [bon marché].

9. **C :** Ces couteaux, ces cuillers et ces fourchettes ont un joli design, mais le tout est trop cher pour moi.

10. **V :** Ce modèle a connu [a eu] un grand succès et a une grande réputation à l'étranger [il est devenu très connu au niveau international].

11. **C :** Bon, aujourd'hui, je prends le service en porcelaine. Et la prochaine fois, je prendrai les couverts. Cela fait combien ?

12. **V :** Comme nous l'avons dit [Comme dit], cela fait 420 euros. Payez à la caisse, là-bas. Entre-temps, je vais vous emballer le tout.

◆

der Verkäufer, - : *le vendeur*
die Französin, nen : *la Française*
die Kasse, n : *la caisse*
das Porzellan, e : *la porcelaine*
der Löffel, - : *la cuiller*
der Teller, - : *l'assiette*
der Aufzug, ¨e : *l'ascenseur*
das Messer, - : *le couteau*
das Besteck, e : *les couverts*
das Glas, ¨er : *le verre*
die Gabel, n : *la fourchette*
die Auswahl, en : *le choix, l'assortiment*
das Warenhaus, ¨er : *le grand magasin*
das Geschirr, e/das Service [zè:rvi:s] : *la vaisselle*
das Sonderangebot, e : *l'offre spéciale, la promotion*
das (Reise)Souvenir, s : *le souvenir (de voyage)*
der Konsumtempel, - (ironique) : *le temple de la consommation*

■

zahlen : *payer*
Erfolg haben : *avoir du succès*
finden (gefunden) : *trouver*
ein/packen : *emballer*
mit/bringen (mitgebracht) : *apporter*
verrückt sein/werden : *être/devenir fou*
bekannt sein/werden : *être/devenir connu*
zu etw. (D) gehören : *faire partie de qqch.*
von etw. (D) träumen : *rêver de qqch.*
an jdn. denken (gedacht) : *penser à qqn.*
an etw. (D) interessiert sein : *être intéressé par qqch.*

●

sowieso : *de toute façon*
einige : *quelques*
zuerst : *d'abord*
nur : *seulement*
zusammen : *ensemble*
preisgünstig = billig : *bon marché, pas cher*
in der Zwischenzeit : *entre-temps, en attendant*
Wer die Wahl hat, hat die Qual (locution) : *avoir l'embarras
du choix (m. à m. : Celui qui a le choix a le tourment)*

GRAMMAIRE

• **L'auxiliaire werden** : *devenir* est un verbe fort pour lequel **e** devient **i** aux 2e et 3e personnes du singulier :

ich werde, *je deviens*	**wir werden**, *nous devenons*
du wirst (*sans* d!)	**ihr werdet**
er/sie/es wird	**sie/Sie werden**

Alles wird teuer. *Tout devient cher.*

Ich werde verrückt. *Je deviens fou.*

Das Wetter wird schön.
Le temps tourne au beau [devient beau].

Au prétérit et au parfait, vous avez les formes suivantes :

Prétérit	Parfait
ich wurd-e, *je devenais/je devins*	**ich bin ... geworden**, *je suis devenu*
du wurd-est	**du bist ... geworden**
er/sie/es wurd-e	**er/sie/es ist ... geworden**
wir wurd-en	**wir sind ... geworden**
ihr wurd-et	**ihr seid ... geworden**
sie/Sie wurd-en	**sie/Sie sind ... geworden**

Le parfait de **werden** se forme donc avec l'auxiliaire **sein**.

Alles ist teuer geworden. *Tout est devenu cher.*

Ich bin verrückt geworden. *Je suis devenu fou.*

Das Wetter ist schön geworden.
Le temps a tourné au beau [est devenu beau].

• **Les participes passés des auxiliaires** haben et sein sont **gehabt** et **gewesen** :

Ich habe gehabt. *J'ai eu.*

Er ist gewesen. *Il a été.*

Sind Sie heute im Warenhaus gewesen?
Avez-vous été aujourd'hui au grand magasin ?

Dieses Modell hat viel Erfolg gehabt.
Ce modèle a eu beaucoup de succès.

GRAMMAIRE (suite)

● **L'interrogatif prépositionnel** se forme à l'aide de **wo-** ou **wor-** + préposition :

Woran bist du interessiert? *À quoi [Par quoi] es-tu intéressé ?*
Wovon träumst du? *De quoi rêves-tu ?*

Ce sera **wo-** quand la préposition commence par une consonne, **wor-** quand elle commence par une voyelle.

Il est le pendant du pronom adverbial, ou mot de reprise, **da-** ou **dar-** + préposition :

Woran seid ihr interessiert? Daran sind wir interessiert = wir sind an dem Film/an dem Buch/an der Reise interessiert, etc.

Woran denkst du? Ich denke daran, *j'y pense* **= ich denke an die Ferien, an die Oper,** etc.

● **Retenez les constructions alles, was** : *tout ce que* ; **etwas, was** : *quelque chose qui/que* suivies d'une **subordonnée** :

Hier findest du alles, was du willst.
Ici, tu trouves tout ce que tu veux.

Etwas, was du liebst. *Qqch. que tu aimes.*

● **Les noms d'habitants de villes** se forment en ajoutant le suffixe **-er** au nom de ville.

Berlin → der Berliner : *le Berlinois*
Köln → der Kölner : *l'habitant de Cologne*
Frankfurt → der Frankfurter : *l'habitant de Francfort*

Les noms d'habitants peuvent devenir des adjectifs invariables et prennent alors une majuscule :

die Berliner Mauer : *le mur de Berlin*
der Kölner Dom : *la cathédrale de Cologne*
die Frankfurter Würstchen : *les saucisses de Francfort*

● **Les unités de monnaie et de mesure** sont invariables :

hundert Euro : *cent euros*
tausend Dollar : *mille dollars*
zweihundert Kilo : *deux cents kilos*
fünfhundert Meter : *cinq cents mètres*

EXERCICES

A. Mettez l'auxiliaire « werden » à la forme voulue et choisissez l'adjectif approprié

bekannt   verrückt   teuer   nervös   schön

1. Bei einer so großen Auswahl ____ ich ____.
2. Wenn das Wetter ____ ____, machen wir eine Radtour.
3. Das Meißener Porzellan ____ in ganz Europa ____.
4. Bei so viel Stress ____ wir schnell ____.
5. Durch die Inflation ____ alle Produkte ____.

B. Choisissez l'auxiliaire approprié (« haben », « sein », « werden ») et mettez-le au parfait (passé composé)

Ex. Bei diesem Unfall ____ wir viel Glück ____.
Bei diesem Unfall haben wir viel Glück gehabt.

1. Dieses Design-Besteck ____ in der ganzen Welt viel Erfolg ____.
2. Durch das Joggen ____ ich müde ____.
3. ____ du schon einmal in China ____?
4. Wir ____ an schönen Antiquitäten interessiert ____.
5. Er ist 80 Jahre alt. Man sieht, dass er alt ____ ____.

C. Faites la transformation suivante

Ex. Er interessiert sich sehr für klassische Musik.
→ Wofür interessiert er sich sehr?

1. Wir träumen oft vom Frieden in der ganzen Welt.
2. Du erinnerst dich genau an die letzte Reise.
3. Die Leute hängen von der Politik und der Wirtschaft ab.
4. Sie kümmern sich um die Dritte Welt.
5. Ihr seid an Meißener Porzellan stark interessiert.

Bist du schon im Warenhaus KaDeWe gewesen? • As-tu déjà été dans le grand magasin KaDeWe ?

241

EXERCICES (suite)

D. À chacun sa moitié
1. die Berliner   a) Bier
2. der Kölner   b) Würstchen
3. die Frankfurter   c) Mauer
4. das Meißener   d) Dom
5. das Münchener   e) Porzellan

E. Rétablissez la chronologie des faits
1. Nehmen Sie das Sonderangebot zu 420 Euro.
2. Ich soll Meißener Porzellan aus Deutschland mitbringen.
3. Zahlen Sie bitte an der Kasse dort.
4. Woran bist du interessiert?
5. Bist du schon einmal im KaDeWe gewesen?

F. Traduisez
1. Connaissez-vous le grand magasin berlinois KaDeWe ?
   Oui, nous y sommes allés [avons été] l'an dernier.
2. Tout ce que vous achetez ici est bon marché.
3. Si tu travailles autant, tu tomberas [deviens] sûrement
   malade.
4. De quoi a-t-elle rêvé la nuit dernière ?
5. L'assiette bleue est plus chère que la blanche.

CORRIGÉS

A. 1. werde ich verrückt (nervös). **2.** schön wird. **3.** wird ... bekannt (teuer). **4.** werden wir ... nervös. **5.** werden ... teuer.

B. 1. hat ... gehabt. **2.** bin ... geworden/gewesen. **3.** Bist ... gewesen. **4.** sind ... gewesen. **5.** ... geworden ist.

C. 1. Wovon träumen wir oft? **2.** Woran erinnerst du dich genau? **3.** Wovon hängen die Leute ab? **4.** Worum kümmern sie (Sie) sich? **5.** Woran seid ihr stark interessiert?

D. 1. c). **2. d)**. **3. b)**. **4. e)**. **5. a)**.

E. 5. - **4.** - **2.** - **1.** - **3.**

F. 1. Kennen Sie das große Berliner Warenhaus KaDeWe? Ja, wir sind dort letztes Jahr gewesen. **2.** Alles, was Sie hier kaufen, ist preisgünstig (billig). **3.** Wenn du so viel arbeitest, wirst du sicher krank. **4.** Wovon hat sie letzte Nacht geträumt? **5.** Der blaue Teller ist teurer als der weiße.

MÉMENTO

- **La conjonction de subordination wenn** peut avoir deux sens, selon le contexte :

1) *quand* (toutes les fois que) ;

2) *si* (à condition que) :

Wenn das Wetter schön ist, gehen wir spazieren.

1) Quand le temps est beau, nous allons nous promener.

2) Si le temps est beau, nous irons nous promener.

- **Les verbes faibles irréguliers,** appelés également **verbes mixtes** (**nennen** : *nommer* ; **kennen** : *connaître* ; **denken** : *penser* ; **bringen** : *apporter*), ont, au participe passé, le changement de voyelle des verbes forts (irréguliers) et le suffixe **-t** des verbes faibles (réguliers) :

nennen → genannt	**kennen → gekannt**
denken → gedacht	**bringen → gebracht**

- Retenez le **prétérit des auxiliaires de mode** (verbes de modalité) ci-dessous :

dürfen: er durfte	**sollen: er sollte**
wollen: er wollte	**können: er konnte**
mögen: er mochte	**müssen: er musste**

- **Les verbes « factitifs » hängen, legen, setzen, stellen** sont des verbes **faibles** (**réguliers**). Avec une préposition à double régime (**datif** ou **accusatif**), le complément sera à l'**accusatif** (complément directionnel). **Sie hängt das Bild an die Wand. Ich lege das Buch auf den Tisch.**

Les verbes dits « de position » (**liegen, sitzen, stehen, hängen**) correspondants sont **forts** (**irréguliers**). Avec une préposition à double régime, le complément sera au **datif** (complément locatif). **Das Buch liegt auf dem Tisch. Sie sitzt auf dem Stuhl. Das Bild hängt an der Wand.**

- *Pour* + infinitif s'exprime par **um ... zu** + infinitif : **Er fährt zum Flughafen, um Corinne abzuholen.**

- Retenez les expressions *tout ce que* : **alles, was** + verbe déplacé vers la droite, et *quelque chose de/rien de* + *adjectif* : **etwas/nichts** + **adjectif** + **es** (avec majuscule) : **Alles, was er sagt. Etwas Großes/Nichts Schönes.**

• **Le démonstratif prépositionnel** *y/en* est formé sur la préposition exigée par le verbe ou l'adjectif en question, précédée de **da-** ou **dar-** :

Ich spreche davon. *J'en parle.* → **Ich glaube daran.** *J'y crois.*

L'**interrogatif prépositionnel** est formé sur la préposition précédée de **wo-** ou **wor-** :

Wovon sprichst du? *De quoi parles-tu ?* → **Woran denkst du?** *À quoi penses-tu ?*

• **La subordonnée relative** est introduite par un **pronom relatif** dont le choix est déterminé par le mot qui précède (l'antécédent) pour ce qui est du genre, par la fonction pour ce qui est du cas :

Der Mann, den ich sehe. *L'homme que je vois.*

(Pronom relatif du masculin parce que **Mann** est du masculin, forme accusative **den** parce que le pronom a la fonction d'un complément d'objet direct.)

• **Le prétérit et le parfait** (passé composé) **des verbes** sein, haben, werden :

sein, *être*	**ich war,** *j'étais*	**ich bin gewesen,** *j'ai été*
haben, *avoir*	**ich hatte,** *j'avais*	**ich habe gehabt,** *j'ai eu*
werden, *devenir*	**ich wurde,** *je devins*	**ich bin geworden,** *je suis devenu*

• **Les ordinaux** se forment en ajoutant le suffixe **-te** jusqu'à **19**, le suffixe **-ste** à partir de **20** :

der/die/das fünfzehnte : *le/la quinzième*
der/die/das zweiundzwanzigste : *le/la vingt-deuxième*

Exceptions : **der erste** : *le premier* ; **der dritte** : *le troisième* ; **der siebte** : *le septième* ; **der achte** : *le huitième*.

• **Retenez :**

1) Les noms d'habitants d'une ville se forment en ajoutant au nom de la ville **-er** pour les hommes, **-erin** pour les femmes :

der Berliner : *le Berlinois*   **die Berlinerin** : *la Berlinoise*
der Pariser : *le Parisien*   **die Pariserin** : *la Parisienne*

2) Les unités de monnaie sont invariables :

hundert Euro : *cent euros*
tausend Dollar : *mille dollars*

In der Diskothek wird getanzt

Rolf (R), Coco (C)

1. **R:** Das ist die Disko, von der Peter gesprochen hat. Sie wird von den Berliner Jugendlichen stark besucht.

2. **C:** Gehen wir in die Disko! Eintritt: 15 Euro, das ist billiger als in Frankreich.

3. **R:** Setzen wir uns dort in die Ecke, dann sehen wir besser die Tanzfläche. Was willst du trinken?

4. **C:** Was wird in deutschen Diskos gewöhnlich getrunken?

5. **R:** Die Jugendlichen trinken meistens Cola und Bier. Aber das ist Geschmackssache, du kannst natürlich etwas anderes bestellen.

6. **C:** Dann nehme ich einen Orangensaft. Und was nimmst du?

7. **R:** Ein Becks Bier, das ist mein Lieblingsgetränk. Kennst du den Werbespruch »Durch Becks Bier wird der Männerdurst gelöscht«?

8. **C:** Die richtige Werbung heißt aber »Becks Bier löscht den Männerdurst«. Das ist ein echter Macho-Spruch.

9. **R:** Ja, ich weiß, auch Frauendurst wird durch Bier gelöscht.

10. **C:** Sieh mal, auf der Tanzfläche tanzt jeder allein. Die Mädchen werden von den Jungen nicht mehr eingeladen.

11. **R:** Es wird heute allein getanzt und allein getrunken. Bald wird sogar allein geflirtet. Wo ist die gute alte Zeit, deren Charme so geschätzt wird?

12. **C:** Sei nicht zu pessimistisch. Komm, gehen wir tanzen wie in der guten alten Zeit. Die Stimmung ist toll, die Musik ist super. Ein wunderbarer Abend, Rolf!

13. **R:** Beim Tanzen werden wir durch das Laser-Licht hypnotisiert. Man tanzt ganz mechanisch wie eine Marionette.

On danse dans la discothèque

Rolf (R), Coco (C)

1. **R :** C'est la discothèque dont Peter a parlé. Elle est très fréquentée [visitée] par les jeunes Berlinois.

2. **C :** Allons à la discothèque ! Entrée : 15 euros, c'est meilleur marché qu'en France.

3. **R :** Asseyons-nous là-bas dans le coin, nous verrons [voyons] mieux la piste de danse. Que veux-tu boire ?

4. **C :** Que boit-on habituellement dans les discothèques allemandes ? [Qu'est-ce qui est bu... ?]

5. **R :** La plupart du temps, les jeunes boivent du Coca et de la bière. Mais c'est affaire de goût, tu peux naturellement commander autre chose.

6. **C :** Alors, je prendrai un jus d'orange. Et toi ?

7. **R :** Une Becks, c'est ma boisson préférée. Connais-tu le slogan publicitaire : « La bière Becks étanche la soif des hommes » ?

8. **C :** Oui, mais le véritable slogan publicitaire est : « Une Becks étanche la soif des mecs. » C'est un véritable slogan de machos.

9. **R :** Oui, je sais, la bière étanche également la soif des femmes, non ?

10. **C :** Regarde, sur la piste, tout le monde danse sans partenaire [chacun danse seul]. Les filles ne sont plus invitées par les garçons.

11. **R :** Aujourd'hui, on danse et on boit seul. Bientôt même on flirtera [flirte] seul. Où est le bon vieux temps, dont on apprécie tant le charme [dont le charme est si apprécié] ?

12. **C :** Ne sois pas si pessimiste. Viens, allons danser comme au bon vieux temps. L'ambiance est super, la musique est super. Une soirée merveilleuse, Rolf !

13. **R :** En dansant, nous sommes hypnotisés par la lumière des lasers. On danse d'une manière totalement mécanique, comme des marionnettes.

◆

die Diskothek, en : }
die Disko, s : } *la discothèque*
der Eintritt, e : *l'entrée*
die Cola : *le Cola-Cola*
der Durst (sg.) : *la soif*
die Marionette, n : *la marionnette*
der Laser [le:zər] : *le laser*
die Werbung, en : *la publicité*
das Licht, er : *la lumière*
das Mädchen, - : *la jeune fille*
der Junge, n, n : *le garçon*
der Charme (sg.) : *le charme*
die Stimmung, en : *l'ambiance*
die Tanzfläche, n : *la piste de danse*
der Werbespruch, ¨e : *le slogan publicitaire*
der Macho-Spruch, ¨e : *le slogan macho*
der Orangensaft, ¨e : *le jus d'orange*
der (ein) Jugendliche(r) : *le jeune, l'adolescent*
das Lieblingsgetränk, e : *la boisson préférée*

■

besuchen : *fréquenter*
tanzen : *danser*
trinken (getrunken) : *boire*
flirten : *flirter*
bestellen : *commander*
schätzen : *apprécier*
hypnotisieren : *hypnotiser*
vergessen (vergisst, vergessen) : *oublier*
ein/laden (einlädt, eingeladen) : *inviter*
nehmen (nimmt, genommen) : *prendre*
den Durst löschen : *étancher la soif*
von etw. (D) sprechen (spricht, gesprochen) : *parler de qqch.*

●

stark : *(ici) beaucoup*
gewöhnlich : *habituellement*
meistens : *la plupart du temps*
toll : *magnifique, extra, super*
mechanisch : *mécanique*

richtig : *vrai, exact*
echt : *authentique, vrai*
allein : *seul*
pessimistisch : *pessimiste*
super : *super, extra*

248

GRAMMAIRE

• Le passif

Contrairement au français, le **passif** est une structure très usitée en allemand. À une tournure active *(on danse)* correspond souvent une tournure passive (**es wird getanzt**).

1) **Le passif** dit **personnel** se forme à l'aide de l'auxiliaire **werden** et du **participe passé** d'un verbe transitif conjugué.

● Le complément d'objet direct de la phrase active (**einen schönen Jungen**) devient le sujet de la phrase passive (**ein schöner Junge**).

● Le sujet de la phrase active (**der kleine Junge**) devient complément d'agent introduit par la préposition **von + D** (**von dem kleinen Jungen**).

ACTIF

Die Jungen laden die Mädchen ein.
Les garçons invitent les filles.
Die Jugendlichen besuchen die Disko.
Les jeunes fréquentent la discothèque.

PASSIF

Die Mädchen werden von den Jungen eingeladen.
Les filles sont invitées par les garçons.
Die Disko wird von den Jugendlichen besucht.
La discothèque est fréquentée par les jeunes.

Lorsque le complément d'agent exprime le moyen (l'instrument) ou la cause de l'action, il est introduit par la préposition **durch** :
Er wird durch das Laser-Licht hypnotisiert.
Il est hypnotisé par la lumière laser.

2) **Le passif impersonnel** se forme à partir de verbes employés intransitivement (**arbeiten, tanzen, trinken**) pour faire des phrases sans sujet. Le français emploie dans ce cas le sujet impersonnel **on** :
In der Disko wird getanzt. *On danse dans la discothèque.*

Le passif impersonnel n'ayant pas de sujet, la première position dans la phrase est souvent occupée par le pronom explétif **es** :

Es wird in der Disko viel getrunken.
On boit beaucoup dans la discothèque.

Le pronom **es** disparaît lorsqu'un autre élément occupe la première position :

In der Disko wird viel getrunken.
Dans la discothèque, on boit beaucoup.

● Retenez **le pronom relatif au génitif dessen** (antécédent M, N sg.), **deren** (antécédent F sg. et pl.).

Wo ist die gute alte Zeit, deren Charme wir so schätzen?
Où est le bon vieux temps dont nous apprécions tant le charme ?
Das Bier, dessen Name bekannt ist.
La bière dont le nom est connu.

Attention !
Il ne faut pas reprendre l'article **der, die, das** après **dessen** ou **deren** contrairement à la construction française : **dessen Name** : *dont le nom.*

● **Le relatif prépositionnel** prend le cas demandé par la préposition :

Peter hat von der Disko gesprochen. → **Das ist die Disko, von der Peter gesprochen hat.**
Sie interessiert sich für diesen Film. → **Das ist der Film, für den sie sich interessiert.**

EXERCICES

A. Mettez les énoncés au passif

Ex. *Er lädt Coco zum Tanzen ein.*
 → *Coco wird von ihm zum Tanzen eingeladen.*

1. Die Jugendlichen besuchen die Disko.
2. Die Leute kaufen teure Antiquitäten.
3. Wir holen sie vom Flughafen ab.
4. Das Laser-Licht hypnotisiert mich.
5. In der Disko tanzt man.

B. Mettez les énoncés à la forme active

Ex. *Ich werde von ihm ins Restaurant eingeladen.*
 → *Er lädt mich ins Restaurant ein.*

1. Der Männerdurst wird durch BECKS Bier gelöscht.
2. Dieses Restaurant wird von den Berlinern oft besucht.
3. In den Diskotheken wird Bier.
4. Das Spielzeug wird von einem Spezialisten repariert.
5. Das Rad wird von dir in den Hof gestellt.

In der Diskothek wird getanzt • On danse dans la discothèque

EXERCICES (suite)

C. Faites appel au pronom relatif au génitif

Ex. *Der Wagen wird verkauft; seine Karosserie ist alt.*
  → *Der Wagen, dessen Karosserie alt ist, wird verkauft.*

1. Er verkauft eine Wohnung; ihr Preis ist billig.
2. Dort ist das Haus; sein Garten ist schön.
3. Wo ist der Park? Seine Bäume sind sehr alt.
4. Wie heißen die Leute? Man hat ihr Auto gestohlen.
5. Wo liegt das Museum? Alle bewundern seine Bilder.

D. Trouvez la préposition et le relatif appropriés

1. Das ist die Wohnung, ___ d___ ich gesprochen habe.
2. Wie heißt das Buch, ___ d___ sie sich interessiert?
3. Das ist der Sportwagen, ___ d___ du träumst.
4. Das waren schöne Ferien, ___ d___ wir uns gern erinnern.
5. Das sind die Kinder, ___ d___ du dich in den Ferien
   kümmern sollst.

E. Répondez aux questions suivantes

1. Wohin gehen Rolf und Coco?
2. Was wird gewöhnlich in Diskotheken getrunken?
3. Was bestellt Coco?
4. Wie heißt das Lieblingsgetränk von Rolf?
5. Wie sind die Stimmung und die Musik?

F. Traduisez

1. Coco est invitée au cinéma par Rolf.
2. Dans les discothèques, on danse beaucoup.
3. Le bon vieux temps, dont je me souviens souvent.
4. Comment s'appelle cette ville française dont nous
   n'oublions pas le charme ?
5. Nous sommes hypnotisés par la lumière des lasers.

A. 1. Die Disko wird von den Jugendlichen besucht. **2.** Teure Antiquitäten werden von den Leuten gekauft. **3.** Sie wird (sie werden) von uns vom Flughafen abgeholt. **4.** Ich werde durch das Laser-Licht hypnotisiert. **5. a)** In der Disko wird getanzt. **5. b)** Es wird in der Disko getanzt.

B. 1. BECKS Bier löscht den Männerdurst. **2.** Die Berliner besuchen oft dieses Restaurant. **3.** In den Diskotheken trinkt man Bier. **4.** Ein Spezialist repariert das Spielzeug. **5.** Du stellst das Rad in den Hof.

C. 1. Er verkauft eine Wohnung, deren Preis billig ist. **2.** Dort ist das Haus, dessen Garten schön ist. **3.** Wo ist der Park, dessen Bäume sehr alt sind? **4.** Wie heißen die Leute, deren Auto man gestohlen hat? **5.** Wo liegt das Museum, dessen Bilder alle bewundern?

D. 1. von der. **2.** für das. **3.** von dem. **4.** an die. **5.** um die.

E. 1. Sie gehen in die Disko(thek). **2. a)** In Diskotheken wird gewöhnlich Cola und Bier getrunken. **2. b)** Es wird in Diskotheken gewöhnlich Cola und Bier getrunken. **3.** Sie bestellt einen Orangensaft. **4.** Sein Lieblingsgetränk heißt BECKS Bier. **5.** Die Stimmung und die Musik sind toll (super).

F. 1. Coco wird von Rolf ins (in das) Kino eingeladen. **2. a)** In den Diskotheken wird viel getanzt. **2. b)** Es wird in den Diskotheken viel getanzt. **3.** Die gute alte Zeit, an die ich mich oft erinnere. **4.** Wie heißt die (diese) französische Stadt, deren Charme wir nicht vergessen? **5.** Wir werden durch das Laser-Licht hypnotisiert.

Peter möchte wissen, ob ihr Kreuzberg besuchen wollt

Brigitte (B), Coco (C), Rolf (R), Peter (P)

1. **B:** Ich habe Peter an der Strippe, er möchte wissen, ob ihr Kreuzberg besuchen wollt.

2. **C:** Das interessiert mich. Von Kreuzberg habe ich schon oft gehört.

3. **R:** Ich möchte auch das Viertel kennen lernen. Frag ihn, wann und wo wir uns treffen sollen.

4. **B:** Er sagt, dass ihr ihn um 18 Uhr an der U-Bahn-Station Kottbusser Tor treffen könnt.

(In Kreuzberg)

5. **P:** In diesem Viertel wohnen viele Ausländer, besonders Türken. In den letzten Jahren ist Kreuzberg völlig renoviert worden. Die Stadt Berlin hat hier viel investiert.

6. **C:** Ich möchte wissen, wie viele Ausländer in Deutschland leben.

7. **R:** Das kann ich dir sagen, ungefähr acht Millionen, davon mehr als zwei Millionen Türken.

8. **P:** Und sehr viele Türken leben in Berlin. Deshalb wird unsere Metropole oft Klein-Istanbul genannt.

9. **R:** Aber Kreuzberg war auch in den 70er (siebziger) und 80er (achtziger) Jahren das Zentrum der alternativen Bewegung.

10. **C:** Kannst du mir sagen, was für eine Bewegung das war?

11. **R:** Die Alternativen wollten sowohl sich selbst als auch die Konsumgesellschaft verändern.

12. **P:** Sie wollten alternative Modelle entwickeln, anders leben und neue Formen des Zusammenlebens ausprobieren.

13. **R:** Heute kann man sich aber die Frage stellen, ob dieses Modell nicht gescheitert ist.

Peter voudrait savoir si vous voulez visiter Kreuzberg

Brigitte (B), Coco (C), Rolf (R), Peter (P)

1. B : J'ai Peter au bout du fil, il voudrait savoir si vous voulez visiter Kreuzberg.

2. C : Oui, ça m'intéresse. J'ai souvent entendu parler [j'ai entendu] de Kreuzberg.

3. R : Moi aussi, j'aimerais faire la connaissance de ce quartier. Demande-lui où et quand nous devons nous rencontrer.

4. B : Il dit que vous pouvez le rencontrer à 18 heures, à la station de métro Porte de Kottbus.

(À Kreuzberg)

5. P : De nombreux étrangers habitent [dans] ce quartier, particulièrement des Turcs. Au cours des dernières années, Kreuzberg a été totalement rénové. La ville de Berlin a beaucoup investi ici.

6. C : Je voudrais savoir combien d'étrangers vivent en Allemagne.

7. R : Ça, je peux te le dire ; ils sont dans les huit millions, dont plus de deux millions de Turcs.

8. P : Et de très nombreux Turcs vivent à Berlin. C'est la raison pour laquelle notre métropole est souvent appelée (la) « Petite Istanbul ».

9. R : Mais Kreuzberg a également été le centre du mouvement alternatif dans les années 70 et 80.

10. C : Peux-tu me dire quelle sorte de mouvement c'était ?

11. R : Les alternatifs voulaient non seulement se changer eux-mêmes, mais aussi changer la société de consommation.

12. P : Ils voulaient développer des modèles alternatifs, vivre autrement et essayer de nouvelles formes de vie en commun.

13. R : Oui, mais aujourd'hui, on peut se demander [se poser la question] si ce modèle n'a pas échoué.

◆

der <u>Au</u>sländer, - : *l'étranger*
der T<u>ü</u>rke, n, n : *le Turc*
das V<u>ie</u>rtel, - : *le quartier*
das Z<u>e</u>ntrum, -tren : *le centre*
die <u>U</u>-Bahn, en : *le métro*
die Bew<u>e</u>gung, en : *le mouvement*
die Metrop<u>o</u>le, n : *la métropole*
das Mod<u>e</u>ll, e : *le modèle*
das Zus<u>a</u>mmenleben (sg.) : *la vie en commun*
die Kons<u>u</u>mgesellschaft, en : *la société de consommation*
der (ein) Alternative(r) (adj. subst.) : « *l'alternatif* » *(personne
   adhérant au mouvement alternatif)*

■

bes<u>u</u>chen : *visiter*
l<u>e</u>ben : *vivre*
w<u>o</u>hnen : *habiter*
jdn. interess<u>ie</u>ren : *intéresser qqn.*
jdn. fr<u>a</u>gen : *demander à qqn.*
entw<u>i</u>ckeln : *développer*
sch<u>ei</u>tern (ist gesch<u>ei</u>tert) : *échouer*
eine Fr<u>a</u>ge stellen : *poser une question*
von etw. (D) h<u>ö</u>ren : *entendre parler de qqch.*
jdn. tr<u>e</u>ffen (tr<u>i</u>fft, getr<u>o</u>ffen) : *rencontrer qqn.*
jdn. an der Str<u>i</u>ppe haben (fam.) : *avoir qqn. au bout du fil*
jdn./etw. (A) k<u>e</u>nnen lernen/kennenlernen : *faire la connaissance de qqn./de qqch.*
ver<u>ä</u>ndern : *transformer*

●

w<u>a</u>nn : *quand*
w<u>o</u> : *où*
wie v<u>ie</u>le : *combien de*
<u>u</u>ngefähr : *environ, dans les*
sow<u>o</u>hl ... als <u>au</u>ch : *non seulement ... mais aussi*
in den letzten J<u>a</u>hren : *ces dernières années*

• La phrase interrogative

L'interrogation peut être soit **globale**, soit **partielle**, mais elle peut également être soit **directe**, soit **indirecte**.

1) L'interrogation globale directe et indirecte

● **L'interrogation globale directe** porte sur l'ensemble de l'énoncé et exige comme réponse **oui** ou **non** ; le verbe se trouve en première position :

Wollt ihr Berlin besuchen? *Voulez-vous visiter Berlin ?*

● **L'interrogation globale indirecte** est introduite par la conjonction **ob** : *si*. Elle a une structure de subordonnée et son verbe occupe donc la dernière position.

Elle est souvent introduite par des verbes comme **sagen** : *dire* ; **wissen** : *savoir* ; **fragen** : *demander* ; elle est alors précédée d'une virgule.

Ich möchte wissen, ob ihr Berlin besuchen wollt.
Je voudrais savoir si vous voulez visiter Berlin.

Brigitte fragt mich, ob ich schon in Kreuzberg gewohnt habe.
Brigitte me demande si j'ai déjà habité à Kreuzberg.

2) L'interrogation partielle directe et indirecte

● **L'interrogation partielle directe** ne porte que sur un élément de l'énoncé. Elle est toujours introduite par un interrogatif commençant par un **w-** (**wann** : *quand* ; **wo** : *où* ; **wohin** : *où* [avec verbe directionnel]) ; **wie viel** : *combien* ; **warum** : *pourquoi* ; **wie oft** : *combien de fois*, etc.) ; le verbe est alors en deuxième position.

Wann kommst du? *Quand viens-tu ?*
◆ **Wo wohnt er?** *Où habite-t-il ?*
◆ **Wohin fahren Sie/gehen Sie?** *Où allez-vous ?*

● **L'interrogation partielle indirecte** est également introduite par un interrogatif en **w-**. Elle présente une structure de subordonnée avec verbe en dernière position :

Sie fragt, warum/wann/wie oft du kommst.
Elle demande pourquoi/quand/combien de fois tu viens.

GRAMMAIRE (suite)

• Le passif (suite) : le parfait (passé composé)
Au parfait, le passif se construit à l'aide de l'auxiliaire **sein** : *être*, et du **participe passé du verbe** + **worden** (et non pas « geworden »).

Das ist gemacht worden. *Cela a été fait.*
Hier ist viel investiert worden. *Ici, on a beaucoup investi.*

Le complément d'agent, introduit par **von** ou **durch**, n'est pas toujours exprimé.

Kreuzberg ist (von der Stadt Berlin) renoviert worden.
Kreuzberg a été rénové (par la ville de Berlin).

Die Frage ist noch nicht gestellt worden.
La question n'a pas encore été posée.

Attention !
Le verbe **fragen** exige l'accusatif : **jdn. fragen** : *demander à qqn* :
Frag(e) ihn, ob er kommt. *Demande-lui s'il vient.*

● Retenez la construction **sowohl ... als auch** : *non seulement ... mais aussi* :

Er will sowohl Amerika als auch Europa besuchen.
Il veut visiter non seulement l'Amérique mais aussi l'Europe.

• Le complément de temps
Il peut être rendu soit par un complément à l'**accusatif**, soit par un complément avec la préposition **in** + **datif** quand il s'agit de l'année, du mois, de la semaine ou d'une saison :

letztes Jahr/im letzten Jahr : *l'année dernière*

vorige Woche/in der vorigen Woche : *la semaine dernière*

nächsten Monat/im nächsten Monat : *le mois prochain*

nächsten Sommer/im nächsten Sommer : *l'été prochain*

EXERCICES

A. Transformez les interrogations directes en interrogations indirectes

Ex. Wohnt er schon lange in Berlin? (sich fragen, ich)
→ Ich frage mich, ob er schon lange in Berlin wohnt.

1. Wird das Kreuzberger Viertel in diesem Jahr renoviert? (nicht wissen, er)
2. Wird Berlin Klein-Istanbul genannt? (Sie, sagen, mir)
3. Trifft sie uns am Kottbusser Tor? (fragen, Sie, meinen Freund)
4. Ist die alternative Bewegung gescheitert? (nicht wissen, ich)
5. Haben die Alternativen die Konsumgesellschaft verändert? (sich fragen, wir)

B. Complétez par « wenn » ou « ob » selon le cas

1. Ich rufe Peter an und frage ihn, ___ wir heute Kreuzberg besuchen.
2. ___ du ins Warenhaus gehst, kauf ein Geschenk für Brigitte.
3. Er hat wenig Zeit für seine Gäste, ___ er arbeitet.
4. Können Sie mir sagen, ___ die Ausländer gut integriert sind.

Peter möchte wissen, ob ihr Kreuzberg besuchen wollt • Peter voudrait savoir si vous voulez visiter Kreuzberg

EXERCICES (suite)

C. Faites des énoncés cohérents
Le mot souligné est le sujet

1. <u>ich</u>, nicht wissen, morgen, kommen, wann, er
2. <u>er</u>, sich fragen, warum, fahren, sie, nicht, nach England
3. mir sagen, können, <u>du</u>, wo, wohnen, Peter,?
4. wissen <u>Sie</u>, Ausländer, wie viele, leben, in Deutschland,?
5. <u>wir</u>, sich fragen, was, er, in den letzten Jahren, gemacht haben

D. Mettez les énoncés au parfait en ajoutant le complément d'agent

Ex. Berlin wird Klein-Istanbul genannt. (viele Leute)
  → Berlin ist von vielen Leuten Klein-Istanbul genannt worden.

1. In Kreuzberg werden viele Häuser gebaut. (die Investoren)
2. Wird die Konsumgesellschaft verändert? (die Alternativen)
3. Das Rad wird in den Hof gestellt. (Peter)
4. Im Warenhaus wird der Aufzug oft genommen. (die Kunden)
5. In Berlin wird der Reichstag stark besucht. (viele Menschen)

E. Traduisez

1. Je me demande si Kreuzberg a été bien rénové.
2. Ces [Les] dernières années, on a beaucoup investi dans ce quartier *(passif)*.
3. J'aimerais savoir combien de Turcs vivent à Berlin.
4. Si tu viens à Berlin, je te montrerai le musée de Dahlem.
5. Peux-tu me dire combien de fois tu as été à Berlin ?

CORRIGÉS

A. 1. Er weiß nicht, ob das Kreuzberger Viertel in diesem Jahr renoviert wird. **2.** Sagen Sie mir, ob Berlin Klein-Istanbul genannt wird. **3.** Fragen Sie meinen Freund, ob sie uns am Kottbusser Tor trifft. **4.** Ich weiß nicht, ob die alternative Bewegung gescheitert ist. **5.** Wir fragen uns, ob die Alternativen die Konsumgesellschaft verändert haben.

B. 1. ob. **2.** Wenn. **3.** wenn. **4.** ob.

C. 1. Ich weiß nicht, wann er morgen kommt. **2.** Er fragt sich, warum sie nicht nach England fährt. **3.** Kannst du mir sagen, wo Peter wohnt? **4.** Wissen Sie, wie viele Ausländer in Deutschland leben? **5.** Wir fragen uns, was er in den letzten Jahren gemacht hat.

D. 1. In Kreuzberg sind viele Häuser von den Investoren gebaut worden. **2.** Ist die Konsumgesellschaft von den Alternativen verändert worden? **3.** Das Rad ist von Peter in den Hof gestellt worden. **4.** Im Warenhaus ist der Aufzug von den Kunden oft genommen worden. **5.** In Berlin ist der Reichstag von vielen Menschen stark besucht worden.

E. 1. Ich frage mich, ob Kreuzberg gut renoviert worden ist. **2.** In den letzten Jahren (Die letzten Jahre) ist in diesem Viertel viel investiert worden. **3.** Ich möchte wissen, wie viele Türken in Berlin leben. **4.** Wenn du nach Berlin kommst, zeige ich dir das Dahlemer Museum. **5.** Kannst du mir sagen, wie oft du in Berlin warst (gewesen bist)?

Peter möchte wissen, ob ihr Kreuzberg besuchen wollt • Peter voudrait savoir si vous voulez visiter Kreuzberg

Als die Berliner Mauer fiel, waren alle überrascht

Peter (P), Coco (C), Brigitte (B), Rolf (R)

1. **P:** Der Fernsehturm ist 365 Meter hoch. Hier könnt ihr gut die Sehenswürdigkeiten von Berlin sehen: den Alexanderplatz, die Straße Unter den Linden, den Berliner Dom.
2. **C:** Und wo war die Mauer?
3. **B:** Dort zwischen dem Brandenburger Tor und dem Reichstag. Die Mauer lief durch die ganze Stadt und teilte sie in zwei Teile.
4. **C:** Wie sah Berlin aus, als es noch keine Mauer gab?
5. **P:** Die Stadt war in vier Zonen geteilt. Die Ost-Berliner wohnten in der sowjetischen, die West-Berliner in der britischen, amerikanischen und französischen Zone.
6. **R:** Die Ost-Berliner konnten in den Westen gehen. Aber viele gingen nicht mehr zurück, blieben in West-Berlin oder flüchteten nach West-Deutschland.
7. **B:** Als die Zahl der Flüchtlinge immer größer wurde, bauten die Kommunisten die Mauer.
8. **C:** Und das war im Jahr 1961. Die Berliner nannten sie »die Schandmauer«.
9. **P:** Richtig. Als dann die Mauer 1989 fiel, waren alle überrascht. Die Teilung von Berlin dauerte fast 30 Jahre.
10. **C:** Ja, das war eine lange Zeit. Schaut, was glänzt dort im Tiergarten?
11. **P:** Das ist die Siegessäule mit der vergoldeten Göttin. Im Volksmund wird sie »Goldelse« genannt.
12. **R:** Und im Film von Wim Wenders *Der Himmel über Berlin* hatte sie eine wichtige Rolle.

Quand le mur de Berlin tomba, ils furent tous surpris

Peter (P), Coco (C), Brigitte (B), Rolf (R)

1. **P :** La tour de la télévision a 365 mètres de haut [est haute de]. D'ici [Ici], vous pouvez bien voir les curiosités de Berlin : l'Alexanderplatz, l'avenue Unter den Linden [Sous les tilleuls], la cathédrale de Berlin.

2. **C :** Et où était le mur ?

3. **B :** Là-bas, entre la porte de Brandebourg et le Reichstag. Le mur traversait [courait à travers] toute la ville et la divisait en deux parties.

4. **C :** À quoi ressemblait Berlin quand il n'y avait pas encore de mur ?

5. **P :** La ville était divisée en quatre zones. Les Berlinois de l'Est habitaient dans le secteur soviétique, les Berlinois de l'Ouest dans les zones britannique, américaine et française.

6. **R :** Les Berlinois de l'Est pouvaient aller à l'Ouest. Mais beaucoup ne rentrèrent plus, restèrent à Berlin-Ouest ou se réfugièrent en Allemagne de l'Ouest.

7. **B :** Quand le nombre des réfugiés devint de plus en plus grand, les communistes construisirent le mur.

8. **C :** C'était en 1961. Les Berlinois l'ont appelé « le mur de la honte ».

9. **P :** Exact. Et quand le mur est tombé, en 1989, tous ont été surpris. La division de Berlin a presque duré 30 ans.

10. **C :** Oui, ça a duré longtemps [cela fut une longue période]. Regardez, qu'est-ce qui brille là-bas dans le parc zoologique ?

11. **P :** C'est la colonne de la Victoire avec sa déesse dorée. Dans le langage populaire [la bouche du peuple], on l'appelle Goldelse [l'Elsa dorée].

12. **R :** Et dans le film de Wim Wenders Les Ailes du désir [titre allemand : Le Ciel au-dessus de Berlin], elle avait un rôle important.

Vocabulaire

◆

der Flüchtling, e : *le réfugié*
die Mauer, n : *le mur*
die Teilung, en : *la division*
der Teil, e : *la partie*
die Göttin, nen : *la déesse*
die Zone, n : *la zone*
der Film, e : *le film*
die Rolle, n : *le rôle*
die Zahl, en : *le nombre, le chiffre*
der Westen ≠ der Osten : *l'Ouest ≠ l'Est*
der Fernsehturm, ¨e : *la tour de la télévision*
die Siegessäule, n : *la colonne de la Victoire*
die Sehenswürdigkeit, en : *la curiosité*
das Brandenburger Tor : *la porte de Brandebourg*

■

fallen (fiel, ist gefallen) : *tomber*
laufen (lief, ist gelaufen) : *courir*
bauen : *construire*
geben (gab, gegeben) : *donner*
glänzen : *briller*
genannt werden : *être nommé*
dauern : *durer*
geteilt sein : *être divisé*
wohnen : *habiter*
flüchten : *se réfugier*
nennen (nannte, genannt) : *nommer*
schauen = sehen : *regarder, voir*
bleiben (blieb, ist geblieben) : *rester*
aus/sehen (aus/sah, ausgesehen) wie : *ressembler à, avoir l'air de*

●

sowjetisch : *soviétique*
französisch : *français*
amerikanisch : *américain*
vergoldet : *doré*
wie : *comment*
fast : *presque*
1961/im Jahr(e) 1961 : *en 1961*
10 Meter hoch : *haut de 10 mètres*

GRAMMAIRE

• Le prétérit (suite)

Nous avons déjà vu que le prétérit (qui correspond à la fois à l'imparfait et au passé simple en français) est le temps de la narration, du récit vécu et qu'il est surtout utilisé pour décrire des situations du passé, historiques ou de fiction romanesque.

Rappel :

sein/ich war
haben/ich hatte
können/ich konnte

Le prétérit des verbes faibles (réguliers)

Il se forme en ajoutant le suffixe **-te** au radical de l'infinitif :
leben : er leb-te ; wohnen : er wohn-te ; teilen : er teil-te.

Conjugaison :

SINGULIER	PLURIEL
ich wohn-te	wir wohn-te-n
du wohn-te-st	ihr wohn-te-t
er/sie/es wohn-te	sie/Sie wohn-te-n

Remarques :

1) Les désinences du prétérit sont ø, st, ø, n, t, n, les 1re et 3e personnes du singulier sont donc identiques, avec la désinence ø.

2) Si le radical de l'infinitif se termine par **d, t, m,** ou **n,** on ajoute un e intercalaire entre le radical et le suffixe **-te** ; **arbeiten : ich arbeitete ; zeichnen** *(dessiner)* **: ich zeichnete.**

Le prétérit des verbes forts (irréguliers)

Contrairement aux verbes faibles, il se forme sans adjonction de suffixe, mais en modifiant parfois la voyelle radicale. Le seul moyen de les connaître sera de les apprendre. Retenez les verbes du dialogue : **geben ; gab ; sehen : sah ; fallen : fiel ; gehen : ging ; bleiben : blieb ; laufen : lief ; werden : wurde.**

Conjugaison :

SINGULIER	PLURIEL
ich gab Ø	wir gab-en
du gab-st	ihr gab-t
er/sie/es gab Ø	sie/Sie gab-en

Als die Berliner Mauer fiel, waren alle überrascht • Quand le mur de Berlin tomba, ils furent tous surpris

GRAMMAIRE (suite)

Le prétérit des sept verbes mixtes

Il y a sept verbes qui forment leur prétérit en ajoutant le suffixe -te des verbes faibles et en modifiant la voyelle radicale comme les verbes forts. Aussi sont-ils appelés verbes mixtes. Il s'agit des verbes :

nennen *(nommer)* : **er nannte** ; **bringen** *(apporter)* : **er brachte** ; **denken** *(penser)* : **er dachte** ; **senden** *(envoyer)* : **er sandte** ; **brennen** *(brûler)* : **er brannte** ; **wenden** *(tourner)* : **er wandte** ; **rennen** *(courir)* : **er rannte**.

● **La conjonction** « **als** » : *quand, lorsque*

On emploie **als** : *quand, lorsque*, pour exprimer une action unique dans le passé et qui ne se répétera donc pas ; *quand* peut être remplacé par « au moment précis où » :

Als die Mauer fiel, waren wir in Berlin.
Quand le mur tomba, nous étions à Berlin.

Ich war überrascht, als ich den Film zum ersten Mal sah.
Je fus surpris lorsque je vis le film pour la première fois.

Rappel :

Pour une action répétitive ou qui a un sens général, on emploie **wenn** : *quand, lorsque* (toutes les fois que) :

Wenn ich in Berlin war, ging ich immer in die Oper.
Quand [Toutes les fois que] j'étais à Berlin, j'allais toujours à l'Opéra.

● « *En 1961* » peut s'exprimer de deux manières :

1) **1961 (neunhunderteinundsechzig)** [sans préposition] ;

2) **im Jahr(e) 1961** [en l'an 1961].

● *De plus en plus* + adjectif se rend par **immer** + **adjectif au comparatif**, c'est-à-dire adjectif éventuellement infléchi + **er** :

Sie wird immer größer. *Elle devient de plus en plus grande.*

EXERCICES

A. Mettez les énoncés au prétérit

1. Ich sehe den Fernsehturm und viele Sehenswürdigkeiten von Berlin.

2. Wo ist ist die Mauer? Sie läuft durch die ganze Stadt.

3. Wie sieht Berlin aus? Wo wohnen Sie?

4. Er kann nicht nach Frankreich reisen. Er bleibt in Berlin.

5. Die Mauer fällt 1989, alle sind überrascht.

B. Mettez les verbes entre parenthèses au prétérit

1. Brigitte (wohnen) in Berlin. Sie (können) von ihrer Wohnung den Alexanderplatz sehen.

2. Die Mauer (teilen) die Stadt in zwei Teile.

3. Die Berliner (nennen) sie die Schandmauer.

4. Viele Ost-Berliner (gehen) nach West-Berlin und (bleiben) dort.

5. Die Kommunisten (bauen) die Mauer im Jahr 1961, aber sie (fallen) 1989.

C. Complétez les blancs en mettant les formes verbales au prétérit

1. Im Jahre 1961 ___ die Mauer von den Kommunisten gebaut.

2. Wie ___ Berlin aus, als es noch keine Mauer ___?

3. Die Ost-Berliner ___ in der sowjetischen Zone.

4. Als die Mauer 1989 ___, ___ alle überrascht.

5. Die Teilung ___ fast 30 Jahre, das ___ eine lange Zeit.

Als die Berliner Mauer fiel, waren alle überrascht • Quand le mur de Berlin tomba, ils furent tous surpris

D. Faites du premier énoncé une subordonnée avec « als » et mettez l'ensemble au prétérit

Ex. Coco besucht Berlin; das Wetter ist schön.
  → Als Coco Berlin besuchte, war das Wetter schön.

1. Die Mauer fällt 1989; alle Deutschen sind überrascht.
2. Sie ist in Berlin; sie will die Siegessäule sehen.
3. Die Zahl der Flüchtlinge wird immer größer; die Kommunisten bauen die Mauer.
4. Zwei Millionen Türken leben in Deutschland; es gibt oft Probleme.
5. Wir besuchen ein Berliner Warenhaus; wir sehen viele Reisesouvenirs.

E. Reliez les couples désunis

1. der Reichs-   a) -säule
2. das Brandenburger   b) Dom
3. die Sieges-   c) -platz
4. der Berliner   d) -tag
5. der Alexander-   e) Tor

F. Traduisez

1. Quand nous vîmes le mur, nous fûmes très surpris.
2. Il fut construit parce que le nombre des réfugiés devenait de plus en plus grand.
3. En 1961, le mur qui divisait Berlin en deux [parties] tomba.
4. Ce fut la fin d'une division qui dura 28 ans.
5. Les Berlinois de l'Est purent à nouveau aller à l'Ouest.

A. 1. sah. **2.** war, lief. **3.** sah, wohnten. **4.** konnte, blieb. **5.** fiel, waren überrascht.

B. 1. wohnte, konnte. **2.** teilte. **3.** nannten. **4.** gingen, blieben. **5.** bauten, fiel.

C. 1. wurde. **2.** sah, gab. **3.** wohnten (lebten). **4.** fiel, waren. **5.** dauerte, war.

D. 1. Als die Mauer 1989 fiel, waren alle Deutschen überrascht. **2.** Als sie in Berlin war, wollte sie die Siegessäule sehen. **3.** Als die Zahl der Flüchtlinge immer größer wurde, bauten die Kommunisten die Mauer. **4.** Als zwei Millionen Türken in Deutschland lebten, gab es oft Probleme. **5.** Als wir ein Berliner Warenhaus besuchten, sahen wir viele Reisesouvenirs.

E. 1. d). **2. e)**. **3. a)**. **4. b)**. **5. c)**.

F. 1. Als wir die Mauer sahen, waren wir sehr überrascht. **2.** Sie wurde gebaut, weil die Zahl der Flüchtlinge immer größer wurde. **3.** Im Jahr(e) 1961 (1961) fiel die Mauer, die Berlin in zwei Teile teilte. **4.** Das war das Ende einer Teilung, die 28 Jahre dauerte. **5.** Die Ost-Berliner konnten wieder in den Westen gehen.

Als die Berliner Mauer fiel, waren alle überrascht • Quand le mur de Berlin tomba, ils furent tous surpris

Als Siegfried den Drachen getötet hatte, badete er im Blut des Ungeheuers

Coco (C), Rolf (R)

1. **C:** In der Oper wird *Siegfried* gespielt. Ich war noch nie dort.

2. **R:** Um die Opern von Wagner zu verstehen, musst du die Handlung kennen. Hier ist eine kurze Einführung.

3. **C:** *(Liest den Text vor.)* » *Als Siegfried den Drachen getötet hatte, badete er im Blut des Ungeheuers. Dadurch wurde seine Haut so hart wie Horn und keine Waffe konnte ihn verwunden.* «

4. **R:** Nur an einer Stelle war er verwundbar wegen eines Lindenblatts, das auf seine Schulter gefallen war. Aber niemand wusste es.

5. **C:** » *Dann steckte Siegfried den Ring, der unsichtbar macht, an seinen Finger und ging weg.* «

6. **R:** Jetzt kommt die Stelle mit den Vögeln. Bei Wagner hört man eine Sopranstimme.

7. **C:** » *Ein Tropfen Drachenblut hing aber an Siegfrieds Finger. Als er mit der Zunge das Blut berührte, verstand er die Sprache der Vögel.* «

8. **R:** Jetzt beginnt die Liebesgeschichte.

9. **C:** » *Siegfried hatte von Brünnhilde gehört, deren Vater Wotan war. Wegen ihres Ungehorsams hatte sie der Gott bestraft. Sie lag im tiefen Schlaf auf einem hohen Berg, der von Flammen umgeben war.* «

10. **R:** Und jetzt kommt Siegfried, der Held, um sie zu befreien.

11. **C:** Richtig! » *Siegfried wollte sie befreien, doch wusste er nicht, wie man zum Feuerberg kommen konnte. Er verstand aber die Sprache der Vögel, die ihm durch den Wald gefolgt waren. Ein Vogel flog immer von Baum zu Baum und zeigte ihm den Weg zum Berg, wo Brünnhilde schlief.* «

12. **R:** Ich reserviere sofort zwei Plätze. Wir müssen diese germanische *Love Story* unbedingt sehen. Wagner ist super!

Quand Siegfried eut tué le dragon, il se baigna dans le sang du monstre

Coco (C), Rolf (R)

1. C : On donne *Siegfried* [Siegfried est joué] à l'Opéra. Je n'y suis encore jamais allée.

2. R : Pour comprendre les opéras de Wagner, tu dois connaître l'action. Voici une brève introduction.

3. C : (Lit le texte à haute voix.) « Quand Siegfried eut tué le dragon, il se baigna dans le sang du monstre. Sa peau en [par cela] devint aussi dure que de la corne et aucune arme ne pouvait le blesser. »

4. R : Il n'était vulnérable qu'à un endroit à cause d'une feuille de tilleul qui était tombée sur son épaule. Mais personne ne le savait.

5. C : « Ensuite Siegfried passa à son doigt l'anneau qui rend invisible et il s'en alla. »

6. R : Et voici maintenant le passage avec les oiseaux. Chez Wagner, on entend une voix de soprano.

7. C : « Mais une goutte du sang du dragon était restée [accrochée] sur le doigt de Siegfried et quand il toucha le sang avec sa langue, il comprit le chant des oiseaux. »

8. R : Et maintenant, c'est l'histoire d'amour qui commence.

9. C : « Siegfried avait entendu parler de Brünnhilde, dont le père était Wotan. À cause de sa désobéissance, le dieu l'avait punie. Elle gisait dans un profond sommeil sur une haute montagne, qui était entourée de flammes. »

10. R : Et voici à présent qu'arrive Siegfried, le héros, pour la délivrer.

11. C : Exact ! « Siegfried voulait la délivrer, mais il ne connaissait pas le chemin qui menait à la montagne de feu. Mais il comprenait le langage des oiseaux qui l'avaient suivi à travers la forêt. Un oiseau volait toujours d'arbre en arbre et lui indiquait le chemin de la montagne où Brünnhilde dormait. »

12. R : Je vais immédiatement réserver deux places. Nous devons absolument voir cette love story germanique. Wagner, c'est super !

Vocabulaire

◆

der Drache, n, n : *le dragon*	das Blut (sg.) : *le sang*
das Ungeheuer, - : *le monstre*	die Oper, n : *l'opéra*
die Handlung, en : *l'action*	der Baum, ¨e : *l'arbre*
die Haut, ¨e : *la peau*	das Horn, ¨er : *la corne*
die Waffe, n : *l'arme*	die Schulter, n : *l'épaule*
der Ring, e : *l'anneau*	der Finger, - : *le doigt*
der Vogel, ¨ : *l'oiseau*	der Tropfen, - : *la goutte*
die Zunge, n : *la langue*	der Gott, ¨er : *le dieu*
der Schlaf (sg.) : *le sommeil*	der Berg, e : *la montagne*
die Flamme, n : *la flamme*	der Held, en, en : *le héros*
die Einführung, en : *l'introduction*	der Wald, ¨er : *la forêt*

die Ungehorsam (sg.) : *la désobéissance*
die Sprache, n : *la langue (qu'on parle)*
die Liebesgeschichte, n : *l'histoire d'amour*
die Sopranstimme, n : *la voix de soprano*
die Stelle, n : *1. l'endroit, 2. le passage*
das Lindenblatt, ¨er : *la feuille de tilleul*

■

lesen (las, gelesen, liest) : *lire*	töten : *tuer*
vor/lesen : *lire à haute voix*	baden : *se baigner*
wissen (wusste, gewusst) : *savoir*	spielen : *jouer*
liegen (lag, gelegen) : *coucher*	verwunden : *blesser*
umgeben sein : *être entouré*	berühren : *toucher*
folgen (ist gefolgt) : *suivre*	hören : *entendre*
fliegen (flog, ist geflogen) : *voler*	bestrafen : *punir*
reservieren : *réserver*	zeigen : *montrer*
sehen (sah, gesehen, sieht) : *voir*	befreien : *libérer*

an den Finger stecken : *mettre (passer) au doigt*
fallen (fiel, ist gefallen, fällt) : *tomber*
verstehen (verstand, verstanden) : *comprendre*
kennen (kannte, gekannt) : *connaître, savoir*
weg/gehen (ging, gegangen) : *partir, s'en aller*
am Finger hängen (hing, gehangen) : *rester [accroché] au doigt*

●

dadurch : *par ce fait*	tief : *profond*
hart : *1. dur, 2. sévère*	super : *super, chouette*
verwundbar : *vulnérable*	dort : *là-bas*
unsichtbar : *invisible*	kurz : *court, bref*
wegen + G : *à cause de*	bei + D : *chez*

• Le prétérit des verbes forts (suite)

Rappel : il se forme par changement de la voyelle radicale de l'infinitif. La 1re et la 3e personne du singulier sont identiques.

Le **changement vocalique** prétérit/parfait peut avoir la configuration suivante :

1) **a > a** : **verstehen** *(comprendre)* : **verstand, hat verstanden**

2) **o > o** : **fliegen** *(voler)* : **flog, ist geflogen**

3) **a > o** : **beginnen** *(commencer)* : **begann, hat begonnen**

4) **i > a** : **hängen** *(être suspendu)* : **hing, hat gehangen** ; **fallen** *(tomber)* : **fiel, ist gefallen** ; **gehen** *(aller)* : **ging, ist gegangen**

5) **a > e** : **lesen** *(lire)* : **las, hat gelesen** ; **sehen** *(voir)* : **sah, hat gesehen** ; **liegen** *(être couché)* : **lag, hat gelegen**

• Le plus-que-parfait

Il est, comme le prétérit, un temps du récit. Il sert donc à décrire des événements antérieurs à un moment du passé pris comme référence de temps.

Il se forme avec **hatte** ou **war** + participe passé du verbe conjugué généralement rejeté en fin d'énoncé :

Wotan hatte Brünnhilde bestraft.
Wotan avait puni Brünnhilde.

Ein Blatt war vom Baum gefallen.
Une feuille était tombée de l'arbre.

• Rappel du pronom relatif au génitif :

dessen (antécédent M, N sg.), **deren** (antécédent F sg., pl.) : *dont le/la/les* :

Siegfried hatte von Brünnhilde gehört, deren Vater Wotan war. *Siegfried avait entendu parler de Brünnhilde dont le père était Wotan.*

Der Vogel, dessen Namen ich kenne.
L'oiseau dont je connais le nom.

Die Opern von Wagner, deren Handlung ich gut kenne.
Les opéras de Wagner dont je connais bien l'action [dont l'action je connais bien].

Als Siegfried den Drachen getötet hatte, badete er im Blut des Ungeheuers • Quand Siegfried eut tué le dragon, il se baigna dans le sang du monstre

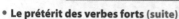

Attention !
Il ne faut pas reprendre l'article **der/das/die** après **dessen/deren** contrairement à l'usage du français (dont le/la/les).

● **La préposition wegen** : *à cause de*, est suivie du **génitif** :
wegen eines Lindenblatts : *à cause d'une feuille de tilleul* ;
wegen des Bluts : *à cause du sang* ;
wegen der Liebesgeschichte : *à cause de l'histoire d'amour*.

Dans la langue parlée, on trouve également le **datif** : **wegen dem Lindenblatt**.

● **Familles de mots**
Une même racine lexicale peut donner naissance à d'autres mots. Observez donc bien les liens qui existent entre les mots :

der Schlaf : *le sommeil* ; **schlafen** : *dormir*
das Bad : *le bain* ; **baden** : *se baigner*
die Wunde : *la blessure* ; **verwunden** : *blesser* ; **verwundbar** : *vulnérable* (le suffixe **-bar**, qui correspond au verbe anglais « to bear » : *porter*, permet de former des adjectifs ayant conservé le sens de « qui porte qqch. ») ;

die Frucht : *le fruit* ; **fruchtbar** : *fertile* (qui peut porter fruit).

Le préfixe **un-** devant un adjectif ou un nom traduit une idée contraire :

verwundbar ≠ **unverwundbar** : *vulnérable* ≠ *invulnérable* ;

der Gehorsam ≠ **der Ungehorsam** : *l'obéissance* ≠ *la déso-béissance*.

EXERCICES

A. Mettez les énoncés au plus-que-parfait

1. Ich war noch nie in der Oper.

2. Ein Lindenblatt fiel auf die Schulter von Siegfried.

3. Siegfried steckte den Ring an seinen Finger und ging weg.

4. Die Liebesgeschichte begann.

5. Brünnhilde lag im tiefen Schlaf.

B. Faites appel au pronom relatif au génitif

Ex. Siegfried hatte von Brünnhilde gehört; ihr Vater war Wotan.
→ Siegfried hatte von Brünnhilde gehört, deren Vater Wotan war.

1. Der Held heißt Siegfried; seine Waffe tötet den Drachen.

2. Die Vögel flogen von Baum zu Baum; Siegfried verstand ihre Sprache.

3. Brünnhilde befand sich auf einem hohen Berg; ihr Vater heißt Wotan.

4. Brünnhilde lag im tiefen Schlaf; der Gott hatte ihren Ungehorsam bestraft.

Als Siegfried den Drachen getötet hatte, badete er im Blut des Ungeheuers • Quand Siegfried eut tué le dragon, il se baigna dans le sang du monstre

EXERCICES (suite)

C. Répondez en commençant par « wegen »

Ex. Warum wollten die Leute nicht in den Wald gehen? (das Ungeheuer)
  → *Wegen des Ungeheuers wollten die Leute nicht in den Wald gehen.*

1. Warum hast du die Oper gut verstanden? (die kurze Einführung)
2. Warum war Siegfried unverwundbar? (das Horn)
3. Warum blieb er an einer Stelle verwundbar? (ein Lindenblatt)
4. Warum wurde Brünnhilde bestraft? (ihr Ungehorsam)
5. Warum konnte er zum Feuerberg kommen? (die Vögel)

D. Vrai ou faux ? Rectifiez l'erreur

1. Als der Drache Siegfried getötet hatte, badete er in seinem Blut.
2. Ein Lindenblatt war auf seine Schulter gefallen.
3. Siegfried berührte das Blut mit dem Finger und verstand die Vögel.
4. Wotan war Brünnhildes Vater.

E. Traduisez

1. Pour comprendre les opéras de Wagner, tu dois connaître l'action.
2. Siegfried avait tué le dragon et s'était baigné dans son sang.
3. Personne n'avait vu la feuille qui était tombée sur son épaule.
4. Siegfried avait entendu parler [avait entendu] d'une femme dont le père était Wotan.
5. Les oiseaux l'avaient suivi à travers la forêt et lui avaient montré le chemin.

A. 1. Ich war noch nie in der Oper gewesen. **2.** Ein Linden-blatt war auf die Schulter von Siegfried gefallen. **3.** Sieg-fried hatte den Ring an seinen Finger gesteckt und war weggegangen. **4.** Die Liebesgeschichte hatte begonnen. **5.** Brünnhilde hatte im tiefen Schlaf gelegen.

B. 1. Der Held, dessen Waffe den Drachen tötet, heißt Sieg-fried. **2.** Die Vögel, deren Sprache Siegfried verstand, flo-gen von Baum zu Baum. **3.** Brünnhilde, deren Vater Wotan heißt, befand sich auf einem hohen Berg. **4.** Brünnhilde, deren Ungehorsam der Gott bestraft hatte, lag im tiefen Schlaf.

C. 1. Wegen der kurzen Einführung habe ich die Oper gut verstanden. **2.** Wegen des Horns war Siegfried unverwund-bar. **3.** Wegen eines Lindenblatts blieb er an einer Stelle verwundbar. **4.** Wegen ihres Ungehorsams wurde Brünn-hilde bestraft. **5.** Wegen der Vögel konnte er zum Feuer-berg kommen.

D. 1. Faux : Als Siegfried den Drachen getötet hatte, badete er in seinem Blut. **2.** Vrai. **3.** Faux : Siegfried berührte das Blut mit der Zunge und verstand die Vögel. **4.** Vrai.

E. 1. Um die Opern von Wagner (Wagners Opern) zu verste-hen, musst du die Handlung kennen. **2.** Siegfried hatte den Drachen getötet und hatte in seinem Blut gebadet. **3.** Nie-mand hatte das Blatt gesehen, das auf seine Schulter ge-fallen war. **4.** Siegfried hatte von einer Frau gehört, deren Vater Wotan war. **5.** Die Vögel waren ihm durch den Wald gefolgt und hatten ihm den Weg gezeigt.

Als Siegfried den Drachen getötet hatte, badete er im Blut des Ungeheuers • Quand Siegfried eut tué le dragon, il se baigna dans le sang du monstre

Öko-Berufe werden in der Zukunft eine große Rolle spielen

Nach der Siegfried-Aufführung, die ein großer Erfolg war, gehen Rolf (R) und Coco (C) in das Opern-Restaurant.

1. **R:** Eine so schöne Tenorstimme wie die von Siegfried möchte ich auch haben. Sänger zu sein, ist ein Traumjob.

2. **C:** Was willst du später machen? Was für einen Beruf wirst du wählen?

3. **R:** Ich werde einen Beruf suchen, der mit der Umwelt zu tun hat, damit Luft und Wasser wieder sauber werden.

4. **C:** Du hast Recht, Öko-Berufe werden in der Zukunft eine große Rolle spielen, denn trotz bedeutender Umwelterfolge bleibt noch viel zu tun.

5. **R:** Und wofür interessierst du dich? Woran hattest du gedacht?

6. **C:** Ich werde versuchen, einen Beruf im Gesundheitswesen zu finden, zum Beispiel Krankenschwester. Die Menschen werden immer älter, sie werden medizinische und psychologische Hilfe brauchen.

7. **R:** Wie lange dauert in Frankreich die Ausbildung als Krankenschwester?

8. **C:** Bei uns sind das drei Jahre. Während dieser Zeit wird versucht, Theorie und Praxis miteinander zu verbinden. Neben den Kursen gibt es auch Praktika in Krankenhäusern.

9. **R:** Wenn ich das Wort »krank« höre, denke ich immer an den Spruch eines Humoristen: »Es ist besser, reich und gesund zu sein als arm und krank.«

Les métiers de l'environnement joueront un grand rôle dans l'avenir

Après la représentation de Siegfried, qui connut [fut] un grand succès, Rolf (R) et Coco (C) vont au restaurant de l'Opéra.

1. **R :** Moi aussi, j'aimerais avoir une aussi belle voix de ténor que celle de Siegfried. Être chanteur est un métier de rêve !

2. **C :** Que veux-tu faire plus tard ? Quelle profession choisiras-tu ?

3. **R :** Je choisirai une profession qui ait à voir [a à faire] avec l'environnement afin que l'air et l'eau redeviennent propres.

4. **C :** Tu as raison, les professions de l'écologie joueront un grand rôle dans le futur, car, malgré des succès écologiques importants, il reste encore beaucoup à faire.

5. **R :** Et à quoi t'intéresses-tu ? À quoi avais-tu pensé ?

6. **C :** J'essaierai de trouver un métier dans le domaine de la santé, infirmière, par exemple. Les gens vivent de plus en plus longtemps [deviennent de plus en plus vieux], ils auront besoin d'assistance médicale et psychologique.

7. **R :** Combien de temps dure la formation d'infirmière [en tant qu'infirmière] en France ?

8. **C :** Chez nous, elle dure [ce sont] trois ans. Pendant ce temps, on essaie d'allier [est essayé de relier ensemble] la théorie et la pratique. Parallèlement aux cours [À côté des cours], il y a également des stages en hôpital [dans les hôpitaux].

9. **R :** Quand j'entends le mot « malade », je pense toujours à ce mot [cette maxime] d'un humoriste : « Il vaut mieux être riche et bien portant que pauvre et malade. »

Vocabulaire

◆

die Stimme, n : *la voix*
das Praktikum, -ka : *le stage*
der Traumjob, s : *le boulot de rêve*
die Luft (sg.) : *l'air*
die Umwelt (sg.) : *l'environnement*
das Wasser (sg.) : *l'eau*
der Mensch, en, en : *l'être humain*
die Hilfe, n : *l'aide*
die Praxis (sg.) : *la pratique*
die Theorie, n : *la théorie*
die Ausbildung, en : *la formation*
der Job, s : *le job, le boulot*
der Beruf, e : *la profession, le métier*
der Erfolg, e : *le succès*
das Krankenhaus, ¨er : *l'hôpital*
der Spruch, ¨e : *la maxime, le dicton*
der Humorist, en, en : *l'humoriste*
die Krankenschwester, n : *l'infirmière*
die Aufführung, en : *la représentation*
das Gesundheitswesen (sg.) : *la santé (publique)*

■

eine Rolle spielen : *jouer un rôle*
Recht/recht haben : *avoir raison*
versuchen : *essayer*
suchen : *chercher*
finden (fand, gefunden) : *trouver*
etw. (A) brauchen : *avoir besoin de qqch.*
sich für etw. (A) interessieren : *s'intéresser à qqch.*
an etw. (A) denken (dachte, gedacht) : *penser à qqch.*

wählen : *choisir*
tun (tat, getan) : *faire*
machen : *faire*

●

zum Beispiel : *par exemple*
psychologisch : *psychologique*
miteinander : *l'un avec l'autre*
reich : *riche*
gesund : *en bonne santé*
während + G : *pendant*

später : *plus tard*
bedeutend : *important*
medizinisch : *médical*
arm : *pauvre*
krank : *malade*
trotz + G : *malgré*

• **Le futur**

Le **futur** se forme avec l'auxiliaire **werden + infinitif** :

Singulier		Pluriel	
ich werde		wir werden	
du wirst	wählen	ihr werdet	wählen
er/es/sie wird		sie/Sie werden	

Er wird einen interessanten Beruf wählen.
Il choisira un métier intéressant.

Ich weiß, dass Öko-Berufe eine große Rolle spielen werden.
Je sais que les métiers de l'écologie joueront un rôle important.

Remarques :
1) En allemand, le présent peut exprimer le futur :
   Nächstes Jahr fahre ich nach Spanien.
   L'année prochaine, j'irai en Espagne.

2) **Werden** peut avoir plusieurs fonctions, il peut être : ♦ un auxiliaire (*cf.* plus haut, formation du futur) ♦ un verbe à part entière : *devenir*, par ex. **älter werden**, *vieillir [devenir plus âgé]* : **die Leute werden immer älter** ♦ ou il sert à former le passif : **Es wird versucht, Theorie und Praxis miteinander zu verbinden.**

• **Les prépositions während** : *pendant, durant*, et **trotz** : *malgré*, sont suivies du **génitif** :

Während des Praktikums wohnt er bei seinen Eltern.
Pendant le stage, il habite chez ses parents.

Trotz des Regens geht er spazieren.
Malgré la pluie, il va se promener.

Remarque :
Comme pour la préposition **wegen** : *à cause de* (*cf.* leçon 34), on rencontre souvent, dans la langue parlée, après ces deux prépositions le **datif** : **Während dem Praktikum, trotz dem Regen.**

GRAMMAIRE (suite)

• **Um … zu + infinitif** : *pour, afin de*, et **damit** : *pour que, afin que*

• Pour exprimer la finalité, le but, on emploie la structure infinitive **um … zu** : *pour, afin de*, quand la principale et la subordonnée infinitive ont le même sujet.

Coco studiert, um Krankenschwester zu werden.
Coco fait des études pour devenir infirmière.

• Quand les sujets sont différents, on doit recourir à la conjonction **damit** : *pour que, afin que.*

Meine Eltern finanzieren mein Studium, damit ich Umweltingenieur werde.
Mes parents financent mes études pour que je devienne ingénieur d ns l'environnement.

• **Familles de mots**

krank sein : *être malade*

krank werden : *tomber malade*

die Krankheit, en : *la maladie*

das Krankenhaus, ¨er : *l'hôpital*

er wird ins Krankenhaus gebracht
il est transporté à l'hôpital

die Krankenschwester, n : *l'infirmière*

der Beruf, e : *le métier, la profession*

einen Beruf haben, aus/üben : *avoir/exercer un métier, une profession*

Was sind Sie von Beruf? = Welchen Beruf haben Sie?
Quelle est votre profession ?

A. Mettez les énoncés au futur

1. Später wähle ich einen Beruf, der mit der Umwelt zu tun hat.
2. Ich suche also einen Job, der mich interessiert.
3. Während der Ausbildung, die drei Jahre dauert, machen wir Praktika.
4. Ich weiß, dass die alten Menschen medizinische Hilfe brauchen.
5. Wir fragen uns, ob die Ökologie eine immer größere Rolle spielt.

B. Reliez les énoncés par « um … zu »

Ex. Er bleibt ein Jahr in Deutschland; er will Deutsch lernen.
  → Er bleibt ein Jahr in Deutschland, um Deutsch zu lernen.
1. Coco und Rolf gehen ins Restaurant; sie wollen dort essen und trinken.
2. Ich werde Praktika machen; ich möchte Krankenschwester werden.
3. Er übt viel; er möchte die Rolle von Siegfried singen.
4. Sie studiert lange; sie will einen Beruf im Gesundheitswesen finden.

Öko-Berufe werden in der Zukunft eine große Rolle spielen • Les métiers de l'environnement joueront un grand rôle dans l'avenir

283

EXERCICES (suite)

C. Reliez les énoncés en utilisant « damit » ou « um ... zu »

1. Ich habe einen Öko-Beruf gewählt; die Welt soll schöner werden.
2. Das Wasser muss sauber sein; die Menschen möchten gesund werden.
3. Siegfried badete im Blut des Drachen; er wollte eine Haut hart wie Horn bekommen.
4. Sie lädt ihre Freunde nach Berlin ein; sie sollen die Stadt kennen lernen (kennenlernen).
5. Die Stadt Berlin hat viel in Kreuzberg investiert; sie will das Viertel renovieren.

D. Complétez par la préposition appropriée (« während », « trotz », « wegen »)

1. ___ d___ Studium___ machen die Medizin-Studenten viele Praktika.
2. Sie ist autonom ___ ihr___ hoh___ Alter___.
3. ___ d ___ Regen___ geht sie nicht spazieren.
4. ___ d___ Aufführung von *Siegfried* waren Sänger und Musiker gestresst.
5. ___ d___ groß___ Umwelterfolge bleibt noch viel zu tun.

E. Questions à choix multiple

1. Sänger zu sein ist für Rolf ein Traum___.
   a) *-arbeit*   b) *-job*   c) *-stimme*
2. Was für ein___ Beruf wirst du wählen ?
   a) *-es*   b) *-ø*   c) *-en*
3. Er interessiert sich ___ Ökologie.
   a) *für*   b) *an*   c) *mit*
4. Während des Stud___ lernt man die Theorie.
   a) *-ieren*   b) *-iums*   c) *-ien*
5. ___ bedeutender Umweltinvestitionen muss noch viel gemacht werden.
   a) *Wegen*   b) *Während*   c) *Trotz*

A. 1. Später werde ich einen Beruf wählen, der mit der Umwelt zu tun haben wird. **2.** Ich werde einen Job suchen, der mich interessieren wird. **3.** Während der Ausbildung, die drei Jahre dauern wird, werden wir Praktika machen. **4.** Ich weiß, dass die alten Menschen medizinische Hilfe brauchen werden. **5.** Wir fragen uns, ob die Ökologie eine immer größere Rolle spielen wird.

B. 1. Coco und Rolf gehen ins Restaurant, um dort zu essen und zu trinken. **2.** Ich werde Praktika machen, um Krankenschwester zu werden. **3.** Er übt viel, um die Rolle von Siegfried zu singen. **4.** Sie studiert lange, um einen Beruf im Gesundheitswesen zu finden.

C. 1. Ich habe einen Öko-Beruf gewählt, damit die Welt schöner wird. **2.** Das Wasser muss sauber sein, damit die Menschen gesund werden. **3.** Siegfried badete im Blut des Drachen, um eine Haut hart wie Horn zu bekommen. **4.** Sie lädt ihre Freunde nach Berlin ein, damit sie die Stadt kennen lernen (kennenlernen). **5.** Die Stadt Berlin hat viel in Kreuzberg investiert, um das Viertel zu renovieren.

D. 1. Während des Studiums. **2.** trotz ihres hohen Alters. **3.** Wegen des Regens. **4.** Während (Wegen) der Aufführung. **5.** Trotz der großen.

E. 1. b). **2.** c). **3.** a). **4.** b). **5.** c).

Öko-Berufe werden in der Zukunft eine große Rolle spielen • Les métiers de l'environnement joueront un grand rôle dans l'avenir

285

MÉMENTO

● On distingue **le passif personnel** (verbes transitifs) et **le passif impersonnel** (verbes intransitifs), qui est toujours à la troisième personne du singulier. Les deux se forment avec l'auxiliaire **werden + participe passé du verbe conjugué** :

PRÉSENT

Diskos werden von vielen Jugendlichen besucht. *Les discothèques sont fréquentées par de nombreux jeunes.* ◆ **Es wird hier viel gearbeitet. Hier wird viel gearbeitet.** *Ici, on travaille beaucoup [est beaucoup travaillé].* ◆ **Hier wird Deutsch gesprochen. Es wird hier Deutsch gesprochen.** *Ici, on parle allemand [est parlé allemand].*

PARFAIT

Kreuzberg ist renoviert worden. *(Le quartier de) Kreuzberg a été rénové.* ◆ **Die Diskos sind von vielen Jugendlichen besucht worden.** *Les discothèques ont été fréquentées par de nombreux jeunes.* ◆ **Es ist hier viel gearbeitet worden. Hier ist viel gearbeitet worden.** *Ici, on a beaucoup travaillé.*

● **Le prétérit** est le temps de la narration. Celui des **verbes faibles** *(réguliers)* se forme en ajoutant le suffixe **-te (machen : er machte ; kaufen : er kaufte)** ; celui des **verbes forts** *(irréguliers)* par changement de la voyelle radicale de l'infinitif **(sprechen : er sprach ; fahren : er fuhr)** ; celui des **verbes mixtes**, en « mixant » les deux systèmes **(nennen : er nannte)**.

● **La conjonction als** : *quand, lorsque,* se réfère à un moment unique du passé avec le sens de « au moment précis où ».

Als die Mauer fiel, waren wir noch in Berlin.
Quand le mur tomba, nous étions encore à Berlin.

● **Le futur** se forme avec l'auxiliaire **werden + l'infinitif du verbe conjugué** :

Er wird kommen. *Il viendra.*
Sie wird ihn besuchen. *Elle lui rendra visite.*

• **La finalité** (le but) s'exprime :

– soit par une subordonnée infinitive avec **um ... zu** + infinitif : *pour, afin de,* quand les sujets des deux propositions sont identiques :

Sie kommt, um ihre Freundin zu sehen.
Elle vient pour voir son amie.

– soit par une subordonnée avec la conjonction **damit** : *pour que, afin que* (sujets différents) :

Wir haben dich eingeladen, damit du Peter kennen lernst.
Nous t'avons invité pour que tu fasses connaissance avec Pierre.

• **Au génitif**, le **pronom relatif** prend la forme **dessen** (au masculin et neutre singulier), **deren** (au féminin singulier et au pluriel des 3 genres).

Attention : **dessen** et **deren** ne sont jamais suivis d'un article défini.
Ein gutes Bier, dessen Name sehr bekannt ist. *Une bonne bière dont le nom est très connu.* ♦ **Alte Zeiten, deren Charme wir schätzen.** *Les anciens temps dont nous apprécions le charme.*

• **Certaines prépositions** exigent un complément au **génitif**. C'est le cas de **wegen** : *à cause de*, **während** : *pendant*, et **trotz** : *malgré* :

während des Winters : *pendant l'hiver* ;
wegen des schlechten Wetters : *à cause du mauvais temps.*

• *De plus en plus* s'exprime par **immer mehr** en l'absence d'adjectif ou d'adverbe, par **immer** + **comparatif** en leur présence.

Sie spricht immer schneller. *Elle parle de plus en plus vite.*

Wir arbeiten immer mehr. *Nous travaillons de plus en plus.*

• **Le suffixe -bar** (« qui peut porter ») sert à former des adjectifs : **fruchtbar** : *fertile* ; **verwundbar** : *vulnérable* ; **wunderbar** : *merveilleux.*

Attention : *en 1989* s'exprime soit par l'absence de préposition, soit en utilisant **im Jahr(e)** suivi de l'année en question : *en 1989* : **1989 (neunzehnhundertneunundachtzig)/im Jahr(e) 1989.**

Obwohl ich kein ARTE-Fan bin...

Coco (C), Rolf (R), Journalistin (J), Direktor (D)

1. **C:** Um 20.30 Uhr gibt es ein Interview mit dem Programmdirektor von ARTE. Willst du dir das ansehen?
2. **R:** Warum nicht, obwohl ich kein leidenschaftlicher ARTE-Fan bin. *(Die Sendung beginnt.)*
3. **J:** Welches Konzept hat ARTE?
4. **D:** ARTE versucht, einen europäischen Kultur-Kanal zu schaffen. Europa braucht neben der wirtschaftlichen und politischen Zusammenarbeit auch eine kulturelle Identität. Und das ist unsere Aufgabe.
5. **J:** Wie klappt die Zusammenarbeit zwischen Deutschen und Franzosen?
6. **D:** Im Allgemeinen klappt das gut. Interessant ist ja, dass hier verschiedene Fernsehkulturen zusammenkommen. Die Franzosen übertragen einer Person die Verantwortung, während die Deutschen eher im Team arbeiten.
7. **J:** Gibt es bei Ihnen nie Konflikte?
8. **D:** Wo Menschen sind, sind auch Konflikte und diese müssen gelöst werden, ohne dass man sich die Köpfe einschlägt.
9. **J:** In Ihrer Redaktion arbeiten vorwiegend Deutsche und Franzosen. Trotzdem sprechen Sie von ARTE als einem europäischen Kultur-Kanal. Ist das nicht ein Widerspruch?
10. **D:** Sie haben Recht. Obgleich wir schon ein europäisches Kulturprogramm ausstrahlen, besteht unsere Redaktion vorwiegend aus Deutschen und Franzosen. Aber in der Zukunft muss ARTE ein multikulturelles Team werden, wo Briten, Schweden, Italiener und Spanier mitreden können. Nur so haben wir eine Chance, auch europaweit ausgestrahlt zu werden.
11. **J:** Wir wünschen Ihrem Sender hohe Einschaltquoten und viel Erfolg in ganz Europa.

Bien que je ne sois pas fan d'ARTE...

Coco (C), Rolf (R), journaliste (J), directeur (D)

1. **C :** À 20 h 30, il y a une interview du directeur des programmes d'ARTE. Veux-tu la regarder?

2. **R :** Pourquoi pas, bien que je ne sois pas un inconditionnel d'ARTE. (L'émission commence.)

3. **J :** Quelle est la conception générale d'ARTE ?

4. **D :** ARTE essaie de créer une chaîne culturelle européenne. En plus de la coopération économique et politique, l'Europe a également besoin d'une identité culturelle. Et c'est là notre mission.

5. **J :** Comment fonctionne la coopération entre Allemands et Français?

6. **D :** En général, ça marche bien. L'intéressant est que différentes cultures télévisuelles s'y rencontrent. Les Français délèguent [transfèrent] la responsabilité à une personne tandis que les Allemands travaillent plutôt en équipe.

7. **J :** N'y a-t-il jamais de conflits chez vous?

8. **D :** Là où il y a des hommes, il y a aussi des conflits et ceux-ci doivent être réglés sans que l'on s'entretue.

9. **J :** Dans votre rédaction, ce sont principalement des Allemands et des Français qui travaillent. Et malgré cela, vous parlez d'ARTE comme d'une chaîne culturelle européenne. N'y a-t-il pas là contradiction?

10. **D :** Vous avez raison. Bien que nous diffusions déjà un programme culturel européen, notre rédaction se compose principalement d'Allemands et de Français. Mais à l'avenir, ARTE devra [doit] devenir une équipe internationale où les Anglais, les Suédois, les Italiens et les Espagnols pourront [peuvent] avoir leur mot à dire. Ce n'est qu'ainsi que nous aurons une chance d'être diffusés à l'échelle européenne.

11. **J :** Nous souhaitons des taux d'écoute élevés à votre chaîne ainsi qu'un vif succès dans toute l'Europe.

Vocabulaire

◆

das Interview, s : *l'interview*
der Fan, s [fann/fèn] : *le fan*
das Konzept, e : *la conception*
die Identität, en : *l'identité*
der Schwede, n, n : *le Suédois*
der Italiener, - : *l'Italien*
die Redaktion, en : *la rédaction*
der (ein) Deutsche(r) (adj. subst.) : *l'Allemand*
der Franzose, n, n : *le Français*
die Verantwortung, en : *la responsabilité*
das Team, s [ti:m] : *l'équipe, le team*
der Kanal, ¨e : *la chaîne, le canal*
die Zusammenarbeit, en : *la coopération*
die Einschaltquote, n : *le taux d'écoute, l'audimat*

der Sender, - : *l'émetteur*
die Kultur, en : *la culture*
die Sendung, en : *l'émission*
die Aufgabe, n : *la tâche*
der Brite, n, n : *le Britannique*
der Spanier, - : *l'Espagnol*
der Konflikt, e : *le conflit*

■

schaffen, u, a : *créer, faire*
mit/reden : *avoir voix au chapitre*
Recht/recht haben : *avoir raison*
aus/strahlen : *diffuser, émettre*
klappen (fam.) : *fonctionner, marcher*
übertragen, u, a, ä : *transférer, déléguer*
etw. (A) brauchen : *avoir besoin de qqch.*
von etw. (D) sprechen, a, o, i : *parler de qqch.*
jdm. etw. (A) wünschen : *souhaiter qqch. à qqn.*
sich etw. (A) an/sehen, a, e, ie : *regarder qqch.*
ich sehe mir den Film an : *je regarde le film*
sich die Köpfe ein/schlagen, u, a, ä : *s'entretuer, se déchirer*
aus etw. (D) bestehen (bestand, bestanden) : *se composer de qqch.*

lösen : *résoudre*
versuchen : *essayer*

●

leidenschaftlich : *passionné(ment)*
neben + D : *à côté de, en outre*
europäisch : *européen*
politisch : *politique*
wirtschaftlich : *économique*
im Allgemeinen : *en général*
verschieden : *différent*
vorwiegend : *surtout, principalement*
europaweit : *à l'échelle européenne*

kulturell : *culturel*
zwischen + D : *entre*
eher : *plutôt*
nie : *jamais*
bei + D : *chez*

Remarque

À partir de cette leçon, les verbes forts seront présentés ainsi :

sehen (sah, gesehen, sieht) → **sehen, a, e, ie;**
kommen (kam, ist gekommen) → **kommen, a, o (ist).**

GRAMMAIRE

● **La concession** (*bien que, néanmoins, malgré*) peut s'exprimer de trois manières différentes :

1) par les **conjonctions obwohl** ou **obgleich** : *bien que* ; *quoique*, suivies de l'indicatif avec le verbe en finale (en dernière position) :

Obwohl ich kein Arte-Fan bin, will ich mir das Interview ansehen. *Bien que je ne sois pas un fan d'Arte, je vais regarder l'interview.*

2) par **l'adverbe trotzdem** : *malgré cela, malgré tout, néanmoins*, avec le verbe en 2ᵉ position :

Ich bin kein Arte-Fan, trotzdem will ich mir das Interview ansehen. *Je ne suis pas un fan d'Arte ; malgré cela, je vais regarder l'interview.*

3) par la **préposition trotz + G** (*cf.* la leçon 35) :

Trotz der Programmqualität sind die Einschaltquoten bei Arte nicht sehr hoch. *Malgré la qualité des programmes, le taux d'écoute n'est pas très élevé sur Arte.*

● **La conjonction während** a deux sens : *pendant que* et *tandis que/alors que* :

1) *pendant que* :

Während er fernsieht, arbeitet er nicht. *Pendant qu'il regarde la télévision, il ne travaille pas.*

2) *tandis que, alors que* :

Die Franzosen übertragen einer Person die Verantwortung, während die Deutschen im Team arbeiten. *Les Français délèguent la responsabilité à une personne, tandis que/ alors que les Allemands travaillent en équipe.*

GRAMMAIRE (suite)

Attention !
während fonctionne également comme préposition + G :
während der Sendung : *pendant l'émission* (*cf.* leçon 35).

● **La notion** « sans » peut se traduire par :

1) **la préposition** *sans* + nom ou pronom : **ohne + A** :

Sie fährt ohne ihren Freund/ohne ihn nach Italien.
Elle part sans son ami/sans lui en Italie.

2) **la conjonction** *sans que* : **ohne dass**, quand les sujets de la principale et de la subordonnée sont différents. Il s'agit d'une subordonnée avec le verbe en dernière position :

Sie arbeiten im Team, ohne dass es zu Konflikten kommt.
Ils travaillent en équipe sans qu'il y ait de conflits.

3) **la structure** *sans* + infinitif : **ohne ... zu** + infinitif quand la subordonnée et la principale ont le même sujet :

Ich sehe mir das Programm an, ohne ein Fan der Sendung zu sein.
Je regarde le programme sans être un fan de l'émission.

● **Familles de mots**

La particule **zusammen-** *(ensemble, simultanément)* entre dans la composition de nombreux verbes et substantifs. Retenez entre autres :

zusammen/leben : *vivre ensemble, cohabiter* ;

das Zusammenleben : *la vie en commun, la cohabitation* ;

zusammen/arbeiten : *coopérer, collaborer* ;

die Zusammenarbeit : *la coopération, la collaboration* ;

zusammen/kommen, a, o (ist) : *se réunir, se rassembler* ;

die Zusammenkunft : *la réunion*.

EXERCICES

A. Faites du deuxième énoncé une subordonnée avec « obwohl »

Ex. Er geht spazieren; es regnet.
   → Er geht spazieren, obwohl es regnet.
1. Brigitte arbeitet; sie ist grippekrank.
2. Rolf sieht sich die Sendung an; er ist kein Fernseh-Fan.
3. Deutsche und Franzosen arbeiten gut zusammen; ihre Kulturen sind verschieden.
4. Es gibt keine Konflikte; sie arbeiten im Team.

B. « Obgleich », « trotzdem », « trotz »? Faites le bon choix
1. Es regnete den ganzen Tag, ___ ging er spazieren.
2. ___ des interessanten Programms schläft er vor dem Fernseher ein.
3. ___ die China-Reise ermüdend war, hat sie mir gefallen.
4. Diese Möbel sind sehr teuer, ___ kaufen wir sie.
5. Diese Firma exportiert nach Asien ___ der hohen Risiken.

C. Complétez par « ohne dass », « während », « obwohl »
1. Das Interview dauert 30 Minuten, ___ der Film 2 Stunden dauert.
2. Die Konflikte werden gelöst, ___ man sich die Köpfe einschlägt.
3. ___ ich kein Fußball-Fan bin, sehe ich mir dieses Spiel an.
4. Paul ist Deutscher, ___ Alain Franzose ist.
5. Er kommt spät nach Haus, ___ seine Eltern es merken.

Obwohl ich kein ARTE-Fan bin... • Bien que je ne sois pas fan d'ARTE...

EXERCICES

D. Complétez
1. In dies___ Team arbeiten Deutsch___ und Franzos___.
2. Ich will ___ dies___ Programm ___sehen.
3. In d___ Zukunft sollen auch Italien___, Schwed___, Brit___ und Span___ mitreden.
4. D___ Konflikt___ müssen gelöst ___, ___ dass man sich die Köpfe ___schlägt.
5. Wir wünschen Ihr___ Sender hoh___ Einschaltquoten___ ganz Europa.

E. À chacun son verbe
haben   übertragen   ausstrahlen   arbeiten   wünschen
1. ein Programm   **4.** im Team
2. jdm. die Verantwortung   **5.** eine Chance
3. jdm. Erfolg

F. Traduisez
1. Je regarde cette interview bien que je sois fatigué.
2. Je suis Français, il est Allemand, et ça marche bien quand même.
3. Les Allemands travaillent plutôt en équipe alors que les Français délèguent les responsabilités.
4. Malgré les cultures différentes, les conflits doivent être réglés.

A. 1. Brigitte arbeitet, obwohl sie grippekrank ist. **2.** Rolf sieht sich die Sendung an, obwohl er kein Fernseh-Fan ist. **3.** Deutsche und Franzosen arbeiten gut zusammen, obwohl ihre Kulturen verschieden sind. **4.** Es gibt keine Konflikte, obwohl sie im Team arbeiten.

B. 1. trotzdem. **2.** Trotz. **3.** Obgleich. **4.** trotzdem. **5.** trotz.

C. 1. während. **2.** ohne dass. **3.** Obwohl. **4.** während. **5.** ohne dass.

D. 1. In diesem Team arbeiten Deutsche und Franzosen. **2.** Ich will mir dieses Programm ansehen. **3.** In der Zukunft sollen auch Italiener, Schweden, Briten und Spanier mitreden. **4.** Die Konflikte müssen gelöst werden, ohne dass man sich die Köpfe einschlägt. **5.** Wir wünschen Ihrem Sender hohe Einschaltquoten in ganz Europa.

E. 1. ausstrahlen. **2.** übertragen. **3.** wünschen. **4.** arbeiten. **5.** haben.

F. 1. Ich sehe mir dieses Interview an, obwohl (obgleich) ich müde bin. **2.** Ich bin Franzose, er ist Deutscher, trotzdem klappt das (es) gut. **3.** Die Deutschen arbeiten eher im Team, während die Franzosen (die) Verantwortungen übertragen. **4.** Trotz der verschiedenen Kulturen müssen die Konflikte gelöst werden.

Obwohl ich kein ARTE-Fan bin... • Bien que je ne sois pas fan d'ARTE...

Nachdem ich so viel getanzt habe, muss ich etwas essen

Brigitte (B) und Peter (P) besuchen mit ihren Freunden Franz (F) und Sophie (S) das Münchener Oktoberfest

1. **F:** Wie schmeckt dir unser Bier, Peter? Münchener »Löwenbräu« löscht auch den Durst der Berliner.
2. **P:** In Berlin gibt es auch gutes Bier. »Schultheiß« und »Berliner Kindl« schmecken genauso gut.
3. **B:** Nun vergesst mal euren Lokalpatriotismus. Warum immer diese Vergleiche? Die Blaskapelle spielt zum Tanz auf. Lasst uns tanzen gehen.

(Nach dem Tanz)

4. **F:** Nachdem ich soviel getanzt habe, muss ich unbedingt etwas essen.
5. **P:** Und ich muss etwas trinken. Meine Kehle ist ganz ausgetrocknet.
6. **S:** Auf dem Oktoberfest kommt niemand zu kurz. Für den Hunger gibt es Bratwürste und für den Durst so viel Bier, wie man will.
7. **F:** Da die Bayern gesellig und lebensfroh sind, haben sie das Oktoberfest geschaffen nach dem Motto : »Man soll die Feste feiern, wie sie fallen.«
8. **S:** Und Feiern macht Spaß. Deshalb beginnen wir Münchener schon Ende September mit dem Oktoberfest.
9. **F:** Im Mittelpunkt dieser Festlichkeiten steht natürlich das Bier, das aus Hopfen und Malz nach alter Tradition gebraut wird.
10. **S:** Und während dieser Festtage werden Hunderttausende von Bratwürsten und Brezeln gegessen.
11. **P:** Na, dann guten Appetit! Was machen wir jetzt?
12. **F:** Entweder fahren wir Achterbahn oder wir gehen zur Schießbude. Ich möchte Brigitte eine Rose schießen. Nachher können wir mit dem Riesenrad fahren.

Après avoir tant dansé, je dois manger quelque chose

Brigitte (B) et Peter (P) font, avec leurs amis Franz (F) et Sophie (S), un tour à la fête de la Bière.

1. **F :** Comment trouves-tu notre bière, Peter ? La « Löwenbräu » de Munich étanche aussi la soif des Berlinois.

2. **P :** Il y a aussi de la bonne bière à Berlin. La « Schultheiß » et la « Berliner Kindl » sont tout aussi bonnes [ont un aussi bon goût].

3. **B :** Allons, oubliez votre esprit de clocher. Pourquoi toujours faire des comparaisons ? La fanfare commence à jouer. Allons danser.

　　　　　　　　(Après la danse)

4. **F :** Après avoir tellement dansé, il faut absolument que je mange quelque chose.

5. **P :** Et moi, il faut que je boive quelque chose. J'ai le gosier complètement sec.

6. **S :** À la fête de la Bière, tout le monde trouve son compte. Pour la faim, il y a des saucisses grillées et pour la soif autant de bière que l'on veut.

7. **F :** Comme les Bavarois sont sociables et heureux de vivre, ils ont créé la fête de la Bière suivant le dicton : « Ne jamais laisser passer une occasion de faire la fête. »

8. **S :** Et la fête, c'est le plaisir [fêter fait plaisir]. C'est la raison pour laquelle nous autres Munichois commençons la Fête d'octobre dès la fin septembre.

9. **F :** Au centre de ces festivités, il y a bien sûr la bière faite [brassée] à base de houblon et de malt suivant une ancienne tradition.

10. **S :** Et durant ces journées, on mange des centaines de milliers de saucisses grillées et de bretzels.

11. **P :** Eh bien, bon appétit ! Que faisons-nous à présent ?

12. **F :** Allons sur le grand huit ou bien à la baraque de tir. J'aimerais tirer une rose pour Brigitte. Ensuite, nous pourrons faire un tour sur la grande roue.

Vocabulaire

◆

das Fest, e : *la fête*
das Bier (sg.) : *la bière*
das Motto, s : *le slogan*
das Malz (sg.) : *le malt*
der Tanz, ¨e : *la danse*
das Oktoberfest, e : *la fête de la Bière*
der Vergleich, e : *la comparaison*
die Blaskapelle, n : *la fanfare*
die Kehle, n : *la gorge, le gosier*
der Mittelpunkt, e : *le centre*
der Hopfen (sg.) : *le houblon*
die Schießbude, n : *le stand de tir*
die Bratwurst, ¨e : *la saucisse à griller*
die Achterbahn, en : *les montagnes russes*
die Brezel, n : *le bretzel*

■

vergessen, a, e, i : *oublier*
Spaß machen : *faire plaisir*
beginnen, a, o : *commencer*
Bier brauen : *brasser de la bière*
schaffen (schuf, geschaffen) : *créer*
den Durst löschen : *étancher la soif*
Hunger/Durst haben : *avoir faim/soif*
zu kurz kommen, a, o : *être lésé/désavantagé*
zum Tanz spielen : *jouer de la musique de danse*
das Bier schmeckt mir gut : *je trouve la bière bonne*
Riesenrad fahren, u, a, ä (ist) : *faire un tour sur la grande roue*
besuchen : *fréquenter*
tanzen : *danser*
essen, a, e, i : *manger*
trinken, a, u : *boire*
schießen, o, o : *tirer*

●

lebensfroh : *gai, heureux*
ausgetrocknet : *desséché*
unbedingt : *absolument*
natürlich : *naturellement*
guten Appetit : *bon appétit*

warum : *pourquoi*
niemand : *personne*
gesellig : *convivial*
etwas : *quelque chose*

GRAMMAIRE

● **La postériorité :**
La notion d'*après* peut s'exprimer de trois manières :

1) **la préposition nach + datif** : *après* : **nach dem Tanz, nach dir, nach den Ferien :** *après la danse, après toi, après les vacances.*

2) **l'adverbe nachher/danach** : *ensuite, après cela* : **Wir essen, nachher (danach) gehen wir tanzen.** *Nous mangeons, ensuite nous irons (allons) danser.*

3) **la conjonction nachdem :** *après avoir/être + participe passé* : **Nachdem wir getanzt haben, trinken wir Bier.** *Après avoir dansé, nous boirons (buvons) de la bière.*

| **Attention !**
| Respectez la concordance des temps.

Au *présent* ou au *futur* dans la principale, correspond un parfait dans la subordonnée :
Nachdem wir getanzt haben, trinken wir Bier/werden wir Bier trinken.
Après avoir dansé, nous buvons/boirons de la bière.

Au *passé (prétérit, parfait)* dans la principale correspond un plus-que-parfait dans la subordonnée :
Nachdem wir getanzt hatten, tranken wir Bier.
Après avoir dansé, nous bûmes de la bière.

● **La conjonction da :**
comme, du fait que, correspond à une cause principale connue *(comme chacun le sait)* :

Da die Bayern gesellig sind, haben sie das Bierfest geschaffen.
Comme les Bavarois sont sociables, ils ont créé la fête de la Bière.

GRAMMAIRE (suite)

● **La structure entweder ... oder** : *ou bien ... ou bien ...*

Deux constructions sont possibles : verbe de la première proposition en deuxième ou en troisième position :

Entweder <u>fahren</u> wir Achterbahn oder wir gehen tanzen.
Entweder wir <u>fahren</u> Achterbahn oder wir gehen tanzen.
Ou bien nous allons sur le grand huit ou nous allons danser.

● **Familles de mots**

Quelques expressions avec **feiern** : *fêter, célébrer*

Weihnachten/Wiedersehen/Geburtstag feiern.
Célébrer/fêter Noël, des retrouvailles, un anniversaire.

In den Ferien haben wir jeden Tag gefeiert.
En vacances, nous avons fait la fête tous les jours.

Quelques expressions avec **das Fest** : *la fête*

Morgen geben wir ein Fest.
Demain, nous organisons une fête.

Das Oktoberfest/das Bierfest war sehr gelungen.
La fête de la Bière était très réussie.

EXERCICES

A. Faites de l'énoncé entre parenthèses une subordonnée avec « nachdem »

Ex. 1) *(ein Bier trinken)*; Peter geht nach Haus.
→ *Nachdem Peter ein Bier getrunken hat, geht er nach Haus.*
2) *(den Drachen töten)*; Siegfried war glücklich.
→ *Nachdem Siegfried den Drachen getötet hatte, war er glücklich.*

1. *(eine Rose schießen)*; Franz fuhr mit dem Riesenrad.
2. *(viel tanzen)*; die Freunde müssen etwas trinken.
3. *(viele Bratwürste essen)*; er wurde krank.
4. *(das Oktoberfest besuchen)*; sie fahren nach Berlin zurück.

B. Complétez par « nach », « nachher » ou « nachdem »

1. Wir fahren Achterbahn; ___ gehen wir zur Schießbude.
2. ___ wir zur Schießbude gegangen sind, fahren wir mit dem Riesenrad.
3. ___ dem Riesenrad trinken wir Münchener Löwenbräu.
4. Was machen wir ___ ? Wir fahren nach Haus.
5. Wir nehmen eine Dusche und ___ gehen wir alle ins Restaurant.

C. Faites des énoncés en italique une subordonnée avec « da »

1. *Er war gerade in München*; er besuchte das Oktoberfest.
2. *Feiern macht Spaß*; das Oktoberfest beginnt schon Ende September.
3. *Du hattest viel getanzt*; du musstest etwas trinken.
4. *Wir haben Hunger bekommen*; wir haben Bratwürste gegessen.
5. *Die Blaskapelle spielt zum Tanz auf*; sie gehen tanzen.

Nachdem ich so viel getanzt habe, muss ich etwas essen • Après avoir tant dansé, je dois manger quelque chose

D. Faites le bon choix

1. ___ Löwenbräu löscht den Durst.
    a) *Hamburger*   b) *Berliner*   c) *Münchener*
2. Die Kapelle spielt ___ Tanz auf.
    a) *beim*   b) *zum*   c) *den*
3. Meine ___ ist ganz ausgetrocknet.
    a) *Nase*   b) *Zunge*   c) *Kehle*
4. Man muss die Feste feiern, wie sie ___.
    a) *kommen*   b) *gehen*   c) *fallen*
5. Wir wollen mit dem Riesen___ fahren.
    a) *-rad*   b) *-bahn*   c) *-zug*

E. Répondez aux questions

1. Wann beginnt das Münchener Bierfest?
2. Was wird während der Festtage gegessen?
3. Wie sind die Bayern?
4. Woraus wird Bier gebraut?
5. Mit welcher Attraktion endet der Besuch?

F. Traduisez

1. Ou bien nous allons sur le grand huit ou nous faisons un tour sur la grande roue.
2. Comme j'ai le gosier sec, je vais boire une Löwenbräu.
3. Nous avons beaucoup dansé, ensuite nous sommes allés au stand de tir.
4. Après avoir fait un tour à [visité] la fête de la Bière, ils rentrèrent chez eux.
5. Il ne faut jamais laisser passer une occasion de faire la fête. [Il faut célébrer les fêtes comme elles tombent.]

CORRIGÉS

A. 1. Nachdem Franz eine Rose geschossen hatte, fuhr er mit dem Riesenrad. **2.** Nachdem die Freunde viel getanzt haben, müssen sie etwas trinken. **3.** Nachdem er viele Bratwürste gegessen hatte, wurde er krank. **4.** Nachdem sie das Oktoberfest besucht haben, fahren sie nach Berlin zurück.

B. 1. nachher. **2.** Nachdem. **3.** Nach. **4.** nachher. **5.** nachher.

C. 1. Da er gerade in München war, besuchte er das Oktoberfest. **2.** Da Feiern Spaß macht, beginnt das Oktoberfest schon Ende September. **3.** Da du viel getanzt hattest, musstest du etwas trinken. **4.** Da wir Hunger bekommen haben, haben wir Bratwürste gegessen. **5.** Da die Blaskapelle zum Tanz aufspielt, gehen sie tanzen.

D. 1. c). **2. b).** **3. c).** **4. c).** **5. a).**

E. 1. Es beginnt im Oktober (oder schon Ende September). **2.** Bratwürste und Brezeln werden (während der Festtage) gegessen. **3.** Sie sind gesellig und lebensfroh. **4.** Bier wird aus Hopfen und Malz gebraut. **5.** Der Besuch endet mit dem Riesenrad (mit der Achterbahn/mit der Schießbude).

F. 1. Entweder fahren wir (wir fahren) (mit der) Achterbahn oder wir fahren (mit dem) Riesenrad. **2.** Da meine Kehle ausgetrocknet ist, trinke ich ein Löwenbräu (will/werde ich ein Löwenbräu trinken). **3.** Wir haben viel getanzt, nachher (danach) sind wir zur Schießbude gegangen. **4.** Nachdem sie das Bierfest (Oktoberfest) besucht hatten, fuhren sie nach Haus(e). **5.** Man soll die Feste feiern, wie sie fallen.

Nachdem ich so viel getanzt habe, muss ich etwas essen • Après avoir tant dansé, je dois manger quelque chose

Bevor wir mit der Bescherung beginnen, lesen wir das Weihnachtsevangelium

Weihnachten feiert Peter (P) mit Brigitte (B) bei seinen Eltern in Nürnberg: Vater (V), Mutter (M).

1. **M:** Während du den Weihnachtsbaum schmückst, werde ich mich um den Braten kümmern. Übrigens, wann wollen wir eigentlich in den Gottesdienst gehen?
2. **V:** Ich wollte mir die Weihnachtsfeier im Fernsehen ansehen.
3. **M:** Aber Heinz, einmal im Jahr können wir doch zusammen an dem Weihnachtsgottesdienst teilnehmen.
4. **V:** Ist schon gut, dann zeichne ich die Sendung auf.

(Nach dem Gottesdienst)

5. **M:** Bevor wir mit der Bescherung beginnen, wollen wir das Weihnachtsevangelium lesen.
6. **P:** Ich zünde noch schnell die Kerzen am Weihnachtsbaum an.
7. **B:** Pass auf, dass das Wachs nicht auf den Teppich tropft.
8. **V:** So, jetzt können wir nach dem Bibeltext mit der Bescherung anfangen.
9. **B:** Hören wir uns vorher noch die CD mit den Weihnachtsliedern an.
10. **V:** Peter, du kannst doch »Stille Nacht, Heilige Nacht« auf dem Klavier spielen. Das ist viel schöner.
11. **P:** Ich bin ganz aus der Übung, seitdem ich in Berlin wohne. *(Alle tauschen Geschenke aus.)*
12. **M:** Was für eine Überraschung, Heinz, eine 14-tägige Reise auf die Kanarischen Inseln!
13. **B:** Schau Peter, was uns deine Eltern geschenkt haben: ein City-Tandem-Rad.
14. **V:** Damit ihr beide sportlich und fit bleibt.

Avant de commencer la distribution des cadeaux, nous lirons l'évangile de Noël

Peter (P) fête Noël avec Brigitte (B) chez ses parents à Nuremberg.

1. **Mère :** Pendant que tu décoreras [décores] l'arbre de Noël, je vais m'occuper du rôti. Au fait, quand irons-nous donc [voulons-nous aller] au service religieux ?

2. **Père :** Je me proposais de [voulais] regarder la célébration de Noël à la télé.

3. **Mère :** Enfin Heinz, une fois dans l'année, nous pouvons quand même participer ensemble à l'office [religieux] de Noël.

4. **Père :** C'est d'accord, dans ce cas, je vais enregistrer l'émission.

(Après l'office)

5. **Mère :** Avant de commencer la distribution des cadeaux, nous allons [voulons] lire l'évangile de Noël.

6. **P :** Je vais encore rapidement allumer les bougies de l'arbre de Noël.

7. **B :** Prends garde à ce que la cire ne goutte pas sur la moquette.

8. **Père :** Bien, après ce texte biblique, nous pouvons commencer la distribution.

9. **B :** Avant, écoutons encore le CD des chants de Noël.

10. **Père :** Peter, tu pourrais [peux] jouer « Douce nuit, sainte nuit » au piano. C'est bien plus joli.

11. **P :** Depuis que je vis à Berlin, je n'ai plus touché le piano [je manque d'entraînement]. *(Tous échangent leurs cadeaux.)*

12. **Mère :** Ça, c'est une surprise [Quelle surprise], Heinz, un voyage de quinze jours aux îles Canaries !

13. **B :** Regarde, Peter, ce que tes parents nous ont offert : un vélo-tandem pour la ville.

14. **Père :** Afin que, tous (les) deux, vous restiez sportifs et gardiez la forme.

Vocabulaire

◆

Weihnachten (sg.) : *Noël*
die Reise, n : *le voyage*
das Wachs (sg.) : *la cire*
der Teppich, e : *le tapis*
das Evangelium : *l'évangile*
die Sendung, en : *l'émission*
die Kerze, n : *la bougie*
die CD, s : *le CD, compact disc*
die Überraschung, en : *la surprise*
die Bescherung, en : *la distribution des cadeaux*
der Gottesdienst, e : *le service religieux*

■

an/zünden : *allumer*
lesen, a, e, ie : *lire*
auf/passen : *faire attention*
tropfen : *goutter (cire, eau)*
Klavier spielen : *jouer du piano*
sich etw. (A) an/hören : *écouter qqch.*
etw. (A) aus/tauschen : *échanger qqch.*
beginnen, a, o = an/fangen, i, a, ä : *commencer*
aus der Übung sein : *manquer d'entraînement*
jdm. etw. (A) schenken : *faire un cadeau à qqn.*
sich um etw. (A) kümmern : *s'occuper de qqch.*
an etw. (D) teil/nehmen, a, o, i : *participer à qqch.*
etw. (A) auf/zeichnen : *enregistrer qqch. (magnétoscope)*
fit/sportlich bleiben, ie, ie (ist) : *rester en forme/sportif*

●

während (conj.) : *pendant que*
eigentlich : *à vrai dire*
damit (conj.) : *pour que, afin que*
übrigens : *d'ailleurs*
einmal : *une fois*

GRAMMAIRE

• **L'antériorité** peut s'exprimer de trois manières différentes :

1) **la préposition vor + datif** : *avant* :

Vor der Bescherung zünde ich die Kerzen an.
Avant la distribution des cadeaux, j'allume les bougies.

2) **Les adverbes vorher/zuvor** : *avant, auparavant* :

Sie gehen in den Gottesdienst, vorher (zuvor) kümmert sich die Mutter um den Braten. *Ils se rendent à l'office religieux, avant, la mère s'occupe du rôti.*

3) **La conjonction bevor** : *avant de + infinitif* :

Bevor wir mit der Bescherung beginnen, lesen wir das Evangelium. *Avant de commencer la distribution des cadeaux, nous lisons l'évangile.*

• **La notion de** *depuis* se rend également de trois manières différentes :

1) **la préposition seit + datif** : *depuis* :

Seit einer Woche/zwei Monaten/einem Jahr lebe ich in Berlin. *Je vis à Berlin depuis une semaine/deux mois/un an.*

2) **L'adverbe seitdem** ou **seither** : *depuis, depuis ce temps, depuis lors* :

Ich habe in Berlin gelebt, seitdem (seither) spreche ich besser Deutsch. *J'ai vécu à Berlin, depuis je parle mieux allemand.*

3) **La conjonction seitdem** ou **seit** : *depuis que* :

Seitdem (Seit) ich in Berlin wohne, bin ich ganz aus der Übung. *Depuis que je vis à Berlin, je manque d'entraînement.*

• Les noms de fêtes

Pour exprimer *à Pâques, à Noël*, vous avez deux possibilités : avec ou sans préposition : **Ostern/zu Ostern** ; **Weihnachten/zu Weihnachten**.

• Famille de mots

Dans des mots composés, il faut utiliser la forme **Weihnachts-** et non pas **Weihnachten** ; **der Weihnachtsbaum** : *l'arbre de Noël* ; **die Weihnachtsfeier** : *la fête de Noël* ; **das Weihnachtslied** : *le chant de Noël* ; **der Weihnachtsbraten** : *le rôti (la dinde) de Noël*.

Bevor wir mit der Bescherung beginnen, lesen wir das Weihnachtsevangelium • Avant de commencer la distribution des cadeaux, nous lirons l'évangile de Noël

EXERCICES

A. Transformez les structures adverbiales en subordonnées avec « bevor »

Ex. Wir beginnen mit der Bescherung; vorher lesen wir das
   Evangelium. → Bevor wir mit der Bescherung beginnen,
   lesen wir das Evangelium.

1. Ich schmücke den Weihnachtsbaum; ich kümmere mich vorher um den Braten.
2. Sie lesen das Evangelium; vorher zünden sie die Kerzen an.
3. Die Familie tauscht Geschenke aus; vorher geht sie in den Gottesdienst.

B. Complétez par l'adverbe « seitdem » ou la conjonction « seit »

1. ___ Peter in Berlin wohnt, spielt er nicht mehr Klavier.
2. Peter und Brigitte haben ein Tandem-Rad, ___ radeln sie oft durch die Stadt.
3. ___ Peters Eltern in Süddeutschland leben, kommen sie nur noch selten nach Berlin.

C. Retrouvez la préposition manquante et complétez

1. Wir können ___ d___ Bescherung anfangen.
2. Ich kann nicht mehr Klavier spielen, ich bin ganz ___ d___ Übung.
3. Wer wird sich ___ d___ Braten kümmern?
4. Kannst du noch »Stille Nacht, Heilige Nacht« ___ d___ Klavier spielen?

D. Traduisez

1. Avant d'aller à l'office [religieux], nous décorerons [décorerons] l'arbre de Noël.
2. Depuis que Peter habite à Berlin, il ne joue plus de piano.
3. Bientôt commencera la distribution des cadeaux, mais avant, nous chanterons « Douce nuit, sainte nuit ».

CORRIGÉS

A. 1. Bevor ich den Weihnachtsbaum schmücke, kümmere ich mich um den Braten. **2.** Bevor sie das Evangelium lesen, zünden sie die Kerzen an. **3.** Bevor die Familie Geschenke austauscht, geht sie in den Gottesdienst.

B. 1. Seit. **2.** seitdem. **3.** Seit.

C. 1. mit der. **2.** aus der. **3.** um den. **4.** auf dem.

D. 1. Bevor wir in den Gottesdienst gehen, schmücken wir den Weihnachtsbaum. **2.** Seit (Seitdem) Peter in Berlin wohnt, spielt er nicht mehr Klavier. **3.** Bald beginnt die Bescherung, aber vorher (zuvor) singen wir »Stille Nacht, Heilige Nacht«.

Bevor wir mit der Bescherung beginnen, lesen wir das Weihnachtsevangelium • Avant de commencer la distribution des cadeaux, nous lirons l'évangile de Noël

Viele würden gern diese Rolle spielen

Brigitte (B) soll für die Berliner Morgenpost eine Reportage über den Kölner Karneval machen. Deshalb interviewt sie die Karnevalsprinzessin (K).

1. **B:** In diesem Jahr sind Sie die Karnevalsprinzessin. Viele unserer Leserinnen würden gern diese Rolle spielen. Was wird von Ihnen erwartet?

2. **K:** Von mir werden besonders Lächeln, Charme und Humor erwartet.

3. **B:** Man sagt, dass Köln die Metropole der Narren ist.

4. **K:** Der Kölner Karneval ist in Deutschland sehr bekannt. Aber in anderen Städten wird ebenfalls Karneval gefeiert. In München gibt es »den Fasching« und in Mainz »die Fastnacht«.

5. **B:** Warum verkleiden sich die Leute?

6. **K:** Ich würde sagen, sie verkleiden sich, weil sie einmal im Jahr jemand anders sein wollen. Ich wäre gern eine Katze oder ein Vogel. Wer im Leben normal bleiben will, muss von Zeit zu Zeit ein bisschen verrückt sein.

7. **B:** Was sind für Sie gelungene Karnevalskostüme?

8. **K:** Das sind Kostüme, die phantasievoll und extravagant sind. Je origineller die Verkleidung ist, umso größer ist der Spaß.

9. **B:** Wie lange dauert der Kölner Karneval? Und wann endet er?

10. **K:** Er endet im Februar, am »Aschermittwoch«. Aber vorher sind die drei verrückten Tage und »Rosenmontag« ist der Höhepunkt. Es gibt einen Umzug, Musikkapellen und tanzende Mädchen. Und Riesenmasken machen sich über die Politiker lustig.

11. **B:** Einen Wunsch hätte ich noch. Berlin hat zwar keinen Karneval, aber wir würden uns auch gern über die Politiker an der Spree lustig machen. Wollen Sie nicht nächstes Jahr Karnevalsprinzessin in unserer Metropole werden?

Beaucoup de gens aimeraient jouer ce rôle

Brigitte (B) doit faire un reportage sur le carnaval de Cologne pour le *Berliner Morgenpost*. C'est la raison pour laquelle elle interviewe la princesse du carnaval (P).

1. **B :** C'est vous qui êtes la princesse du carnaval de cette année. Nombre de nos lectrices aimeraient jouer ce rôle. Qu'attend-on de vous ?

2. **P :** De moi, on attend [sont attendus] particulièrement le sourire, du charme et de l'humour.

3. **B :** On dit que Cologne est la métropole des fous.

4. **P :** Le carnaval de Cologne est très connu en Allemagne. Mais on célèbre [est célébré] également le carnaval dans d'autres villes. À Munich, il y a le « Fasching » et à Mayence la « Fastnacht ».

5. **B :** Pourquoi les gens se déguisent-ils ?

6. **P :** Je dirais qu'ils se déguisent parce que, une fois dans l'année, ils veulent être quelqu'un d'autre. J'aimerais être un chat ou un oiseau. Celui qui veut rester normal dans la vie, doit être un peu fou de temps en temps.

7. **B :** Que sont, pour vous, des costumes de carnaval réussis ?

8. **P :** Ce sont des costumes fantaisistes et extravagants. Plus le déguisement est original, plus le plaisir est grand.

9. **B :** Combien de temps dure le carnaval de Cologne ? Et quand se termine-t-il ?

10. **P :** Il s'achève en février, le « mercredi des Cendres ». Mais auparavant, il y a les trois journées folles, et le « Lundi gras » [lundi des Roses] en est l'apogée. Il y a un cortège, des fanfares et des filles qui dansent. Et des masques géants (qui) se moquent des hommes politiques.

11. **B :** J'aurais encore un souhait (à exprimer). Certes, Berlin n'a pas de carnaval, mais nous aimerions, nous aussi, nous moquer des hommes politiques sur la Spree. Ne voulez-vous pas devenir la princesse du carnaval de notre métropole, l'an prochain ?

Vocabulaire

◆

der Karneval, e : ⎫	die Leserin, nen : *la lectrice*
der Fasching, e : ⎬ *le carnaval*	das Lächeln (sg.) : *le sourire*
die Fastnacht (sg.) : ⎭	der Charme (sg.) : *le charme*
das Mädchen, - : *la fillette*	der Narr, en, en : *le fou*
der Humor (sg.) : *l'humour*	das Kostüm, e : *le costume*
der Spaß, ̈e : *le plaisir*	die Maske, n : *le masque*
die Musikkapelle, n : *la fanfare*	der Tag, e : *le jour*

die Prinzessin, nen : *la princesse*
der Politiker, - : *l'homme politique*
der Wunsch, ̈e : *le désir, le souhait*
der Umzug, ̈e : *le défilé, le cortège*
die Verkleidung, en : *le déguisement*
die Reportage [rəporta:jə] : *le reportage*
die Spree : *la Spree (rivière qui traverse Berlin)*
der Höhepunkt, e : *le point culminant, l'apogée*
der »Rosenmontag« : *le « lundi des Roses »*
der »Aschermittwoch« : *le « mercredi des Cendres »*

■

es gibt + A : *il y a*
dauern : *durer*
feiern : *fêter, célébrer*
sich verkleiden : *se déguiser*
enden : *s'achever, finir*
interviewen [intèrvyou:ən] : *interviewer*
von jdm. etw. (A) erwarten : *attendre qqch. de qqn.*
sich über jdn. (A) lustig machen : *se moquer de qqn.*

●

bekannt : *connu*
verrückt : *fou*
phantasievoll : *fantaisiste*
tanzend : *en dansant*
gelungen : *réussi*
extravagant : *extravagant*
ebenfalls/auch : *également, aussi*
im nächsten Jahr : ⎫
nächstes Jahr : ⎬ *l'année prochaine*
von Zeit zu Zeit : *de temps à autre*

in diesem Jahr : ⎫
dieses Jahr : ⎬ *cette année*
ein bisschen : *un peu*
besonders : *particulièrement*
wann : *quand, à quel moment*
wie lange : *combien de temps*

GRAMMAIRE

• Le mode hypothétique

Pour exprimer une hypothèse ou une phrase conditionnelle, on utilise deux formes du **subjonctif 2** : une **forme simple** et une **forme composée**.

1) **La forme composée du subjonctif 2** (conditionnel présent) est de loin la plus utilisée dans la langue parlée. Elle se forme avec **würde + l'infinitif** du verbe :

je dirais, etc.		*nous dirions*, etc.	
ich würd-e		wir würd-en	
du würd-est	sagen	ihr würd-et	sagen
er/sie/es würd-e		sie/Sie würd-en	

Les marques du subjonctif 2 de **werden** sont donc l'inflexion (ü) et les terminaisons : -e, -est, -e, -en, -et, -en :

Sie würde gern mit dir tanzen.
Elle aimerait danser avec toi.

Was würdest du ohne mich machen?
Que ferais-tu sans moi ?

Viele würden diese Rolle spielen.
Nombreux sont ceux qui joueraient ce rôle.

2) **La forme simple du subjonctif 2** est formée par le **radical du prétérit + l'inflexion** quand elle est possible, suivis des désinences -e, -est, -e, etc. Cette forme est utilisée pour **sein**, **haben** et **werden** ainsi que pour certains verbes, dont les verbes de modalité que nous verrons dans la leçon suivante :

j'aurais/je serais, etc.	*nous aurions/serions*
ich hätt-e/wär-e	wir hätt-en/wär-en
du hätt-est/wär-est	ihr hätt-et/wär-et
er/sie/es hätt-e/wär-e	sie/Sie hätt-en/wär-en

Ich wäre gern ein Vogel.
J'aimerais être [serais volontiers] un oiseau.

Er hätte gern einen Sportwagen.
Il aimerait avoir [aurait volontiers] une voiture de sport.

GRAMMAIRE (suite)

● Les **conjonctions comparatives je ..., umso** ou **desto** : *plus ... plus ...*

Elles expriment un parallélisme, deux faits ou actions qui évoluent simultanément :

<u>Je</u> originell<u>er</u> die Verkleidung ist, <u>umso (desto)</u> größ<u>er</u> ist der Spaß.
Plus le déguisement est original, plus le plaisir est grand.

<u>Je</u> monoton<u>er</u> das Leben ist, <u>umso (desto)</u> verrückt<u>er</u> muss der Karnaval sein.
Plus la vie est monotone, plus le carnaval doit être fou.

Vous remarquerez que la conjonction **je** + **comparatif** introduit une subordonnée avec le verbe en position finale, tandis que la conjonction **umso (desto)** + **comparatif** est immédiatement suivie du verbe.

N'oubliez pas que le comparatif de nombreux adjectifs courants comporte une inflexion : **groß → größer, lang → länger** ; **arm → ärmer**, et les comparatifs irréguliers : **gut → besser**, etc.

Attention !
Les verbes traduisent le comparatif à l'aide de l'adverbe **mehr** : *plus ; davantage* : **Je mehr sie tanzen, umso (desto) mehr trinken sie.** *Plus ils dansent, plus ils boivent.*

Retenez la **tournure corrélative zwar ..., aber** : *certes ... mais* :

Zwar regnet es, aber wir gehen spazieren.
Certes, il pleut, mais nous irons nous promener.

Retenez : **umso mehr,** *d'autant plus,* **umso weniger,** *d'autant moins,* **umso besser,** *tant mieux.*

EXERCICES

A. Répondez aux questions
Ex. Wer möchte die Rolle spielen? (ich)
→ Ich würde gern die Rolle spielen.
1. Wer möchte Karneval feiern? *(er)*
2. Wer möchte sich als Katze verkleiden? *(du)*
3. Wer möchte am Karnevalsumzug teilnehmen? *(wir)*
4. Wer möchte sich über die Politiker lustig machen? *(Sie)*
5. Wer möchte im Februar nach Köln fahren? *(ihr)*

B. Faites un énoncé cohérent à partir de ces éléments
1. ich, fahren, die Metropole, der Narren, in, würde
2. Leserinnen, viele, Rolle, diese, spielen, würden
3. in diesem Jahr, Tochter, meine, gern, Karnevalsprinzessin, wäre
4. Karneval feiern, die Berliner, jedes Jahr, würden, gern
5. ich, einen Wunsch, hätte, und würde, am Fasching, Münchener, gern, teilnehmen

C. Reliez les énoncés par « je …, umso »
Ex. Das Kostüm ist extravagant; es ist gelungen.
→ Je extravaganter das Kostüm ist, umso gelungener ist es.
1. Die Verkleidung ist originell; der Spaß ist groß.
2. Die Leute sind verrückt; der Karneval ist schön.
3. Der Karneval dauert lang; der Durst wird groß.
4. Brigitte spricht mit der Karnevalsprinzessin; sie findet sie charmant.
5. Die Leute verkleiden sich, sie amüsieren sich.

Viele würden gern diese Rolle spielen • Beaucoup de gens aimeraient jouer ce rôle

EXERCICES (suite)

D. Reformez les mots composés et traduisez-les

1. Ascher-		a) -kostüm
2. der Höhe-		b) -maske
3. die Riesen-		c) -zug
4. der Um-		d) -mittwoch
5. das Karnevals-		e) -punkt

E. Corrigez les erreurs

1. Brigitte macht eine Reportage für die *Berliner Abendpost*.
2. Man sagt, dass Berlin die Metropole der Narren ist.
3. In München gibt es die Fastnacht, in Mainz den Fasching.
4. Der Höhepunkt ist der Rosensonntag.
5. Der Karneval endet am Ascherdonnerstag.

F. Traduisez

1. Je me déguiserais volontiers ; j'aimerais être un chat ou un oiseau.
2. J'aurais encore un souhait ; j'aimerais jouer le rôle de la princesse du carnaval.
3. Avec un masque géant, je me moquerais des hommes politiques.
4. Plus les gens fêtent carnaval, plus leur plaisir est grand.

CORRIGÉS

A. 1. Er würde gern Karneval feiern. **2.** Du würdest dich gern als Katze verkleiden. **3.** Wir würden gern am Karnevalsumzug teilnehmen. **4.** Sie würden sich gern über die Politiker lustig machen. **5.** Ihr würdet gern im Februar nach Köln fahren.

B. 1. Ich würde in die Metropole der Narren fahren. **2.** Viele Leserinnen würden diese Rolle spielen. **3.** In diesem Jahr wäre meine Tochter gern Karnevalsprinzessin. (Meine Tochter wäre in diesem Jahr gern Karnevalsprinzessin.) **4.** Die Berliner würden gern jedes Jahr Karneval feiern. (Jedes Jahr würden die Berliner gern Karneval feiern.) **5.** Ich hätte einen Wunsch und würde gern am Münchener Fasching teilnehmen.

C. 1. Je origineller die Verkleidung ist, umso größer ist der Spaß. **2.** Je verrückter die Leute sind, umso schöner ist der Karneval. **3.** Je länger der Karneval dauert, umso größer wird der Durst. **4.** Je mehr Brigitte mit der Karnevalsprinzessin spricht, umso charmanter findet sie sie. **5.** Je mehr sich die Leute verkleiden (Je mehr die Leute sich verkleiden), umso mehr amüsieren sie sich.

D. 1. d) Aschermittwoch : *mercredi des Cendres*. **2. e)** der Höhepunkt : *l'apogée*. **3. b)** die Riesenmaske : *le masque géant*. **4. c)** der Umzug : *le défilé*. **5. a)** das Karnevalskostüm : *le costume de carnaval*.

E. 1. *Berliner Morgenpost*. **2.** Köln. **3.** In München gibt es den Fasching, in Mainz die Fastnacht. **4.** Rosenmontag. **5.** Aschermittwoch.

F. 1. Ich würde mich gern verkleiden; ich wäre gern eine Katze oder ein Vogel. **2.** Ich hätte noch einen Wunsch; ich würde gern die Rolle der Karnevalsprinzessin spielen. **3.** Mit einer Riesenmaske würde ich mich über die Politiker lustig machen. **4.** Je mehr die Leute Karneval feiern, umso größer ist ihr Spaß.

Viele würden gern diese Rolle spielen • Beaucoup de gens aimeraient jouer ce rôle

Es wäre schön, wenn wir heiraten würden

Brigitte (B), Peter (P)

1. **B:** Was würdest du sagen, wenn wir heiraten würden?

2. **P:** Wir sind doch so gut wie verheiratet. Unser Leben würde sich nicht grundlegend ändern. In der Ehe muss man seine Rechte halbieren und seine Pflichten verdoppeln, das weiß jeder.

3. **B:** Ich würde aber gern eine Familie gründen und auch Kinder bekommen. Das wäre schön.

4. **P:** Die armen Kinder! Sie würden eine Welt kennen lernen, die kein Paradies ist: Umweltverschmutzung, Arbeitslosigkeit und Kriege.

5. **B:** Du siehst alles zu schwarz. Zu zweit würden wir das schon schaffen. Das Kind ist die Krone der Schöpfung.

6. **P:** Schade, dass es eine Dornenkrone ist. Wie würden wir das Problem von Beruf und Familie lösen?

7. **B:** Einer von uns müsste halbtags arbeiten. Oder wir könnten ein Au-pair-Mädchen nehmen.

8. **P:** In meinem Job gibt es keine Halbtagsarbeit. Und wie würde dein Chef reagieren, wenn du ihm das ankündigen würdest?

9. **B:** Er würde das schon akzeptieren. In unserer Redaktion gibt es sowieso schon viele Teilzeitstellen.

10. **P:** Was sagen denn die Leser zu unserer Heirat? Ich meine die Leute, die mit dieser Sprachmethode arbeiten. Das würde mich schon interessieren.

11. **B:** Da kannst du beruhigt sein. Ich habe eine Umfrage gemacht. Zwei Drittel der Kursteilnehmer begrüßen die Heirat und möchten wissen, wann die Hochzeit gefeiert wird.

12. **P:** Ostern. Und es wäre schön, wenn alle Leser auf unsere Hochzeit kommen würden, denn der Sprachkurs mit uns geht jetzt zu Ende.

Ce serait bien si nous nous mariions

1. **B :** Que dirais-tu si nous nous mariions ?
2. **P :** Mais nous sommes pour ainsi dire mariés. Notre vie ne changerait pas fondamentalement. Dans le mariage, on doit réduire ses droits de moitié et multiplier ses devoirs par deux, chacun sait cela.
3. **B :** J'aimerais bien fonder une famille et j'aimerais aussi avoir des enfants. Ce serait bien.
4. **P :** [Les] Pauvres enfants ! Ils feraient la connaissance d'un monde qui n'est pas un paradis. Pollution de l'environnement, chômage et guerres.
5. **B :** Tu vois les choses trop en noir. À deux, nous y arriverions bien. L'enfant est la perle [couronne] de la création.
6. **P :** Dommage que ce soit une fausse perle [couronne d'épines]. Comment résoudrions-nous le problème du travail [de la profession] et de la famille ?
7. **B :** L'un de nous devrait travailler à mi-temps. Ou bien nous pourrions prendre une fille au pair.
8. **P :** Dans mon job, il n'y a pas d'emplois à mi-temps. Et comment réagirait ton chef, si tu lui annonçais cela ?
9. **B :** Il l'accepterait bien. Dans notre rédaction, il y a de toute façon déjà de nombreux emplois [postes] à temps partiel.
10. **P :** Que disent donc les lecteurs de notre mariage ? Je parle des gens qui travaillent avec cette méthode de langue. Cela m'intéresserait de le savoir [Ceci m'intéresserait bien.]
11. **B :** Alors, là, tu peux être rassuré. J'ai fait un sondage. Deux tiers des participants à notre cours accueillent favorablement notre [le] mariage et aimeraient savoir quand les noces auront lieu [sont célébrées].
12. **P :** À Pâques. Et ce serait sympa [bien] si tous les lecteurs venaient à notre mariage, car le cours de langue en notre compagnie [avec nous] touche maintenant à sa fin.

Vocabulaire

◆

das Leben (sg.) : *la vie*
das Paradies, e : *le paradis*
die Krone, n : *la couronne*
die Schöpfung, en : *la création*
die Heirat, en : *le mariage*
die Hochzeit, en : *les noces*
der Leser, - : *le lecteur*

die Leute (pl.) : *les gens*
die Pflicht, en : *le devoir*
die Welt, en : *le monde*
der Chef, s : *le chef*
der Beruf, e : *le métier*
das Recht, e : *le droit*

die Familie, n [famiːliə] : *la famille*
die Ehe, n : *le mariage (institution)*
die Umfrage, n : *l'enquête, le sondage*
die Arbeitslosigkeit (sg.) : *le chômage*
die Dornenkrone, n : *la couronne d'épines*
die Halbtagsarbeit, en : *le travail à mi-temps*
die Teilzeitstelle, n : *l'emploi à temps partiel*
die Umweltverschmutzung, en : *la pollution de l'environnement*

■

jdn. heiraten : *épouser qqn.*
verheiratet sein : *être marié*
schade, dass : *dommage que*
vor/schlagen, u, a, ä : *proposer*
akzeptieren : *accepter*
wissen, wusste, gewusst : *savoir*
halbieren : *couper en deux*

ändern : *modifier*
gründen : *fonder*
schaffen : *(ici) réussir*
lösen : *résoudre*
verdoppeln : *doubler*
begrüßen : *saluer*
feiern : *célébrer*

zu Ende gehen, i, a (ist) : *s'achever*
halbtags arbeiten : *travailler à mi-temps*
Kinder bekommen, a, o : *avoir des enfants*
jdn. kennen lernen/kennenlernen : *faire la connaissance de
qqn.*
schwarz sehen, a, e, ie : *voir tout en noir, être pessimiste*

●

arm : *pauvre*
zu zweit : *à deux*
Ostern : *à Pâques*
grundlegend : *fondamentalement*
sowieso : *de toute façon*
zwei Drittel : *deux tiers*
so gut wie : *pour ainsi dire, pratiquement*

• **Le mode hypothétique (conditionnel) (suite)**

Comme nous l'avons vu dans la leçon 39, le **subjonctif à radical de prétérit** est appelé **subjonctif 2** et traduit l'irréel. Il se forme ainsi :

1) **Rappel** : terminaisons : **-e, -est, -e, -en, -et, -en.**

2) **Verbes forts** : il se forme sur le radical du prétérit de l'indicatif + l'inflexion quand elle est possible (**a > ä, u > ü, o > ö**) + terminaisons précitées :

kommen : er kam > er käme : *il viendrait*

gehen : er ging > er ginge : *il irait*

bieten : er bot > er böte : *il offrirait.*

Remarque :

Parallèlement à la forme simple, on trouve également la forme composée :

würde + infinitif : **er würde kommen/gehen/bieten**, donc **er würde gehen** ou **er ginge**, **er würde kommen** ou **er käme**.

3) **Verbes faibles** : leurs formes ne se distinguent pas de celles du prétérit de l'indicatif : **er lebte** : *a) il vivait, b) il vivrait*. Pour éviter la confusion, on recourt donc, la plupart du temps, à la forme composée avec **würde + infinitif** :

er würde leben : *il vivrait.*

4) Pour les **auxiliaires de mode**, il n'existe qu'une forme simple avec inflexion, à l'exception des verbes **wollen** et **sollen** :

er könnte : *il pourrait*
er möchte : *il aimerait bien*
er müsste/sollte : *il devrait, serait obligé*
er dürfte : *il aurait le droit*
er wollte : *il voudrait.*

• **Le « wenn » conditionnel (hypothétique) au subjonctif 2**

Dans la leçon 26, nous avons étudié le *si* conditionnel :

Wenn das Wetter schön ist, gehen wir spazieren.
S'il fait beau, nous irons nous promener.

Es wäre schön, wenn wir heiraten würden • Ce serait bien, si nous nous marions

GRAMMAIRE (suite)

On considère ici la condition comme **suffisante** pour que l'événement exprimé dans la proposition **se réalise**.

Si la condition de l'hypothèse **n'est pas réalisée**, mais **réalisable**, on emploie le **subjonctif 2** (forme simple ou composée) :

Wenn das Wetter schön wäre, gingen wir spazieren (würden wir spazieren gehen).
S'il faisait beau, nous irions nous promener (nous ferions une promenade).

Wenn wir heiraten würden, wäre es schön.
Si nous nous mariions, ce serait bien.

Remarques :

1) La conjonction **wenn** peut être supprimée : le verbe conjugué se trouve alors en 1re position et la principale peut être précédée de **so** : **Würden wir heiraten, (so) wäre es schön.** (Cf. leçon 42.)

2) Le subjonctif 2 des **auxiliaires** (**hätte, wäre**) et des **auxiliaires de mode** (**müsste, könnte, dürfte**, etc.) n'existe qu'à la forme simple.

3) Pour certains **verbes forts** très usuels, on peut dire que les formes simple et composée cohabitent :

käme/kommen würde, ginge/gehen würde, gäbe/geben würde, sähe/sehen würde, nähme/nehmen würde, bliebe/bleiben würde.

4) Les **verbes faibles** recourent le plus souvent à la forme composée (**wohnen/leben/tanzen würde**) pour éviter toute confusion avec l'indicatif.

• **Familles de mots**

● **die Heirat, en** : *le mariage (cérémonie)* ; **jdn. heiraten** : *épouser qqn.* ; **mit jdm. verheiratet sein** : *être marié avec qqn.* ; **die Ehe, n** : *le mariage (juridique)* ; **die Eheleute (pl.)** : *les époux* ; **der Ehemann, ¨er** ≠ **die Ehefrau, en** : *le mari, la femme* ;

die Hochzeit, en : *le jour du mariage, les noces ;*

● **die Halbtagsarbeit** : *le travail à mi-temps* ; **halbtags arbeiten** : *travailler à mi-temps ;*

die Teilzeitarbeit, en : *le travail à temps partiel* ; **der Teilzeitarbeiter, -** : *le travailleur à temps partiel.*

A. Faites des phrases hypothétiques au subjonctif 2

Ex. Wir heiraten; wir nehmen ein Au-pair-Mädchen.
→ Wenn wir heiraten würden, würden wir ein Au-pair-Mädchen nehmen.

1. Ich habe Geld; ich kaufe ein Haus.
2. Wir sind verheiratet; unser Leben ändert sich.
3. Das Wetter ist schön; wir fahren ans Meer.
4. Brigitte bekommt ein Kind; Peter arbeitet halbtags.
5. Er ist Chef; er arbeitet weniger.

B. Faites un énoncé cohérent à partir de ces éléments

1. was, du, sagen würdest, wenn, heiraten würden, wir, ?
2. wie, reagieren, würdest, du, wenn, halbtags, arbeiten würde, ich, ?
3. wenn, auf unsere Hochzeit, kommen würden, die Leser, es, schön, wäre
4. wenn, du, eine Teilzeitarbeit hättest, weniger Geld, verdienen, würdest, du
5. wenn, keine Umweltverschmutzung, es, geben würde, die Menschen, glücklich, wären

C. Remplacez « würde » + infinitif par la forme simple du subjonctif 2

Ex. Ich würde gern in Berlin bleiben:
→ Ich bliebe gern in Berlin.

1. Wir würden gern auf deine Hochzeit kommen.
2. Sie würde gern mit ihm ins Kino gehen.
3. Ich würde lieber zu Haus bleiben.
4. Wenn er Kopfschmerzen bekommen würde, würde er eine Tablette nehmen.
5. Peter würde oft alles schwarzsehen.

Es wäre schön, wenn wir heiraten würden • Ce serait bien, si nous nous marions

EXERCICES (suite)

D. Lequel de ces verbes n'a pas de forme composée au subjonctif 2 ?

1. arbeiten – trinken – werden
2. wohnen – müssen – kennen lernen
3. haben – vorschlagen – nehmen
4. interessieren – sein – akzeptieren
5. lösen – geben – mögen

E. Répondez aux questions

1. Wie definiert Brigitte das Kind?
2. Was muss man, so Peter (*d'après Peter*), in der Ehe verdoppeln?
3. Warum ist unsere Welt kein Paradies?
4. Was sagt Brigitte über die Teilzeitstellen?
5. Wie reagieren die Leser auf die Heirat von Peter und Brigitte?

F. Traduisez

1. Si j'avais un appartement, j'aimerais fonder une famille et avoir des enfants.
2. Le monde que les enfants connaîtraient ne serait pas un paradis.
3. Si j'avais un enfant, j'aurais beaucoup de problèmes à résoudre.
4. Les lecteurs aimeraient savoir quand le mariage sera [est] célébré.
5. Peter et Brigitte seraient heureux si vous veniez au mariage.

CORRIGÉS

A. 1. Wenn ich Geld hätte, würde ich ein Haus kaufen. **2.** Wenn wir verheiratet wären, würde sich unser Leben ändern. **3.** Wenn das Wetter schön wäre, würden wir ans Meer fahren. **4.** Wenn Brigitte ein Kind bekommen würde, würde Peter halbtags arbeiten. **5.** Wenn er Chef wäre, würde er weniger arbeiten.

B. 1. Was würdest du sagen, wenn wir heiraten würden? **2.** Wie würdest du reagieren, wenn ich halbtags arbeiten würde? **3.** Wenn die Leser auf unsere Hochzeit kommen würden, wäre es schön. **4.** Wenn du eine Teilzeitarbeit hättest, würdest du weniger Geld verdienen. **5.** Wenn es keine Umweltverschmutzung geben würde, wären die Menschen glücklich.

C. 1. Wir kämen gern auf deine Hochzeit. **2.** Sie ginge gern mit ihm ins Kino. **3.** Ich bliebe lieber zu Haus. **4.** Wenn er Kopfschmerzen bekäme, nähme er eine Tablette. **5.** Peter sähe oft alles schwarz.

D. 1. werden (würde). **2.** müssen (müsste). **3.** haben (hätte). **4.** sein (wäre). **5.** mögen (möchte).

E. 1. Für Brigitte ist das Kind die Krone der Schöpfung. **2.** In der Ehe, so Peter, muss man seine Pflichten verdoppeln. **3.** Unsere Welt ist kein Paradies wegen der Umweltverschmutzung (der Arbeitslosigkeit und der Kriege). **4.** Es gibt viele Teilzeitstellen. **5.** Die Leser reagieren positiv auf die Heirat. (Sie begrüßen die Heirat.)

F. 1. Wenn ich eine Wohnung hätte, würde ich gern eine Familie gründen und Kinder bekommen. **2.** Die Welt, die die Kinder kennen lernen würden, wäre kein Paradies. **3.** Wenn ich ein Kind hätte, hätte ich viele Probleme zu lösen. **4.** Die Leser möchten wissen, wann die Hochzeit gefeiert wird (wann man die Hochzeit feiert). **5.** Peter und Brigitte wären glücklich, wenn Sie auf die Hochzeit kommen würden (kämen).

Es wäre schön, wenn wir heiraten würden • Ce serait bien, si nous nous mariions

MÉMENTO

● **La concession** : *malgré, malgré cela, bien que*

1) *préposition* : **trotz + G** : *malgré*.
   Trotz des Regens gehen wir spazieren.
2) *adverbe* : **trotzdem** : *malgré cela*.
   Es regnet, trotzdem gehen wir spazieren.
3) *conjonction* : **obwohl** (avec l'indicatif) : *bien que*.
   Obwohl es regnet, gehen wir spazieren.

● **L'antériorité** : *avant ; auparavant/avant, avant de*

1) *préposition* : **vor + D** : *avant*. **Vor der Bescherung sangen sie.**
2) *adverbe* : **vorher/zuvor** : *auparavant*. **Sie begannen mit der Bescherung, vorher (zuvor) sangen sie.**
3) *conjonction* : **bevor** : *avant*. **Bevor sie mit der Bescherung begannen, sangen sie.**

● **La postériorité** : *après ; après (cela), après être/avoir + part. passé*

1) *préposition* : **nach + D** : *après*.
   Nach dem Tanzen gehen sie ins Restaurant.
2) *adverbe* : **nachher/danach** : *après cela*.
   Sie tanzten, nachher gingen sie ins Restaurant.
3) *conjonction* : **nachdem** : *après être/avoir* + part. passé.
   Nachdem sie getanzt haben, gehen sie ins Restaurant.

● **Depuis**

1) *préposition* : **seit + D** : *depuis*
   Seit dem Urlaub im Schwarzwald, ist er nicht mehr gestresst.
2) *adverbe* : **seitdem/seither** : *depuis, depuis lors*
   Er hat im Schwarzwald Urlaub gemacht; seitdem (seither) ist er nicht mehr gestresst.
3) *conjonction* : **seitdem** ou **seit** : *depuis que*
   Seit er Urlaub im Schwarzwald gemacht hat, ist er nicht mehr gestresst.

● **La conjonction während** peut avoir deux sens : *pendant que* et *tandis que*.
Während sie essen, sehen sie fern.
Er spült, während sie fernsieht.
(**spülen** = *faire la vaisselle*)

- La notion *sans* peut se rendre soit par :

1) une *préposition* : **ohne + A** : *sans*. **Sie fährt ohne ihren Freund nach Italien.**

2) une *conjonction* : **ohne dass** : *sans que*. **Sie fährt nach Italien, ohne dass ihr Freund mitkommt.**

3) une *structure* infinitive : **ohne ... zu** + infinitif : *sans* + infinitif. **Ich sehe mir Arte an, ohne ein Fan dieses Programms zu sein.**

- **Da** peut être une conjonction avec le sens de *comme*, *du fait que* : **Da die Bayern gesellig sind, haben sie das Bierfest geschaffen.**

- La structure **entweder ... oder ...**, *ou bien ... ou bien ...*, admet deux constructions :
Entweder fahren wir/Entweder wir fahren mit der Achterbahn oder wir gehen tanzen.

- *Plus ... plus ...* se rend par *je ..., umso/desto ...*
Je origineller die Kleidung ist, umso/desto größer ist der Spaß.

- Retenez la structure **zwar ..., aber ...**, *certes ... mais ...*
Zwar regnet es, aber wir gehen spazieren.

- Le mode **conditionnel** (**hypothétique**) se rend soit par une forme composée : **würde** + **infinitif** (**er würde singen** : *il chanterait* ; **er würde kommen** : *il viendrait*), soit par la forme simple du subjonctif 2 (**er sänge** : *il chanterait* ; **er käme** : *il viendrait*).
Wenn das Wetter schön wäre, würden wir spazieren gehen/gingen wir spazieren.
Avec les verbes faibles, **würde** + **infinitif** est la forme la plus courante de nos jours.
Wenn er mehr arbeiten würde, würde er mehr Geld verdienen.

Wenn er die Stelle bekommen hätte, wäre er glücklich gewesen

1. **Er:** Du weißt ja, dass Herr Ambos mein Chef bei der Firma Knoll ist. Dort hat er sich um die Direktorenstelle beworben.
2. **Sie:** Hat er die Stelle bekommen?
3. **Er:** Nein, wenn Ambos die Stelle bekommen hätte, wäre er glücklich gewesen. Aber leider hat er diesen Posten nicht bekommen.
4. **Sie:** Und wie hat er reagiert?
5. **Er:** Er war so verärgert, dass er mich angeschrien hat. Und ich habe später meine Sekretärin angeschrien, weil ich schlechter Laune war.
6. **Sie:** Komisch, es ist, als ob die Menschen Opfer von Kettenreaktionen wären.
7. **Er:** Ja, aber wenn ich meine Sekretärin nicht angeschrien hätte, wäre sie abends netter zu Herrn Walter gewesen.
8. **Sie:** Wer ist Herr Walter?
9. **Er:** Das ist ihr Mann, und der arbeitet bei der Firma Knall. Herr Walter musste nun seinen Ärger ebenfalls abreagieren. Frau Meyer, seine Sekretärin, war das Opfer.
10. **Sie:** Und was ist passiert?

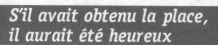

S'il avait obtenu la place, il aurait été heureux

1. **Lui :** Tu sais bien que M. Ambos est mon chef dans l'entreprise Knoll. Il s'y est porté candidat au poste de directeur.
2. **Elle :** A-t-il obtenu la place ?
3. **Lui :** Non. Si Ambos avait obtenu la place, il aurait été heureux. Mais il n'a malheureusement pas eu le poste.
4. **Elle :** Et comment a-t-il réagi ?
5. **Lui :** Il était si fâché qu'il m'a engueulé. Et moi, plus tard, j'ai crié après ma secrétaire parce que j'étais de mauvaise humeur.
6. **Elle :** Étrange, on dirait que les hommes sont victimes de réactions en chaîne.
7. **Lui :** Oui, mais si je n'avais pas enguirlandé [crié après] ma secrétaire, elle aurait été plus gentille, le soir, avec M. Walter.
8. **Elle :** Qui est M. Walter ?
9. **Lui :** C'est son mari, et il travaille dans l'entreprise Knall. Et il fallait bien que M. Walter passe, lui aussi, sa colère [ses tracas] sur quelqu'un. C'est Mme Meyer, sa secrétaire, qui (en) a été la victime.
10. **Elle :** Et que s'est-il passé ?

Vocabulaire

◆

die Stelle, n : *la place, l'emploi*   der Chef, s : *le chef*
die Sekretärin, nen : *la secrétaire*   der Posten, - : *le poste*
die Firma, -men : *la firme, la société*   das Opfer, - : *la victime*
der Ärger (sg.) : *le tracas, les ennuis*
die Kettenreaktion, en : *la réaction en chaîne*
die Direktorenstelle, n : *la place de directeur*

■

reagieren : *réagir*
bekommen, a, o : *obtenir, recevoir*
passieren (ist passiert) : *se passer*
jdn. an/schreien, ie, ie : *crier après qqn.*
zu jdm. nett sein : *être gentil avec qqn.*
schlechter Laune sein : *être de mauvaise humeur*
sich um etw. (A) bewerben, a, o, i : *postuler un emploi de*
an jdm. seinen Ärger ab/reagieren : *passer sa colère sur qqn.*

●

nett : *gentil, agréable*
glücklich : *heureux*
verärgert : *fâché, irrité*
komisch : *étrange*
leider : *malheureusement*
später : *plus tard, par la suite*
abends : *le soir*

GRAMMAIRE

● L'hypothétique (le conditionnel) passé : la condition non réalisée

● L'hypothétique passé, qui exprime une condition non réalisée dans le passé (*si j'avais su, je ne serais pas venu*), se forme, sans exception, avec le **subjonctif 2** de l'auxiliaire **haben** ou **sein** + le **participe passé** du verbe conjugué :

Er hätte gehabt. *Il aurait eu.*
Sie wäre gewesen. *Elle aurait été.*
Wir hätten genommen. *Nous aurions pris.*
Sie wären gekommen. *Vous seriez venu.*

• Dans la phrase hypothétique ou conditionnelle avec **wenn** : *si*, on emploie l'hypothétique passé (passé du subjonctif 2) dans la **subordonnée** et dans la **principale** :

Wenn er die Stelle bekommen hätte, wäre er glücklich gewesen.
S'il avait obtenu la place, il aurait été heureux.

Wenn wir Geld gehabt hätten, hätten wir ein Haus gekauft.
Si nous avions eu de l'argent, nous aurions acheté une maison.

• **La structure « als ob » + subjonctif 2**
Cette structure introduit une comparaison dont le deuxième terme est présenté comme irréel. Elle correspond aux tournures françaises : *faire comme si, avoir l'impression de, faire semblant de, on dirait que* :

Es ist (Es sieht so aus), als ob die Menschen Opfer von Kettenreaktionen wären.
On dirait (On a l'impression) que les hommes sont victimes de réactions en chaîne.

Sie macht (tut) so, als ob sie mich nie gesehen hätte.
Elle fait semblant de ne m'avoir jamais vu (comme si elle ne m'avait jamais vu).

Remarque :
Quand la forme du subjonctif 2 se confond avec celle de l'indicatif, on peut utiliser la forme **würde + infinitif**. C'est notamment le cas pour tous les verbes faibles (*cf.* leçon 40) :

Es ist, als ob er nicht arbeitete/arbeiten würde.
On dirait qu'il ne travaille pas.

• **so + adjectif, dass : si + adjectif + que**
Er war so verärgert, dass er mich angeschrien hat.
Il était si fâché qu'il m'a engueulé.

EXERCICES

A. Effectuez la transformation suivante

Ex. Er fährt nach England.
  → Er wäre nach England gefahren.
1. Wir besuchen oft unsere Freunde.
2. Er bewirbt sich um die Direktorenstelle.
3. Du kommst zu spät nach Haus.

B. Faites des énoncés à l'hypothétique passé

Ex. Ich habe kein Geld, deshalb kaufe ich keine Wohnung.
  → Wenn ich (kein) Geld gehabt hätte, hätte ich (keine) eine Wohnung gekauft.
1. Sie hat einen aggressiven Chef, deshalb ist sie nicht glücklich.
2. Die Arbeit im Büro macht keinen Spaß, deshalb arbeitet er nicht.
3. Ich schreie meine Sekretärin an, deshalb ist sie verärgert.

C. Faites précéder les énoncés de « Es ist, als ob »

Ex. Er hat die Stelle bekommen.
  → Es ist, als ob er die Stelle bekommen hätte.
  Sie ist verärgert.
  → Es ist, als ob sie verärgert wäre.
1. Nichts ist passiert.
2. Die Menschen suchen ein Opfer.
3. Sie sind schlechter Laune.
4. Mein Chef ist verrückt.

D. Traduisez

1. Sais-tu si M. Ambos a postulé la place de directeur ?
2. Oui, s'il avait obtenu le poste, il aurait été heureux.
3. Pourquoi a-t-il engueulé sa secrétaire ?
4. S'il ne l'avait pas engueulée, elle aurait été plus gentille avec son mari.

CORRIGÉS

A. 1. Wir hätten oft unsere Freunde besucht. **2.** Er hätte sich um die Direktorenstelle beworben. **3.** Du wärest zu spät nach Haus gekommen.

B. 1. Wenn sie keinen (einen) aggressiven Chef gehabt hätte, wäre sie (nicht) glücklich gewesen. **2.** Wenn die Arbeit im Büro (keinen) Spaß gemacht hätte, hätte er (nicht) gearbeitet. **3.** Wenn ich meine Sekretärin (nicht) angeschrien hätte, wäre sie (nicht) verärgert gewesen.

C. 1. Es ist, als ob nichts passiert wäre. **2.** Es ist, als ob die Menschen ein Opfer suchen würden. **3.** Es ist, als ob sie (Sie) schlechter Laune wären. **4.** Es ist, als ob mein Chef verrückt gewesen wäre.

D. 1. Weißt du, ob Herr Ambos sich um die Direktorenstelle (den Direktorenposten) beworben hat? **2.** Ja, wenn er die Stelle (den Posten) bekommen hätte, wäre er glücklich gewesen. **3.** Warum hat er seine Sekretärin angeschrien? **4.** Wenn er sie nicht angeschrien hätte, wäre sie zu ihrem Mann netter gewesen.

Wenn er die Stelle bekommen hätte, wäre er glücklich gewesen • S'il avait obtenu la place, il aurait été heureux

Du hast dich an ihm gerächt, statt ein neues Opfer zu suchen

1. **Er:** Hätte Herr Walter am nächsten Tag Frau Meyer nicht so angeschrien, wäre sie nicht so aggressiv zu ihrem Freund gewesen. Sie war aber so verärgert, dass sie ihren Frust abreagieren musste.

2. **Sie:** Und natürlich hat sie ihrerseits jemand anders angeschrien.

3. **Er:** Richtig, sie hat ihren Freund angeschrien. Und das war Herr Ambos, mein Chef bei der Firma Knoll, den wir ja kennen. Und der war seinerseits so verärgert...

4. **Sie:** ... dass er seine schlechte Laune an dir abreagieren musste.

5. **Er:** Genau, aber diesmal habe ich anders reagiert. Ich bin aufgestanden und habe ihm eine Ohrfeige gegeben.

6. **Sie:** Du hast dich an ihm gerächt, statt ein neues Opfer zu suchen.

7. **Er:** Alles wäre ja schön und gut, wenn mich mein Chef nicht vor die Tür gesetzt hätte. Als Arbeitsloser habe ich nun viel Zeit, über die Sündenböcke in unserer Gesellschaft nachzudenken.

8. **Sie:** Wir sollten uns ändern und anders verhalten. Statt schlechter Laune sollten wir Freundlichkeit verbreiten.

9. **Er:** Du hast Recht, der Teufelskreis hätte dann ein Ende, und der »Tugendkreis« könnte beginnen.

Tu t'es vengé de lui au lieu de chercher une nouvelle victime

1. **Lui :** *Si, le jour suivant, M. Walter n'avait pas crié autant après Mme Meyer, elle n'aurait pas été aussi agressive envers [avec] son ami. Mais elle était tellement irritée qu'elle a dû [devait] évacuer sa frustration.*

2. **Elle :** *Et bien sûr, elle a, de son côté, enguirlandé quelqu'un d'autre.*

3. **Lui :** *Tout juste, elle a engueulé son ami, qui n'était autre que M. Ambos, mon chef dans la société Knoll, et que nous connaissons bien. Et ce dernier a été à son tour si irrité…*

4. **Elle :** *… qu'il n'a pas pu [ne pouvait pas] faire autrement que de passer sa mauvaise humeur sur toi.*

5. **Lui :** *Exactement, mais cette fois, j'ai réagi différemment. Je me suis levé et je lui ai donné une claque.*

6. **Elle :** *Tu t'es vengé de lui, au lieu de chercher une nouvelle victime.*

7. **Lui :** *Tout ça serait bien beau si mon chef ne m'avait pas mis à la porte. En tant que chômeur, j'ai maintenant tout le temps de réfléchir aux boucs émissaires de [dans] notre société.*

8. **Elle :** *Nous devrions changer et nous comporter autrement. À la place de la mauvaise humeur, nous devrions répandre de la gentillesse.*

9. **Lui :** *Tu as raison, le cercle vicieux aurait alors une fin et le « cercle vertueux » pourrait commencer.*

Vocabulaire

◆

der Teufelskreis, e : *le cercle vicieux*   die Tugend, en : *la vertu*
der Frust (sg) : *la frustration*   die Ohrfeige, n : *la claque*
der Sündenbock, ¨e : *le bouc émissaire*
der (ein) Arbeitslose(r) (adj. subst.) : *le chômeur*
der Tugendkreis, e : *le cercle « vertueux »*
die Freundlichkeit, en : *la gentillesse, l'amabilité*

■

beginnen (a, o) : *commencer*   sich ändern : *changer*
verbreiten : *répandre, propager*
Recht/recht haben : *avoir raison*
ein Opfer suchen : *chercher une victime*
ein Ende haben : *avoir une fin, se terminer*
sich verhalten, ie, a, ä : *se comporter*
über etw. (A) nach/denken (a, a) : *réfléchir à qqch.*
sich an jdm. rächen : *se venger de/sur qqn.*
zu jdm. aggressiv sein : *se montrer agressif envers qqn.*
jdn. vor die Tür setzen : *mettre qqn. à la porte*
guter ≠ schlechter Laune sein : *être de bonne ≠ mauvaise humeur*
die schlechte Laune an jdm. ab/reagieren : *passer sa mauvaise humeur sur qqn.*

●

anders : *autrement*   richtig : *exact*
schön und gut : *bel et bien*   diesmal : *cette fois-ci*
am nächsten Tag : *le jour suivant*   verärgert : *irrité*
seinerseits/ihrerseits : *à son tour (à lui)/à son tour (à elle)*

GRAMMAIRE

● **La locution (an)statt ... zu + infinitif** : *au lieu de* + infinitif, a valeur de subordonnée :
Er schreit die Sekretärin an, (an)statt zu arbeiten. *Il engueule la secrétaire au lieu de travailler.*
Du hast dich an ihm gerächt, (an)statt ein neues Opfer zu suchen. *Tu t'es vengé de lui au lieu de chercher une nouvelle victime.*

La préposition (an)statt + G : *au lieu de, à la place de*, est suivie du génitif :

(An)statt schlechter Laune sollten wir Freundlichkeit verbreiten. *À la place de la mauvaise humeur, nous devrions répandre la gentillesse.*

(An)statt eines Buchs gebe ich dir eine CD-ROM.
Au lieu d'un livre je te donne un CD-ROM.

● **Suppression de « wenn »**
On peut supprimer **wenn** dans la phrase hypothétique ou conditionnelle. Dans ce cas, le verbe (l'auxiliaire dans un temps composé) occupe la première place de la subordonnée, et la principale peut être annoncée par **so**.

Hätte Herr Walter Frau Meyer nicht angeschrien, (so) wäre sie nicht aggressiv gewesen. *Si M. Walter n'avait pas crié après Mme Meyer, elle n'aurait pas été agressive.*

Kämest du (Würdest du kommen), (so) würden wir uns freuen. *Si tu venais, nous nous réjouirions.*

Remarque : Notons, cependant, que la construction sans **wenn** est plus rare de nos jours.

● **Suppression de « ob » dans la structure « als ob »**
On peut supprimer **ob** dans cette structure. Dans ce cas, le verbe de la subordonnée suit immédiatement la conjonction **als** :

Sie tut, als hätte sie mich nicht gesehen (= als ob sie mich nicht gesehen hätte). *Elle fait comme si elle ne m'avait pas vu.*
Es sieht so aus, als wollte er seinen Ärger an ihr abreagieren (= als ob er ... abreagieren wollte). *On dirait qu'il veut passer sa colère sur elle.*

● **Am folgenden Tag : le jour suivant**
Pour les jours et les moments du jour, on utilise la préposition **an** ou **am** (contraction de **an dem**) :

am Tag, am nächsten ≠ vorigen Tag : *le jour, le jour suivant ≠ précédent* ; **am Vormittag, am Nachmittag** : *(dans) la matinée/ le matin, (dans) l'après-midi* ; **am Montag/Dienstag/Mittwoch/ Donnerstag/Freitag/Samstag/Sonntag** : *le lundi/mardi/mercredi/jeudi/vendredi/samedi/dimanche.*

Remarque :
Ces compléments de temps peuvent être remplacés par un adverbe en **-s** : **mittags, nachmittags, montags, sonntags** : *à midi, l'après-midi, le lundi, le dimanche.*

EXERCICES

A. Introduisez « (an)statt … zu » dans les énoncés
Ex. Er geht spazieren. (arbeiten)
→ Er geht spazieren, (an)statt zu arbeiten.
1. Den Chef verhält sich aggressiv. (freundlich sein)
2. Er schreit seine Sekretärin an. (mit ihr diskutieren)
3. Du solltest mit mir ins Kino gehen. (zu Haus bleiben)

B. Faites appel à la préposition « (an)statt »
Ex. Sie fährt nach Spanien. (ihr Bruder)
→ (An)statt ihres Bruders fährt sie nach Spanien.
1. Er schickt seinem Chef einen Brief. (eine E-Mail)
2. Ich hätte mir einen kleinen Laptop gekauft. (ein großer PC)
3. Du solltest eine kleine Firma suchen. (ein Großunternehmen)

C. Faites des phrases en supprimant « ob »
Ex. Es sieht so aus, als ob Herr Ambos schlechter Laune wäre.
→ Es sieht so aus, als wäre Herr Ambos schlechter Laune.
1. Es ist, als ob der Teufelskreis nie enden würde.
2. Frau Meyer tut, als ob sie dem Chef eine Ohrfeige geben würde.
3. Es ist, als ob jeder seinen Ärger abreagieren müsste.

D. Traduisez
1. Cherchez une autre victime, au lieu de passer votre colère sur moi.
2. Au lieu d'une voiture japonaise, j'aurais acheté une voiture française.
3. Si tu n'étais pas de mauvaise humeur, tu te comporterais autrement.

CORRIGÉS

A. 1. Der Chef verhält sich aggressiv, (an)statt freundlich zu sein. **2.** Er schreit seine Sektretärin an, (an)statt mit ihr zu diskutieren. **3.** Du solltest mit mir ins Kino gehen, (an)statt zu Haus zu bleiben.

B. 1. (An)statt eines Briefs schickt er seinem Chef eine E-Mail. **2.** (An)statt eines großen PCs hätte ich mir einen kleinen Laptop gekauft. **3.** (An)statt eines Großunternehmens solltest du eine kleine Firma suchen.

C. 1. Es ist, als würde der Teufelskreis nie enden. **2.** Frau Meyer tut, als würde sie dem Chef eine Ohrfeige geben. **3.** Es ist, als müsste jeder seinen Ärger abreagieren.

D. 1. Suchen Sie (sich) ein anderes Opfer, (an)statt Ihren Ärger an mir abzureagieren. **2.** (An)statt eines japanischen Wagens (Autos) hätte ich einen französischen Wagen (ein französisches Auto) gekauft. **3. a)** Wenn du nicht schlechter Laune wärest, würdest du dich anders verhalten. **b)** (Sans *wenn*) Wärest du nicht schlechter Laune, (so) würdest du dich anders verhalten.

Ich habe erst 30 (dreißig) Seiten gelesen

Ein Lehrer gibt seinen Schülern Philosophieunterricht besonderer Art.

1. **Lehrer:** Denken Sie positiv, sprechen Sie positiv, handeln Sie positiv. Und sagen Sie um Gottes willen nie: »Die Flasche ist halbleer«, sondern sagen Sie positiv...
2. **Schüler:** »Die Flasche ist halbvoll.«
3. **Lehrer:** Richtig, das ist das Geheimnis. Die Flasche ist halbvoll, nicht halbleer. Sagen Sie deshalb nie: »Ich habe *erst* 30 (dreißig) Seiten von den 300 (dreihundert) Seiten gelesen«, sondern sagen Sie vielmehr...
4. **Schüler:** »Wir haben *schon* 30 Seiten gelesen.«
5. **Lehrer:** Richtig! Und Sie haben sie *schon* gelesen. Um die Welt zu erobern, müssen Sie positiv handeln.
6. **Schüler:** Wir haben die Welt erobern können, weil wir positiv gehandelt haben.
7. **Lehrer:** *Scheinen* ist wichtiger als *sein*. Ehrlich zu sein, ist nichts, als ehrlich zu gelten, ist alles.
8. **Schüler:** Ehrlich *scheinen* ist wichtiger als ehrlich *sein*.
9. **Lehrer:** Und arbeiten Sie. Aber arbeiten Sie höchstens den halben Tag. Den anderen halben Tag verbringen Sie damit, den Leuten zu erzählen, dass Sie arbeiten und wie viel Sie arbeiten. Merken Sie sich: Es gibt keine fleißigen Menschen, sondern nur fleißiges Geld. Um reich zu werden, lassen Sie Ihr Geld arbeiten.
10. **Schüler:** Wir haben unser Geld arbeiten lassen, deshalb sind wir reich geworden.
11. **Lehrer:** Seien Sie Egoist, aber sagen Sie niemandem, dass Sie es sind. Nur der Egoist, der perfekt die Sprache der Selbstlosen spricht, ist glaubwürdig. Seien Sie Christ und lieben Sie Ihren Nächsten wie sich selbst.
12. **Schüler:** Lieben wir uns selbst, damit wir wissen, wie wir unseren Nächsten lieben sollen.

Je n'ai (encore) lu que trente pages

Un professeur (P) dispense un cours de philosophie d'un genre particulier à ses élèves (É).

1. **P :** Pensez positivement, parlez positivement, agissez positivement. Et, pour l'amour de Dieu, ne dites jamais : « La bouteille est à moitié vide », mais dites d'une manière positive…
2. **É :** « La bouteille est à moitié pleine. »
3. **P :** Exact, voilà le secret. La bouteille est à moitié pleine, pas à moitié vide. C'est la raison pour laquelle vous ne direz jamais : « Je n'ai encore lu que trente des trois cents pages », mais dites plutôt…
4. **É :** « Nous avons déjà lu trente pages. »
5. **P :** Exact ! Et vous les avez déjà lues. Pour conquérir le monde vous devez agir positivement.
6. **É :** Nous avons pu conquérir le monde parce que nous avons agi positivement.
7. **P :** Paraître est plus important qu'être. Être honnête n'est rien, passer pour honnête est tout.
8. **É :** Sembler honnête est plus important qu'être honnête.
9. **P :** Et travaillez ! Mais travaillez tout au plus la demi-journée. Vous passerez l'autre demi-journée à raconter aux gens que vous travaillez et à quel point vous travaillez. Et prenez bonne note de ceci : Il n'y a pas de gens travailleurs, mais il n'y a que l'argent qui travaille. Pour devenir riche, faites travailler votre argent.
10. **É :** Nous avons fait travailler notre argent, c'est la raison pour laquelle nous nous sommes enrichis.
11. **P :** Soyez égoïstes, mais ne dites à personne que vous l'êtes. Seul l'égoïste qui parle à la perfection le langage des désintéressés est crédible. Soyez chrétiens et aimez votre prochain comme vous-mêmes.
12. **É :** Aimons-nous nous-mêmes afin que nous sachions comment nous devons aimer notre prochain.

Vocabulaire

die Seite, n : 1. *la page,* 2. *le côté*   die Flasche, n : *la bouteille*
der Egoist, en, en : *l'égoïste*   die Welt, en : *le monde*
der Christ, en, en : *le chrétien*   das Geld (sg.) : *l'argent*
der (ein) Selbstlose(r) (adj. subst.) : *la personne désintéressée*
der Nächste (adj. subst.) : 1. *le prochain,* 2. *le suivant*
das Geheimnis, se : 1. *le secret,* 2. *le mystère*

scheinen, ie, ie : *sembler*   handeln : *agir*
gelten, a, o, i, als : *passer pour*   erobern : *conquérir*
reich werden, u, o (ist) : *s'enrichir*   erzählen : *raconter*
arbeiten lassen, ie, a, ä : *faire travailler*
Zeit verbringen (verbrachte, verbracht) : *passer du temps*

positiv : *positif, positivement*   nie : *jamais*
deshalb : *c'est pourquoi*   schon : *déjà*
viel mehr : *bien davantage, plutôt*   erst/nur : *ne … que*
höchstens : *tout au plus*   glaubwürdig : *crédible*
perfekt : *parfait(ement)*   damit (conj.) : *afin que*
fleißig : *assidu, appliqué, travailleur*
halbleer ≠ halbvoll : *à moitié vide ≠ à moitié plein(e)*

GRAMMAIRE

● **erst/nur : ne … que**

1) **erst** : *ne … (encore) … que, seulement*, indique une étape, un
   point évolutif dans la quantité ou dans le temps et s'oppose
   à **schon** : *déjà* :

   Ich habe <u>erst</u> 30 Seiten gelesen. Du hast <u>schon</u> 100 gelesen.
   Je <u>n</u>'ai (encore) lu <u>que</u> 30 pages. Tu en as <u>déjà</u> lu 100.

   Ist es <u>schon</u> 5 Uhr? Nein, es ist <u>erst</u> 4 Uhr.
   Est-il <u>déjà</u> 5 heures ? Non, il <u>n</u>'est <u>(encore) que</u> 4 heures.

2) **nur** : *ne … que*, indique une quantité définitive (a) ou une
   durée (b).

a) **Das Buch ist uninteressant, deshalb habe ich <u>nur</u> 30 Seiten gelesen.** *Le livre est inintéressant, c'est pourquoi je n'ai lu que 30 pages (je n'en lirai pas davantage).*

b) **Ich komme, aber ich kann <u>nur</u> 2 Stunden bleiben.** *Je viens, mais je ne peux rester que 2 heures (durée).*

● Le double infinitif

Au parfait et au plus-que-parfait, lorsque le participe passé des auxiliaires de mode (**können, dürfen, wollen, mögen, sollen, müssen**) est précédé de son infinitif complément, ce participe prend lui-même la forme de l'infinitif.

Sie hat singen müssen (et non « gemusst »). *Elle a dû chanter.*

Er hat nicht kommen können. *Il n'a pas pu venir.*

Wir haben nicht arbeiten wollen.
Nous n'avons pas voulu travailler.

Remarque : La règle du « double infinitif » s'applique également aux verbes **lassen, sehen, hören.**

Wir haben unser Geld arbeiten lassen.
Nous avons fait travailler notre argent.

Ich habe ihn kommen hören. *Je l'ai entendu venir.*

● **gelten (galt, gegolten, gilt) als** + **adjectif** ou **nom** (au nominatif) : *passer pour, être considéré comme* :

Sie gilt als klug. *Elle passe pour intelligente.*

Er gilt auch als ein intelligenter Mensch.
Il passe aussi pour un être intelligent.

Wir gelten als ehrlich/als ehrliche Menschen.
Nous sommes considérés comme honnêtes/comme d'honnêtes gens.

● **Rappel :** Forme de politesse à l'impératif :

Seien Sie egoistish! *Soyez égoïste !*

Denken Sie positiv! *Pensez positivement !*

Ich habe erst 30 (dreißig) Seiten gelesen ● Je n'ai (encore) lu que trente pages

EXERCICES

A. Complétez les énoncés par « erst » ou « nur »

1. Ein guter Schüler kann ____ positiv denken, nicht negativ.

2. Das Buch ist nicht interessant. Ich habe ____ 15 Seiten lesen können.

3. Haben Sie schon das ganze Buch gelesen? Nein, ____ 100 Seiten, aber morgen lese ich weiter.

4. Wie spät ist es? ____ 3 Uhr, Sie haben noch Zeit.

5. Wie lange dauert der Film? ____ eine Stunde.

B. Mettez les énoncés au parfait (passé composé)

1. Wir müssen positiv denken.

2. Er will das Geheimnis des Lehrers kennen.

3. Sie darf nur den halben Tag arbeiten.

4. Der Egoist kann nur an sich selbst denken.

5. Ich mag keine Horror-Filme sehen.

C. Mettez les énoncés au présent

1. Wir haben unser Geld arbeiten lassen.

2. Er hat die Welt erobern wollen.

3. Sie hat ihn kommen sehen.

4. Ich habe im Leben viel arbeiten müssen.

5. Du hast positiv denken und handeln sollen.

D. Traduisez

1. Pour conquérir le monde, vous devez penser positivement.

2. Ne dites à personne que vous êtes un égoïste.

3. Elle n'a voulu travailler qu'une demi-journée.

4. *Passer* pour honnête est plus important qu'*être* honnête.

5. Avez-vous lu toutes les pages ? Non, je n'en ai encore lu que 50.

CORRIGÉS

A. 1. nur. **2.** nur. **3.** erst. **4.** Erst. **5.** Nur.

B. 1. Wir haben positiv denken müssen. **2.** Er hat das Geheimnis des Lehrers kennen wollen. **3.** Sie hat nur den halben Tag arbeiten dürfen. **4.** Der Egoist hat nur an sich selbst denken können. **5.** Ich habe keine Horrorfilme sehen mögen.

C. 1. Wir lassen unser Geld arbeiten. **2.** Er will die Welt erobern. **3.** Sie sieht ihn kommen. **4.** Ich muss im Leben viel arbeiten. **5.** Du sollst positiv denken und handeln.

D. 1. Um die Welt zu erobern, müssen Sie positiv denken. **2.** Sagen Sie niemand(em), dass Sie ein Egoist sind. **3.** Sie hat nur einen halben Tag arbeiten wollen. **4.** Als ehrlich *gelten* ist wichtiger als ehrlich *sein*. **5.** Haben Sie alle Seiten gelesen? Nein, ich habe erst 50 gelesen.

Ich habe erst 30 (dreißig) Seiten gelesen • Je n'ai (encore) lu que trente pages

Wir brauchen nur Geld zu spenden

(Erster Teil)

Was soll man nur schenken, wenn man eingeladen ist?

1. **Sie:** Am Samstag sind wir bei den Simons zum Abendessen eingeladen. Was sollen wir denen nur schenken?

2. **Er:** Das letzte Mal haben wir ihnen einen Blumenstrauß geschenkt. Wir können nicht jedes Mal Blumen mitbringen. Da müssen wir uns was einfallen lassen.

3. **Sie:** Du weißt ja, dass die Simons schon alles haben. Wie wär's denn mit einem Bonsai, der kostet zweihundert Euro und sieht super aus.

4. **Er:** Der geht sofort ein. Wir müssen was Originelles für die Wohnung finden.

5. **Sie:** Die ist doch schon übervoll. Aber vielleicht wäre an der Wand noch ein bisschen Platz für eine Kuckucksuhr.

6. **Er:** Bis die Simons solch einen Kitsch akzeptieren, fließt noch viel Wasser den Rhein hinunter.

7. **Sie:** Es kommt beim Schenken ja nicht darauf an, ob man es braucht, sondern ob man es brauchen kann.

8. **Er:** Und nicht einmal darauf kommt es an. Es muss nur Freude machen. Nicht für immer, nur im ersten Augenblick.

9. **Sie:** Ich hab's. Wie wär's mit sechs Teelöffeln oder einer Tortenschaufel? Gut, die Simons haben das alles schon. Das sehe ich ein. Aber sicher noch nicht vergoldet.

Nous n'avons qu'à faire un don

(Première partie)

Que peut-on bien offrir quand on est invité ?

1. **Elle :** Samedi, nous sommes invités à dîner chez les Simon. Qu'est-ce que nous pourrions bien [devons] leur offrir ?

2. **Lui :** La dernière fois, nous leur avons offert un bouquet de fleurs. Nous ne pouvons pas amener des fleurs à chaque fois. Il faut que nous trouvions [nous devons trouver] une autre idée.

3. **Elle :** Tu sais bien que les Simon ont déjà tout. Que dirais-tu [Comment ce serait] donc d'un bonsaï ? Celui-ci coûte deux cents euros, mais il a l'air super.

4. **Lui :** Il va crever tout de suite. Nous devrions trouver quelque chose d'original pour l'appartement.

5. **Elle :** Mais il est déjà archiplein. Il y aurait cependant peut-être encore un peu de place au mur pour un coucou de la Forêt-Noire ?

6. **Lui :** D'ici à ce que les Simon acceptent quelque chose d'aussi kitsch, il s'écoulera encore beaucoup d'eau sous les ponts du Rhin [beaucoup d'eau coule dans le Rhin].

7. **Elle :** Quand on fait un cadeau, l'important n'est pas de savoir si on en a besoin, mais si on peut en avoir l'usage.

8. **Lui :** Et ce n'est même pas cela qui importe. Il faut seulement que cela fasse plaisir. Non pas pour toujours, mais seulement sur le moment.

9. **Elle :** J'ai trouvé [Je l'ai]. Et si on prenait six cuillers à thé ou une pelle à tarte ? D'accord, les Simon ont déjà tout ça, je l'admets. Mais certainement pas en métal doré.

Wir brauchen nur Geld zu spenden

(Zweiter Teil)

10. **Er:** Ich bin weder für die vergoldeten Löffel noch für die Tortenschaufel. Das heißt, das Geld aus dem Fenster werfen.

11. **Sie:** Spenden wir doch einfach zweihundert Euro für einen guten Zweck. Am besten auf den Namen Simon. Wir brauchen ihnen dann nur den Empfangsbeleg zu schicken. Sie gelten als großzügig und den Betrag können sie von der Steuer absetzen.

12. **Er:** Das hat nur einen Nachteil. Die Heilsarmee oder das Rote Kreuz schickt ihnen dann alle zwei Monate eine Aufforderung zum Spenden. Die Simons werden uns verfluchen.

Nous n'avons qu'à faire un don

(Deuxième partie)

10. **Lui :** Je ne suis ni pour les cuillers dorées ni pour la pelle à tarte. C'est [Cela s'appelle] jeter son argent par les fenêtres [la fenêtre].

11. **Elle :** Faisons tout bonnement un don de deux cents euros en faveur d'une bonne œuvre [bon usage]. De préférence au nom des Simon. Nous n'aurons [n'avons] alors plus qu'à leur adresser le reçu. Ils passeront [passent] pour généreux, et ils pourront [peuvent] déduire la somme de leurs impôts.

12. **Lui :** La chose ne présente qu'un inconvénient. [Cela n'a qu'un désavantage.] L'Armée du Salut ou la Croix-Rouge va alors leur envoyer tous les deux mois une invitation à faire un don. Les Simon vont nous maudire.

der Teelöffel, - : *la cuiller à thé* der Augenblick, e : *l'instant*
die Steuer, n : *l'impôt* der Kitsch (sg.) : *le kitsch*
der Zweck, e : *le but, l'utilité* die Blume, n : *la fleur*
die Aufforderung, en : *l'invitation*
die Tortenschaufel, n : *la pelle à tarte*
der Betrag, ¨e : *le montant, la somme*
der Schwarzwald (sg.) : *la Forêt-Noire*
die Heilsarmee (sg.) : *l'Armée du Salut*
das Rote Kreuz (sg.) : *la Croix-Rouge*
die Wand, ¨e : *la cloison, le mur intérieur*
die Kuckucksuhr, en : *le coucou (pendule)*
der Empfangsbeleg, e : *le reçu, le récépissé*
der Blumenstrauß, ¨e : *le bouquet de fleurs*

fließen, o, o (ist) : *couler* schenken : *offrir*
verfluchen : *maudire* akzeptieren : *accepter*
aus/sehen, a, e, i : *avoir l'air*
jdm. Freude machen : *faire plaisir à qqn.*
etw. ein/sehen, a, e, i : *admettre qqch.*
etw. (A) brauchen : *avoir besoin de qqch.*
mit/bringen (brachte mit, mitgebracht) : *apporter*
(von der Steuer) ab/setzen : *déduire des impôts*
Wie wär's mit …? *Et que diriez-vous/dirais-tu de … ?*
als großzügig gelten, a, o, i : *passer pour généreux*
Geld spenden : *donner de l'argent, faire un don*
Geld aus dem Fenster werfen, a, o, i : *jeter l'argent par les fenêtres*

originell : *original* vergoldet : *doré*
das letzte Mal : *la dernière fois* ein bisschen : *un peu*
weder … noch … : *ni… ni…* mindestens : *au moins*
bis : *jusqu'à ce que, d'ici à ce que*

● **Nur brauchen + zu + infinitif** : *n'avoir qu'à/il suffit de + infinitif*. Retenez cette structure très utilisée :

Um sein Examen zu bekommen, braucht er nur zu arbeiten. *Pour réussir à son examen, il n'a qu'à travailler.*

Wir brauchen den Simons nur den Empfangsschein zu schicken. *Nous n'avons qu'à envoyer le reçu aux Simon.*

La forme sans **zu** se rencontre également : **Er braucht nur arbeiten.** Aux temps composés (parfait, plus-que-parfait), **brauchen** fonctionne comme le « double infinitif » : **Er hatte nur zu arbeiten brauchen.** *Il n'avait eu qu'à travailler.*

● **La conjonction bis** : *jusqu'à ce que, d'ici à ce que*, est suivie de l'indicatif :

Bis sie kommt, habe ich die Arbeit beendet. *Jusqu'à ce qu'elle (D'ici à ce qu'elle) vienne, j'aurai terminé [j'ai terminé] le travail.*
♦ **Bis die Simons einen solchen Kitsch akzeptieren, fließt noch viel Wasser den Rhein hinunter.** *D'ici à ce que les Simon acceptent quelque chose d'aussi kitsch, il y aura encore beaucoup d'eau qui coulera sous les ponts (du Rhin).*

● **La construction weder … noch …** : *ni … ni …*
Weder seine Mutter noch sein Vater wussten es. *Ni sa mère ni son père ne le savaient.* ♦ **Ich bin weder für die vergoldeten Löffel noch für die Tortenschaufel.** *Je ne suis ni pour les cuillers en métal doré ni pour la pelle à tarte.*

● Retenez les formes contractées suivantes :
Ich hab's = Ich habe es. *J'ai trouvé.*
Wie wär's (= wäre es) mit einem Bonsai?
Que diriez-vous/dirais-tu d'un bonsaï ?
Was (= Etwas) Originelles/Interessantes/Schönes.
Quelque chose d'original/d'intéressant/de beau.

Au pluriel, les **noms de familles** prennent un **-s**, qui se prononce :
Wir sind bei den Simons eingeladen.
Nous sommes invités chez les Simon.

Remarque : Les noms de famille peuvent ne pas prendre d'article :
Schmitts/Die Schmitts sind sympathische Leute.
Les Schmitt sont des gens sympathiques.

Notez l'expression **es kommt darauf an, ob/wann/wo/wie viel,** etc. : *ce qui importe/l'important est de savoir si/quand/où/combien, etc.*

Es kommt darauf an, ob es den Leuten Freude macht.
Ce qui importe est de savoir si cela fait plaisir aux gens.

Wir brauchen nur Geld zu spenden • Nous n'avons qu'à faire un don

EXERCICES

A. Répondez en employant « nur brauchen zu »

Ex. Was sollen wir ihnen nur schenken? (Blumenstrauß)
  → *Wir brauchen ihnen nur einen Blumenstrauß zu schenken.*

1. Was könnten wir kaufen? (einen schönen Bonsai)
2. Was wollen wir machen? (Geld spenden)
3. Was müssen wir ihnen schicken? (den Empfangsbeleg)
4. Wem sollen wir das Geld schicken? (dem Roten Kreuz)

B. Mettez les énoncés au parfait (passé composé)

Ex. Wir brauchen nur Blumen mitzubringen.
  → *Wir haben nur Blumen mitzubringen brauchen.*

1. Du brauchst nur etwas Originelles zu finden.
2. Er braucht nur eine Kuckucksuhr zu kaufen.
3. Ihr braucht nur vergoldete Teelöffel mitzubringen.
4. Sie brauchen nur was Schönes zu schenken.

C. Choisissez les termes appropriés

weder … noch	bis	was

1. ___ sie nach Haus kommt, habe ich ___ Gutes gekocht.
2. ___ seine Mutter ___ sein Vater sind ___ heute informiert.
3. Du brauchst nur ___ Originelles für die Wohnung zu finden.
4. ___ ich so ___ Kitschiges akzeptiere, fließt noch viel Wasser den Rhein hinunter.

D. Traduisez

1. Que dirais-tu d'un bonsaï ? Il coûte au minimum (au moins) 200 euros.
2. Nous n'avons qu'à leur acheter des cuillers à thé dorées.
3. D'ici à ce que [Jusqu'à ce que] j'achète quelque chose d'aussi kitsch, beaucoup d'eau coulera [coule] sous les ponts du Rhin.
4. Ce qui importe est de savoir si cela leur fait plaisir.
5. Les Schmitt nous ont invités à dîner. Que pouvons-nous bien leur offrir ?

CORRIGÉS

A. 1. Wir brauchen nur einen schönen Bonsai zu kaufen. **2.** Wir brauchen nur Geld zu spenden. **3.** Wir brauchen ihnen nur den Empfangsbeleg zu schicken. **4.** Wir brauchen das Geld nur dem Roten Kreuz zu schicken.

B. 1. Du hast nur etwas Originelles zu finden brauchen. **2.** Er hat nur eine Kuckucksuhr zu kaufen brauchen. **3.** Ihr habt nur vergoldete Teelöffel mitzubringen brauchen. **4.** Sie haben nur was Schönes zu schenken brauchen.

C. 1. Bis, was. **2.** Weder, noch, bis. **3.** was. **4.** Bis, was.

D. 1. Wie wär's (wäre es) mit einem Bonsai? Er kostet mindestens 200 Euro (€). **2.** Wir brauchen ihnen nur vergoldete Teelöffel zu schenken. **3.** Bis ich solch einen Kitsch kaufe, fließt noch viel Wasser den Rhein hinunter. **4.** Es kommt darauf an, ob es ihnen Freude macht. **5.** (Die) Schmitts haben uns zum Abendessen eingeladen. Was sollen wir ihnen (denen) schenken?

Ich brauche mich nicht zu verkleiden

Max und Moritz diskutieren über ihre Erfahrungen bei der Wohnungssuche.

1. **Max:** Seit einem Jahr suche ich eine 60 Quadratmeter große Wohnung, vergeblich. Was soll ich machen?

2. **Moritz:** Ich kann dir aus Erfahrung einige Ratschläge geben. Außer Zeitungsannoncen musst du auch Traueranzeigen studieren. Dann kennst du alle Sterbefälle in deinem Viertel.

3. **Max:** Was hat das mit der Wohnung zu tun?

4. **Moritz:** Bei der Beerdigung des Vormieters drückst du dann den Erben oder dem Besitzer dein Beileid aus.

5. **Max:** Meinst du, dass dadurch meine Chancen als Mieter verbessert werden?

6. **Moritz:** Klar! Vergiss nicht, dich korrekt zu kleiden, wenn du dich beim Vermieter vorstellst. Wer eine Mietwohnung sucht, trägt keine Jeans, sondern einen nach Maß gefertigten Anzug.

7. **Max:** Ich brauche mich doch nicht zu verkleiden, um eine Wohnung zu mieten. Jetzt übertreibst du aber!

8. **Moritz:** Auf keinen Fall. Sobald dir der Besitzer öffnet, sag sofort, dass du Deutscher, glücklich verheiratet und kinderlos bist.

9. **Max:** Was für Fragen stellt man beim Besichtigen einer Wohnung?

10. **Moritz:** Um Gottes willen, stell nur keine Fragen. Erklär dich spontan bereit, alle Zimmer zu renovieren. Auf deine Kosten natürlich.

11. **Max:** Und wann soll über die Miete gesprochen werden?

12. **Moritz:** Frag nie, was die Wohnung kostet, sondern warte, bis man dir den Mietpreis nennt. Sag nicht »oh, das ist teuer!«, sondern »ah, das ist preiswert!«

Je n'ai pas besoin de me déguiser

Max et Moritz discutent de leurs expériences en matière de recherche d'appartement.

1. **Max :** Depuis un an, je cherche un appartement de 60 m², mais en vain. Que dois-je faire ?

2. **Moritz :** Par expérience, je peux te donner quelques conseils. En plus des annonces dans les journaux, tu dois étudier les faire-part de décès. Tu connaîtras [connais] alors tous les [cas de] décès de ton quartier.

3. **Max :** Qu'est-ce que cela a à voir avec l'appartement ?

4. **Moritz :** À l'enterrement du locataire précédent, tu présenteras [exprimes] alors tes condoléances aux héritiers ou au propriétaire.

5. **Max :** Penses-tu que mes chances en tant que locataire en soient [par cela] améliorées ?

6. **Moritz :** C'est évident ! N'oublie pas de t'habiller correctement quand tu te présentes chez le bailleur. Celui qui cherche un logement ne porte pas de jeans, mais un costume fait sur mesure.

7. **Max :** Mais je n'ai quand même pas besoin de me déguiser pour louer un appartement ! Là, tu exagères ! [Mais maintenant tu exagères !]

8. **Moritz :** En aucun cas. Dès que le propriétaire t'ouvrira [t'ouvre], dis immédiatement que tu es Allemand, heureux en ménage et sans enfants.

9. **Max :** Quel genre de questions pose-t-on en visitant un logement ?

10. **Moritz :** Pour l'amour de Dieu, ne pose surtout pas de questions ! Dis-toi spontanément disposé à rénover toutes les pièces. À tes frais, naturellement.

11. **Max :** Et quand doit-on parler [doit-il être parlé] du loyer ?

12. **Moritz :** Ne demande jamais ce que coûte l'appartement, mais attends jusqu'à ce que l'on t'indique le montant du loyer. Ne dis pas : « Oh, c'est très cher ! », mais : « Ah, c'est bon marché ! »

◆

das Viertel, - : *le quartier*
die Erfahrung, en : *l'expérience*
der Anzug, ¨e : *le costume*
der Besitzer, - : *le propriétaire*
der Erbe, n, n : *l'héritier*
die Beerdigung, en : *l'enterrement*
der Sterbefall, ¨e : *le [cas de] décès*
der Mietpreis, e : *le montant du loyer*
der Ratschlag, ¨e : *le conseil (donné)*
der (Vor)mieter, - : *le locataire (précédent)*
die Zeitungsannonce, n : *la petite annonce*
die Traueranzeige, n : *le faire-part de décès*
die Wohnungssuche (sg.) : *la recherche d'un logement*

■

studieren : *étudier*
sich kleiden : *s'habiller*
sich verkleiden : *se déguiser*
tun (tat, getan) : *faire*
übertreiben (ie, ie) : *exagérer*
besichtigen : *visiter*
beim Besichtigen : *en visitant*
mieten : *louer*
meinen : *penser, être d'avis*
kosten : *coûter*
kennen (kannte, gekannt) : *connaître*
eine Frage stellen : *poser une question*
seine Chancen verbessern : *améliorer ses chances*
nennen (nannte, genannt) : *nommer, indiquer*
nach Maß fertigen : *faire sur mesure*
sich zu + D bereit erklären : *se déclarer disposé/prêt à*
jdm. sein Beileid aus/drücken : *présenter ses condoléances
 à qqn.*

●

kinderlos : *sans enfants*
außer + D (prép.) : *en plus de*
auf deine Kosten : *à tes frais*
vergeblich : *(en) vain, vainement*
teuer ≠ preiswert : *cher ≠ bon marché*
sobald (conj.) : *dès que, aussitôt que*
um Gottes willen : *pour l'amour de Dieu*

verheiratet : *marié*
aufrichtig : *sincère*
korrekt : *correct*

• La proposition qualificative

C'est une structure principalement écrite (style administratif, etc.), qui se forme sur un :

• **adjectif de mesure** : **groß** : *grand*, **lang** : *long*, **breit** : *large*, **hoch** : *haut*, **tief** : *profond*, **schwer** : *lourd*, etc. ;

• **adjectif prépositionnel** : **stolz auf + A** : *fier de*, **zufrieden mit + D** : *satisfait de*, etc. ;

• **participe présent** [**-end** ajouté au radical de l'infinitif : **singen** : → **sing-**, **singend**] quand l'action est en cours ;

• **participe passé** (**gemacht**) quand l'action est achevée.

L'ordre des éléments est le suivant : **A**rticle, **C**ompléments, **A**djectif ou participe décliné, **S**ubstantif (= nom) (**ArCAS**) :

Die 60 Quadratmeter große Wohnung liegt in Berlin.
Ar   C   A   S

Er trägt einen nach Maß gefertigten Anzug.
     Ar   C   A   S

Remarques :

1) La proposition qualificative peut toujours être remplacée par une subordonnée relative :

   Die Wohnung, die 60 Quadratmeter groß ist, liegt in Berlin. Er trägt einen Anzug, der nach Maß gefertigt ist.

2) Avec les verbes de position (**hängen, liegen, sitzen, stehen**), on emploie toujours le participe présent :

   das auf der Bank sitzende Kind, ein auf dem Bett liegender Mann.

Ich brauche mich nicht zu verkleiden • Je n'ai pas besoin de me déguiser

GRAMMAIRE (suite)

● **nicht brauchen + zu + infinitif** : *ne pas avoir besoin de/ne pas être obligé de + infinitif*, est la forme négative de **müssen + infinitif** :

Ich muss arbeiten, aber er braucht nicht zu arbeiten.
Je dois travailler, mais lui n'a pas besoin de travailler.

Aux temps composés (parfait, plus-que-parfait), **brauchen** fonctionne comme un « double infinitif » (*cf.* leçon 44) :

Ich hatte mich nicht zu verkleiden brauchen.
Je n'avais pas eu besoin de me déguiser.

● **La conjonction sobald** : *dès que*, introduit une subordonnée toujours séparée de la principale par une virgule :

Sobald der Besitzer die Tür öffnet, grüß ihn höflich.
Dès que le propriétaire ouvre la porte, salue-le poliment.

● **La préposition außer + datif** : *1. excepté, à part ; 2. en plus de, en dehors* :

1) **Außer dir ist niemand zu Haus(e).**
À part toi, personne n'est à la maison.

2) **Außer (den) Zeitungen lese ich auch Magazine.**
En plus des journaux, je lis aussi des magazines.

Beim + infinitif substantivé (donc avec majuscule) peut correspondre à *en* + participe présent :

Beim Besichtigen der Wohnung. *En visitant l'appartement.*

Beim Essen kommt der Appetit. *L'appétit vient en mangeant.*

A. Transformez les qualificatives en relatives

Ex. Das 4 Meter lange Zimmer ist schön.
  → Das Zimmer, das 4 Meter lang ist, ist schön.

1. Ein sehr korrekt gekleideter Herr besichtigt die Wohnung.
2. Der die Tür öffnende Besitzer trug keine Jeans.
3. Die mit der Wohnung zufriedene Besucherin mietete sie sofort.
4. Ich kaufe einen nach Maß gefertigten Anzug.

B. Transformez les relatives en qualificatives

Ex. Das Haus, das 12 Meter hoch ist, gehört mir. (hoch/hoh-)
  → Das 12 Meter hohe Haus gehört mir.

1. Ich schlafe in einem Zimmer, das 4 Meter lang ist. (lang)
2. Die Besitzer akzeptieren die Mieter, die das Haus renovieren. (renovierend)
3. Ein Mann, der elegant gekleidet war, klopfte an die Tür. (gekleidet)
4. Es war ein junges Paar, das zur Renovierung der Wohnung bereit war. (bereit)

C. Répondez au parfait en employant la structure « nicht brauchen zu »

Ex. Muss Herr Müller die Traueranzeige studieren? → Nein, er hat sie nicht zu studieren brauchen.

1. Musste Frau Meyer die Pariser Wohnung renovieren?
2. Sollten sich die Mieter verkleiden?
3. Musste man über die Miete sprechen?
4. Mussten die Kinder ihr Beileid ausdrücken?

Ich brauche mich nicht zu verkleiden • Je n'ai pas besoin de me déguiser

EXERCICES (suite)

D. Remplacez la subordonnée par « beim » + infinitif substantivé

Ex. Wenn man ein Haus kauft, muss man vorsichtig sein.
  → Beim Kaufen eines Hauses muss man vorsichtig sein.

1. Wenn man die Annoncen liest, hat man bessere Chancen, eine Wohnung zu finden.
2. Wenn man ein Haus besichtigt, stellt man viele Fragen.
3. Wenn man eine Wohnung renoviert, gibt es oft Probleme.
4. Wenn ich jogge, denke ich an nichts.

E. À partir des éléments isolés, reconstituez un énoncé cohérent

1. an/rufen, ich, meine Eltern, ich, an/kommen, sobald.
2. außer, er, niemand, zu Haus, sein.
3. wir, lieben, Berliner, im Museum, das Bild, hängend, von Dürer.
4. du, nicht brauchen zu, gehen, ins Kino, jeden Tag.

F. Traduisez

1. Depuis un an, je cherche vainement un appartement bon marché.
2. Dès que j'aurai [j'ai] trouvé un appartement dans mon quartier, je te passerai [donne] un coup de fil.
3. Pour avoir l'appartement, je n'ai pas eu besoin de me déguiser.
4. En visitant cette maison, je n'ai pas posé de questions au propriétaire.

CORRIGÉS

A. 1. Ein Herr, der sehr korrekt gekleidet ist, besichtigt die Wohnung. **2.** Der Besitzer, der die Tür öffnete, trug keine Jeans. **3.** Die Besucherin, die mit der Wohnung zufrieden war, mietete sie sofort. **4.** Ich kaufe einen Anzug, der nach Maß gefertigt ist.

B. 1. Ich schlafe in einem 4 (vier) Meter langen Zimmer. **2.** Die Besitzer akzeptieren die das Haus renovierenden Mieter. **3.** Ein elegant gekleideter Mann klopfte an die Tür. **4.** Es war ein junges zur Renovierung der Wohnung bereites Paar.

C. 1. Nein, sie hat sie nicht zu renovieren brauchen. **2.** Nein, sie haben sich nicht zu verkleiden brauchen. **3.** Nein, man hat nicht darüber (über die Miete) zu sprechen brauchen. **4.** Nein, sie haben ihr Beileid nicht auszudrücken brauchen.

D. 1. Beim Lesen der Annoncen hat man bessere Chancen, eine Wohnung zu finden. **2.** Beim Besichtigen eines Hauses stellt man viele Fragen. **3.** Beim Renovieren einer Wohnung gibt es oft Probleme. **4.** Beim Joggen denke ich an nichts.

E. 1. Sobald ich ankomme, rufe ich meine Eltern an. (Ich rufe meine Eltern an, sobald ich ankomme.) **2.** Außer ihm ist niemand zu Haus. (Niemand ist zu Haus außer ihm.) **3.** Wir lieben das im Berliner Museum hängende Bild von Dürer. (Das im Berliner Museum hängende Bild von Dürer lieben wir.) **4.** Du brauchst nicht jeden Tag ins Kino zu gehen. (Jeden Tag brauchst du nicht ins Kino zu gehen.)

F. 1. Seit einem Jahr suche ich vergeblich eine billige (preiswerte) Wohnung. **2.** Sobald ich eine Wohnung in meinem Viertel gefunden habe, rufe ich dich an. **3.** Um die Wohnung zu bekommen, habe ich mich nicht zu verkleiden brauchen. **4.** Beim Besichtigen dieses Hauses habe ich dem Besitzer keine Fragen gestellt.

Ich brauche mich nicht zu verkleiden ● Je n'ai pas besoin de me déguiser

MÉMENTO

● **Pour les moments du jour**, le complément adverbial se forme sur la préposition **an** + datif : **am Tag** : *le jour*, **am Vormittag** : *le matin*, **am Abend** : *le soir* :

Am Vormittag arbeitet sie im Büro, am Nachmittag ist sie zu Haus(e).
Le matin, elle travaille au bureau, l'après-midi, elle est à la maison.

● **Ne … que** se traduit par **erst** pour une étape évolutive dans le temps ou la quantité et par **nur** pour une quantité définitive ou une durée :

Schmitts haben erst zwei Kinder.
Les Schmitt n'ont (encore) que deux enfants (ils en auront d'autres).

Sie ist nur eine Stunde geblieben. *Elle n'est restée qu'une heure.*

● Au **parfait** et au **plus-que-parfait**, le **participe passé d'un auxiliaire de mode** précédé d'un infinitif complément prend lui-même la forme de l'infinitif (« **double infinitif** ») :

Sie hat kommen wollen. *Elle a voulu venir.*

Er hatte die Arbeit machen müssen. *Il avait dû faire le travail.*

Les verbes **sehen** : *voir*, **hören** : *entendre*, et **lassen** : *faire/laisser*, suivent la même règle :

Ich habe ihn kommen sehen. *Je l'ai vu venir.*

Er hat sie singen hören. *Il l'a entendue chanter.*

Wir hatten den Wagen reparieren lassen.
Nous avions fait réparer la voiture.

● Retenez les **conjonctions**

bis : *jusqu'à ce que, d'ici à ce que* :

Bis sie kommt, bin ich mit der Arbeit fertig.
D'ici à ce qu'elle vienne, j'aurai terminé le travail.

et **so** + adj. + **dass** : *si* + adj. + *que* :

Er war so verärgert, dass er sie angeschrien hat.
Il était si fâché qu'il l'a attrapée (engueulée).

● Assimilez ces deux constructions très fréquentes : **nur brau-chen zu + infinitif** : *n'avoir qu'à* + infinitif, et **nicht brauchen zu** : *ne pas avoir besoin de* + infinitif :

Du brauchst nur zu arbeiten. *Tu n'as qu'à travailler.*

Wir brauchen heute Abend nicht zu kommen.
Nous n'avons pas besoin de venir ce soir.

● **La qualificative** (**A**rticle/**C**omplément/**A**djectif décliné/**S**ubstantif [**ArCAS**]) remplace une proposition relative :

Die Frau, die auf der Bank sitzt, ist meine Mutter. → Die auf der Bank sitzende Frau ist meine Mutter.
La femme qui est assise sur le banc est ma mère.

Das Zimmer, das vier Meter lang ist. → Das vier Meter lange Zimmer. *La chambre longue de quatre mètres.*

● **Le conditionnel** (hypothétique) **passé** (**er hätte gehabt, getragen/er wäre gewesen, gekommen**) exprime la condition non réalisée dans le passé :

Wenn er die Stelle bekommen hätte, wäre er glücklich gewesen. *S'il avait obtenu la place, il aurait été heureux.*

On peut supprimer **wenn**, le verbe vient alors en tête de proposition :

Hätte er die Stelle bekommen, (so) wäre er glücklich gewesen.

● **Als ob + subjonctif 2** traduit *comme si, faire semblant de, on dirait que* :

Es sieht so aus, als ob die Menschen nicht glücklich wären.
On dirait que les hommes ne sont pas heureux.

Er tut so, als ob er arbeitete/arbeiten würde.
Il fait semblant de travailler.

On peut supprimer **ob**, le verbe suit alors immédiatement **als** :

Er tut so, als würde er arbeiten.

Falls Sie Samariter spielen wollen...

Ein Abiturient (A) unterhält sich mit einer Berufsberaterin (B).

1. **A:** Mein Vater will unbedingt, dass ich Arzt werde. Aber ich kann kein Blut sehen. Wie steht's mit dem Apothekerberuf?

2. **B:** Das ist ein Beruf ohne Zukunft. Tabletten und Zäpfchen werden bald über Automaten verkauft, sodass (so dass) die Aussichten für Apotheker nicht sehr rosig sind. Als Masseur hätten Sie aber vielleicht eine Chance.

3. **A:** Zum Massieren braucht man Kraft und Geschick, aber ich bin ungeschickt und habe zwei linke Hände. Ich wünsche mir einen Beruf, wo ich den Menschen helfen kann.

4. **B:** Falls Sie unbedingt Samariter spielen wollen, werden Sie Taxifahrer.

5. **A:** Mit dem Abitur in der Tasche dachte ich eigentlich an einen akademischen Beruf.

6. **B:** Es gibt so viele arbeitslose Akademiker. Die sind schon froh darüber, eine Stelle als Taxifahrer zu finden.

7. **A:** Was halten Sie vom Lehrerberuf?

8. **B:** In diesem Bereich droht Ihnen todsicher Arbeitslosigkeit. In den Hotels jobben übrigens viele Lehrer als Geschirrspüler oder Laufbursche. Atomphysiker und Pfarrer sind jedoch sehr gefragt.

9. **A:** Unmöglich, ich bin weder für Radioaktivität noch fürs Zölibat. Was bleibt dann noch für mich übrig?

10. **B:** Dann weiß ich auch nicht, was Sie machen sollen.

11. **A:** Eine letzte Frage, wie wird man eigentlich Berufsberaterin?

Au cas où vous voudriez jouer le bon Samaritain...

Un bachelier (B) s'entretient avec une conseillère d'orientation professionnelle (CO).

1. **B :** Mon père veut absolument que je devienne médecin, mais je ne peux pas voir de sang. Qu'en est-il de la profession de pharmacien ?

2. **CO :** C'est une profession sans avenir. Bientôt, les comprimés et les suppositoires seront vendus en distributeurs automatiques, de telle sorte que les perspectives ne sont pas très roses pour les pharmaciens. Comme kinésithérapeute, vous avez peut-être une chance.

3. **B :** Pour faire des massages, il faut avoir de la force et de l'habileté, mais je suis maladroit de mes deux mains [j'ai deux mains gauches]. Je souhaite un métier où je puisse venir en aide aux hommes.

4. **CO :** Au cas où vous voudriez [voulez] jouer à tout prix le bon Samaritain, devenez chauffeur de taxi.

5. **B :** Avec le bac en poche, je pensais en fait à une profession universitaire.

6. **CO :** Il y a tant de diplômés d'études supérieures au chômage. Ils sont déjà contents de trouver une place de chauffeur de taxi.

7. **B :** Que pensez-vous du métier d'enseignant ?

8. **CO :** Dans ce secteur, le chômage vous menacera [menace] à coup sûr. De nombreux professeurs travaillent d'ailleurs dans les hôtels comme plongeurs ou garçons de courses. Les physiciens nucléaires et les curés sont par contre très demandés.

9. **B :** Impossible, je ne suis ni pour la radioactivité ni pour le célibat. Que me reste-t-il alors ?

10. **CO :** Dans ce cas, je ne sais pas non plus ce que vous devez faire.

11. **B :** Une dernière question : au fait, comment devient-on conseillère d'orientation professionnelle ?

◆

das Zölibat, e : *le célibat*
die Kraft, ¨e : *la force*
die Stelle, n : *la place*
der Pfarrer, - : *le curé*
die Tablette, n : *le comprimé*
das Zäpfchen, - : *le suppositoire*
der Apotheker, - : *le pharmacien*
das Geschick (sg.) : *l'habileté*
der Masseur, e : *le kinésithérapeute*
der Abiturient, en, en : *le bachelier*
die Aussichten (pl.) : *les perspectives*
der Beruf, e : *la profession, le métier*
der Taxifahrer, - : *le chauffeur de taxi*
die Radioaktivität (sg.) : *la radioactivité*
der Lehrerberuf, e : *le métier d'enseignant*
der Geschirrspüler, - : *le « plongeur » (restaurant)*
der Laufbursche, n, n : *le garçon de courses*
der Atomphysiker, - : *le physicien nucléaire*
der Automat, en, en : *le distributeur automatique*
der Akademiker, - : *le diplômé d'études supérieures*
der Samariter, - : *le Samaritain*
der Berufsberater, - : *le conseiller d'orientation professionnelle*

■

massieren : *masser*　　　　jobben : *avoir un job*
jdm. (D) drohen : *menacer qqn.*
das Abitur machen : *passer le bac*
sich unterhalten, ie, a, ä : *s'entretenir*
übrig bleiben, ie, ie (ist) : *subsister, rester*
jdm. weiter/helfen, a, o, i : *aider, secourir*
eine Chance haben : *avoir une chance*
etw. über Automaten verkaufen : *vendre qqch. en distributeurs automatiques*

●

ungeschickt : *maladroit, malhabile*　rosig : *rose*
froh über + A : *content de*　　　bald : *bientôt*
unmöglich : *impossible*　　　　todsicher : *à coup sûr*
unbedingt : *absolument*　　　　übrigens : *d'ailleurs*
eigentlich : *en vérité, au fait*　　falls (conj.) : *au cas où*
arbeitslos (sein) : *(être) au chômage*
sodass/so dass (conj.) : *de telle sorte que, si bien que*

GRAMMAIRE

● **La conjonction falls** ou **im Falle, dass** : *au cas où*, entraîne le déplacement du verbe vers la droite :

Falls du nach Köln fährst, vergiss nicht, den Dom zu besuchen. *Au cas où tu irais à Cologne, n'oublie pas d'aller visiter la cathédrale.* **Im Falle, dass Sie Samariter spielen wollen, werden Sie Taxifahrer.** *Au cas où voudriez jouer le bon Samaritain, devenez chauffeur de taxi.*

Remarque : **falls** et **wenn** sont la plupart du temps interchangeables :

Falls/Wenn Sie Zeit haben, kommen Sie mich besuchen.
Au cas où vous auriez du temps/Si vous avez le temps, venez me rendre visite.

● Retenez **la conjonction sodass** ou **sodass** : *si bien que, de telle sorte que* :

Er wurde krank, sodass (so dass) er die Reise annullieren musste.
Il tomba malade si bien qu'il dut annuler le voyage.

● **Le -s intercalaire** est obligatoire dans la formation de mots composés dont le premier élément est un féminin se terminant par les suffixes **-ung, -heit, -keit, -schaft, -ion, -tät** :

die Zeitung + die Annonce → die Zeitungsannonce : *l'annonce dans les journaux* ; **die Freiheit + der Kampf → der Freiheitskampf** : *la lutte pour la liberté* ; **die Produktion + die Kosten → die Produktionskosten** : *les coûts de production* ; **die Qualität + der Unterschied → der Qualitätsunterschied** : *la différence de qualité.*

Retenez également que les composés de **das Leben** : *la vie*, **der Verkehr** : *la circulation*, et **die Arbeit** : *le travail*, prennent toujours un **-s** : **die Lebensqualität** : *la qualité de la vie*, **das Verkehrsproblem** : *le problème de circulation*, **die Arbeitszeit** : *le temps de travail.*

Remarque :

Les mots **der Arbeitgeber** : *l'employeur*, et **der Arbeitnehmer** : *le salarié*, constituent des exceptions, sans **-s**.

EXERCICES

A. Faites des énoncés cohérents à partir de ces éléments
1. ich, falls, das Abitur machen, Atomphysiker, werden, ich
2. falls, er, krank werden, kommen lassen, er, der Masseur
3. es regnet, falls, spazieren gehen, wir, nicht
4. du, falls, Kopfschmerzen haben, eine Tablette nehmen, du
5. falls, sie, der Job, nicht bekommen, ihr helfen, müssen, wir

B. Reliez les deux énoncés par « sodass » ou « so dass »
1. Tabletten werden über Automaten verkauft; die Aussichten für Apotheker sind nicht rosig.
2. Er ist arbeitslos; er kann das Haus nicht mehr finanzieren.
3. Die Wirtschaft *(l'économie)* steckt in einer Krise; die Zahl der Arbeitslosen erhöht sich.
4. Sie verdient viel Geld; sie kann sich alles kaufen.
5. Sie sind Akademiker; Sie haben keine Angst vor der Arbeitslosigkeit.

C. Faites des mots composés et traduisez-les
1. die Wohnung + der Markt: →
2. die Arbeit + der Konflikt: →
3. die Qualität + die Kontrolle: →
4. die Wirtschaft + die Krise: →

D. Traduisez
1. Au cas où vous voudriez gagner beaucoup d'argent, ne travaillez jamais comme plongeur.
2. Avec le chômage, on est content de trouver une place de garçon de courses.
3. Vous ne voulez ni travailler, ni étudier, si bien que je ne peux pas vous aider.
4. Pendant que tu joues les bons Samaritains, je travaille dans un hôtel.

CORRIGÉS

A. 1. Falls ich das Abitur mache, werde ich Atomphysiker.
2. Falls er krank wird, lässt er den Masseur kommen.
3. Falls es regnet, gehen wir nicht spazieren. **4.** Falls du Kopfschmerzen hast, nimmst du eine Tablette. **5.** Falls sie den Job nicht bekommt, müssen wir ihr helfen.

B. 1. Tabletten werden über Automaten verkauft, sodass (so dass) die Aussichten für Apotheker nicht rosig sind. **2.** Er ist arbeitslos, sodass (so dass) er das Haus nicht mehr finanzieren kann. **3.** Die Wirtschaft steckt in einer Krise, sodass (so dass) sich die Zahl der Arbeitslosen (sich) erhöht. **4.** Sie verdient viel Geld, sodass (so dass) sie sich alles kaufen kann. **5.** Sie sind Akademiker, sodass (so dass) Sie keine Angst vor der Arbeitslosigkeit haben.

C. 1. der Wohnungsmarkt : *le marché immobilier (du logement)*. **2.** der Arbeitskonflikt : *le conflit du travail*. **3.** die Qualitätskontrolle : *le contrôle de qualité*. **4.** die Wirtschaftskrise : *la crise économique*.

D. 1. Falls (Im Falle, dass) sie viel Geld verdienen wollen, arbeiten Sie nie als Geschirrspüler. **2.** Mit der Arbeitslosigkeit ist man froh (darüber), eine Stelle als Laufbursche zu finden. **3.** Sie wollen weder arbeiten noch studieren, sodass (so dass) ich Ihnen nicht helfen kann. **4.** Während du Samariter spielst, arbeite ich in einem Hotel.

Falls Sie Samariter spielen wollen... • Au cas où vous voudriez jouer le bon Samaritain(s)...

Er muss sich gegenüber seinen Mitschülern durchsetzen

(Erster Teil)

Wir sind im Jahr 2020. Gen-Manipulationen erlauben, Kinder nach Maß zu züchten. In einer Klinik diskutiert ein Ehepaar mit einem Genetiker über sein zukünftiges Kind.

1. **Sie:** Unser Sohn ist jetzt fünf Jahren alt und braucht eine Schwester. Deshalb möchten wir diesmal ein Mädchen.
2. **Genetiker:** Waren sie mit Ihrem Sohn zufrieden?
3. **Er:** Im Großen und Ganzen entspricht er unseren Wünschen: dunkle Haare, braune Augen und ein mittlerer Intelligenzquotient.
4. **Sie:** Vielleicht ist der Junge ein bisschen zu brav. Er ist immer zufrieden und mit allem einverstanden. Das nervt mich manchmal.
5. **Er:** Solange er im Kindergarten war, ging das. Aber im Herbst beginnt die Schule und er muss sich dann gegenüber seinen Mitschülern durchsetzen. Heutzutage ist das Leben hart.
6. **Genetiker:** *(Befragt den Computer.)* Sie hatten damals diese Eigenschaften verlangt. Aber für Ihre Tochter können wir variieren. Haben Sie sich schon unseren Internet-Katalog angesehen?

Il doit s'affirmer face à ses camarades de classe

(Première partie)

Nous sommes en 2020. Les manipulations génétiques permettent d'élever des enfants sur mesure. Dans une clinique, un couple marié s'entretient avec un généticien au sujet de son futur enfant.

1. **Elle :** Notre fils a maintenant cinq ans et il a besoin d'une sœur. C'est la raison pour laquelle nous aimerions une fille, cette fois.
2. **Généticien :** Avez-vous été satisfaits [contents] de votre fils ?
3. **Lui :** Dans l'ensemble, il correspond à nos souhaits : cheveux foncés, yeux marron et un Q.I. (quotient d'intelligence) moyen.
4. **Elle :** Peut-être le garçon est-il un peu trop gentil. Il est toujours content et d'accord avec tout. Ça m'énerve quelquefois.
5. **Lui :** Tant qu'il a été au jardin d'enfants, ça allait. Mais l'école commence à l'automne et il faudra alors qu'il s'affirme face à ses camarades de classe. De nos jours, la vie est dure.
6. **Généticien :** (Il interroge l'ordinateur.) À l'époque, vous aviez réclamé ces traits de caractère. Mais pour votre fille, nous pouvons varier. Avez-vous déjà jeté un coup d'œil à notre catalogue sur Internet ?

Er muss sich gegenüber seinem Mitschülern durchsetzen

(Zweiter Teil)

7. **Sie:** Selbstverständlich, ich habe mir alles notiert. Unsere Tochter soll groß, blond und energisch sein.
8. **Er:** Und auch schön! Wie steht's denn mit den Sonderwünschen?
9. **Genetiker:** Auf Seite 160 finden Sie alles, was Sie wollen. Aber Sie wissen ja, Sonderwünsche kosten mehr.
10. **Sie:** Ich hätte gern, dass unsere Tochter Sängerin wird.
11. **Genetiker:** Da haben sie Glück, ich kann Ihnen das Callas-Gen empfehlen. Ihre Tochter hätte dann die Stimme und die Schönheit der Callas.
12. **Sie:** Und auch das Temperament und die Starallüren einer berühmten Opernsängerin. Wunderbar!
13. **Er:** Das verspricht, heiter zu werden: unsere Tochter im Konservatorium, wir aber im Sanatorium!

Il doit s'affirmer face à ses camarades de classe

(Deuxième partie)

7. **Elle :** Cela va de soi, j'ai tout noté. Notre fille devra [doit] être grande, blonde et énergique.

8. **Lui :** Et belle aussi ! Qu'en est-il des desiderata [souhaits] particuliers ?

9. **Généticien :** En page 160, vous trouverez [trouvez] tout ce que vous voulez. Mais vous savez bien que les options [vœux particuliers] coûtent plus cher.

10. **Elle :** J'aimerais bien que notre fille devienne cantatrice.

11. **Généticien :** Vous pouvez dire que vous avez de la chance ! [Là, vous avez de la chance !] Je peux vous recommander les gènes [le gène] de la Callas. Votre fille aurait alors la voix et la beauté de la Callas.

12. **Elle :** Et aussi le tempérament et les allures de star d'une célèbre cantatrice d'opéra. C'est magnifique !

13. **Lui :** Ça promet d'être gai : notre fille au Conservatoire, mais nous en maison de santé !

Vocabulaire

◆

der Genetiker, - : *le généticien*	das Gen, e : *le gène*
das Ehepaar, e : *le couple marié*	der Sohn, ¨e : *le fils*
die Schwester, n : *la sœur*	die Seite, n : *la page*
das Haar, e : *le(s) cheveu(x)*	die Stimme, n : *la voix*
die Schönheit, en : *la beauté*	die Tochter, ¨ : *la fille*
der Star, s : *la vedette, la star*	der Bruder, ¨ : *le frère*

der Mitschüler, - : *le camarade de classe*
die Klinik, en : *l'établissement hospitalier*
das Konservatorium, -ien : *le Conservatoire*
die Sängerin, nen : *la cantatrice, la chanteuse*
der (Sonder)-Wunsch, ¨e : *le souhait (particulier)*
die Eigenschaft, en : *la qualité, le trait de caractère*
die Gen-Manipulation, en : *la manipulation génétique*
das Sanatorium, -ien : *la maison de santé, le sanatorium*

■

verlangen : *exiger, demander*	variieren : *varier*
kosten : *coûter*	züchten : *élever*
versprechen, a, o, i : *promettre*	notieren : *noter*
Glück haben : *avoir de la chance*	erlauben : *permettre*

empfehlen, a, o, ie : *recommander*
entsprechen, a, o, i + D : *correspondre à*
sich etw. (A) an/sehen, a, e, ie : *regarder qqch.*
über etw. (A) diskutieren : *discuter de/au sujet de*

●

zufrieden mit + D : *content de*	zukünftig : *futur*
dunkel : *sombre, foncé*	brav : *gentil*
hart : *dur, difficile*	blond : *blond*
selbstverständlich : *évident*	berühmt : *célèbre*
heutzutage : *de nos jours*	heiter : *gai, enjoué*
nach Maß : *sur mesure*	im Herbst : *en automne*

gegenüber + D : *vis-à-vis de, face à*
einverstanden mit + D : *d'accord avec*
im Großen und Ganzen : *dans l'ensemble, en gros*
solange (conj.) : *tant que, aussi longtemps que*

GRAMMAIRE

● **La préposition gegenüber** : 1) *vis-à-vis de, à l'égard de, face à* ; 2) *en face de*, suivie du **datif** peut être également « post-posée », placée après son complément :

1) gegenüber seinen Mitschülern : *à l'égard de ses camarades de classe* ; **seinem Vater/seiner Mutter gegenüber** : *vis-à-vis de son père/de sa mère*.

2) Er wohnt gegenüber dem Bahnhof. *Il habite en face de la gare.* **Das Restaurant liegt der Post gegenüber.** *Le restaurant se trouve en face de la poste.*

● **La conjonction solange** : *tant que, aussi longtemps que,* introduit une subordonnée avec déplacement du verbe vers la droite ; elle est toujours séparée de la principale par une virgule :

Solange der Junge im Kindergarten war, gab es keine Probleme. *Tant que le garçon a été au jardin d'enfants, il n'y a pas eu de problèmes.*

Du kannst hier bleiben, solange du willst.
Tu peux rester ici aussi longtemps que tu voudras.

● **Alles, was :** *tout ce qui/tout ce que*

Le mot **alles** est suivi de **was** (et non pas de « das »). Pensez à la virgule entre **alles** et **was** :

Auf Seite 160 findest du alles, was du brauchst.
En page 160, tu trouveras tout ce dont tu auras besoin.

Glaub nicht alles, was man dir erzählt.
Ne crois pas tout ce que l'on te raconte.

● Il y a seulement **trois verbes** formés sur la particule inséparable **emp-** (donc pas de **ge-** au participe passé) :

● **empfehlen, a, o, ie** : *recommander* : **Ich kann dir diesen Film empfehlen.** *Je peux te recommander ce film.*

● **empfangen, i, a, ä** : *recevoir, accueillir* : **Wir haben deine Freunde freundlich empfangen.** *Nous avons chaleureusement reçu tes amis.*

● **empfinden, a, u** : *ressentir* : **Er hat die Schmerzen kaum empfunden.** *Il a à peine ressenti la douleur.*

Er muss sich gegenüber seinen Mitschülern durchsetzen • Il doit s'affirmer face à ses camarades de classe

EXERCICES

A. Choisissez la conjonction qui convient

| solange | wenn | dass | denn | weil |

1. Sie wissen, ___ Sonderwünsche mehr kosten.
2. Unser Sohn hatte Probleme, ___ er zu brav war.
3. ___ er blaue Augen hätte, wären wir zufrieden.
4. Die Tochter soll energisch sein, ___ sie soll sich durchsetzen.
5. ___ er im Kindergarten war, gab es keine Probleme.

B. Comblez les blancs (prépositions et terminaisons)

1. Ein Kind soll nicht immer ___ d___ Eltern einverstanden sein.
2. Sind Sie ___ Ihr___ Sohn zufrieden?
3. Unser Sohn soll sich ___ sein___ Kameraden durchsetzen.
4. Wie steht's ___ d___ Sonderwünschen?

C. Faites des énoncés cohérents à partir de ces éléments

1. alles, was, empfinden, ich, dir sagen, können, ich
2. du, empfangen, notieren müssen, du, alles, was
3. alles, was, der Genetiker, empfehlen, das Ehepaar, sich notieren
4. im Katalog, finden, Sie, wollen, alles, was, Sie

D. Corrigez les quatre erreurs

1. Jetzt möchte das Ehepaar einen Sohn bekommen.
2. Er soll groß und blond sein.
3. Sonderwünsche sind kostenlos.
4. Das Callas-Gen kann nicht verkauft werden.

E. Traduisez

1. L'enfant correspond dans l'ensemble à nos souhaits.
2. Le garçon m'énerve parfois parce qu'il est toujours d'accord avec tout le monde (avec tous les gens).
3. Je crois qu'il ne peut pas s'affirmer face à ses camarades de classe.

CORRIGÉS

A. 1. dass. **2.** weil. **3.** Wenn. **4.** denn. **5.** Solange ou Wenn.

B. 1. mit den. **2.** mit Ihrem. **3.** gegenüber seinen. **4.** mit den.

C. 1. Alles, was ich empfinde, kann ich dir sagen. **2.** Alles, was du empfängst, musst du notieren. **3.** Alles, was der Genetiker empfiehlt, notiert sich das Ehepaar. **4.** Im Katalog finden Sie alles, was Sie wollen.

D. 1. Das Ehepaar möchte jetzt eine Tochter bekommen. Es hat schon einen Sohn. **2.** Sie soll groß und blond sein. **3.** Sonderwünsche kosten Geld, sie sind nicht kostenlos. **4.** Das Callas-Gen kann verkauft werden.

E. 1. Das Kind entspricht im Großen und Ganzen unseren Wünschen. **2.** Der Junge nervt mich manchmal, weil er mit allen (Leuten) immer einverstanden ist. **3.** Ich glaube, dass er sich gegenüber seinen Klassenkameraden nicht durchsetzen kann (dass er gegenüber seinen Klassenkameraden sich nicht durchsetzen kann).

Er muss sich gegenüber seinen Mitschülern durchsetzen • Il doit s'affirmer face à ses camarades de classe

Nicht alle Deutschen interessieren sich dafür

(Erster Teil)

Peter und Paul, zwei ehemalige Schulkameraden, begegnen sich zufällig am Frankfurter Flughafen.

1. Peter: Was für eine Überraschung, Paul, dir hier zu begegnen. Wir haben uns eine Ewigkeit nicht mehr gesehen. Wohin fliegst du?

2. Paul: Ich fliege nach Griechenland.

3. Peter: Du, nach Griechenland? Kannst du dort überhaupt ohne deutsches Bier und Sauerkraut überleben?

4. Paul: Mein Lieber, da irrst du dich. In Griechenland organisiere ich Urlaubsreisen für Deutsche. Hast du schon mal etwas von *Teuton*-Reisen gehört?

5. Peter: Das sagt mir nichts. Davon habe ich nie gehört.

6. Paul: *Teuton*-Reisen, das bin ich. Ich sorge dafür, dass Deutsche im Ausland deutschen Urlaub machen können.

7. Peter: Was soll das heißen?

8. Paul: Das heißt, deutscher Urlaub mit deutschem Bier, deutschem Schnaps, deutschem Essen, deutschen Schlagern und deutschsprachiger Bedienung.

Ce ne sont pas tous les Allemands qui s'y intéressent

(Première partie)

Peter et Paul, deux anciens camarades de classe, se rencontrent par hasard à l'aéroport de Francfort.

1. **Peter :** Quelle surprise de te rencontrer ici, Paul ! Cela fait une éternité que nous ne nous sommes pas vus. Pour quelle destination [Où] t'envoles-tu ?
2. **Paul :** Je vais en Grèce.
3. **Peter :** Toi, tu vas en Grèce ? Pourras-tu seulement survivre là-bas sans bière allemande et sans choucroute ?
4. **Paul :** Là, mon cher, tu te trompes. En Grèce, c'est moi qui organise les voyages touristiques pour Allemands. As-tu déjà entendu parler des voyages « Teuton » ?
5. **Peter :** Ça ne me dit rien. Je n'en ai jamais entendu parler [je n'en ai jamais entendu].
6. **Paul :** Les voyages « Teuton », c'est moi. Je fais en sorte que les Allemands à l'étranger puissent avoir des vacances à l'allemande [allemandes].
7. **Peter :** Qu'est-ce que cela signifie ?
8. **Paul :** Cela veut dire des vacances allemandes avec de la bière allemande, du schnaps allemand, des repas allemands, des tubes allemands et un personnel de service qui parle allemand.

Nicht alle Deutschen interessieren sich dafür

(Zweiter Teil)

9. Peter: Mensch, das ist ja wie zu Haus. Das ist Deutschland in Griechenland. Ich dachte immer, dass die Leute in den Ferien Luftveränderung und Tapetenwechsel suchen.

10. Paul: Die Leute wollen in der Fremde sein, ohne fremd zu sein. Und genau das biete ich ihnen an.

11. Peter: Glaubst du nicht, dass sich viele Deutsche für Griechenland und die griechische Kultur interessieren?

12. Paul: Nicht alle Deutschen interessieren sich dafür. Den meisten Urlaubern ist das egal. Was sie suchen, ist Sonne und Sand. Außerdem garantiere ich jedem Paar aus Deutschland mindestens zwei deutsche Paare, die die gleichen Interessen haben.

13. Peter: Dann frage ich mich, wo ich meinen nächsten Urlaub mache.

14. Paul: Für Intellektuelle wie dich gibt es das *Robinson*-Programm. Drei Wochen Überraschungsurlaub unter Nicht-Deutschen.

Ce ne sont pas tous les Allemands qui s'y intéressent

(Deuxième partie)

9. Peter : Nom d'une pipe, mais c'est comme chez soi. C'est l'Allemagne en Grèce. J'ai toujours pensé qu'en vacances, les gens recherchaient le changement d'air et le dépaysement [le changement de papiers peints].

10. Paul : Les gens veulent être à l'étranger sans s'y sentir étrangers. Et c'est précisément ce que je leur offre.

11. Peter : Ne crois-tu pas que de nombreux Allemands s'intéressent à la Grèce et à la culture grecque ?

12. Paul : Ce ne sont pas tous les Allemands qui s'y intéressent. La plupart des vacanciers s'en moquent [À la plupart des vacanciers, c'est égal]. Ce qu'ils recherchent, c'est le soleil et le sable. De plus, je garantis à chaque couple venu d'Allemagne au moins deux couples allemands qui partagent [ont] les mêmes centres d'intérêt.

13. Peter : Je me demande alors où je vais passer mes prochaines vacances.

14. Paul : Pour des intellectuels comme toi, il y a le programme « Robinson ». Trois semaines de vacances-surprise parmi des non-Allemands.

Vocabulaire

◆

das Sauerkraut (sg) : *la choucroute* der Sand, e : *le sable*
das Ausland (sg.) : *l'étranger (pays)* die Reise, n : *le voyage*
die Ewigkeit, en : *l'éternité*
der Schlager, - : *le tube, l'air connu*
der Tapetenwechsel, - : *le dépaysement*
der Urlaub (sg.) : *le congé, les vacances*
der (ein) Intellektuelle(r) (adj. subst.) : *l'intellectuel*
die Bedienung, en : *le (personnel de) service*
die Luftveränderung, en : *le changement d'air*
die Fremde (sg.) : *le pays inconnu, l'étranger*

■

sich begegnen : *se rencontrer*
hören von + D : *entendre parler de*
jdm. begegnen (ist) : *rencontrer qqn.*
Urlaub machen : *prendre ses vacances*
sorgen für + A : *veiller à, faire en sorte de*
heißen, ie, ei : *1. s'appeler, 2. (ici) signifier*
sich für etw. (A) interessieren : *s'intéresser à qqch.*
sich irren : *se tromper*

●

Mensch! *nom d'une pipe !*
unter + D : *1. sous, 2. (ici) parmi*
fremd + D : *étranger à, inconnu à*
deutschsprachig : *de langue allemande*
zufällig : *par hasard*
mindestens : *au moins*
gleich : *semblable*

GRAMMAIRE

● Après **alle** : *tous les/toutes les*, l'adjectif substantivé (**der Fremde** : *l'étranger*, **der Reisende** : *le voyageur*, **der Arbeitslose** : *le chômeur*, **der Deutsche** : *l'Allemand*, **der Intellektuelle** : *l'intellectuel*, etc.) et l'adjectif en général prennent la terminaison **-en**, comme après les déterminatifs **die/diese/keine** et **welche**.

Alle (jungen) Deutschen : *tous les (jeunes) Allemands* ; **alle (deutschen) Intellektuellen** : *tous les intellectuels (allemands)*.

Après **viele** : *beaucoup de*, **wenige** : *peu de*, **einige** : *quelques*, **mehrere** : *plusieurs*, l'adjectif substantivé, et l'adjectif en général, prennent la terminaison **-e** :

viele/wenige/einige/mehrere jung<u>e</u> Deutsch<u>e</u> ; **einige junge Freunde** ; **viele/wenige Intellektuelle**.

Rappels :
1) Une subordonnée complément d'une expression préposition-nelle telle que **sorgen für** : *veiller à*, **sich interessieren für** : *s'intéresser à*, **sich erinnern an** : *se souvenir de*, **hoffen auf** : *espérer*, etc. peut être annoncée par l'adverbe prépositionnel (mot de reprise) correspondant : **dafür, daran, darauf**, etc. :

Ich sorge <u>dafür</u>, dass die Deutschen einen schönen Urlaub machen.
Je veille à ce que les Allemands passent de bonnes vacances.

Wir erinnern uns <u>daran</u>, dass du eine Teuton-Reise gemacht hast. *Nous nous souvenons que tu as fait un voyage « Teuton ».*

Er hofft <u>darauf</u>, dass ihn seine Freunde besuchen.
Il espère que ses amis vont lui rendre visite.

2)

Directionnel :	**Ich fahre <u>nach</u> Haus(e).** *Je vais à la maison/chez moi.*
Locatif :	**Ich bin <u>zu</u> Haus(e).** *Je suis à la maison/chez moi.*
Provenance :	**Ich komme <u>von zu</u> Haus(e).** *Je viens de la maison/de chez moi.*

Attention : Le verbe **überleben**, *survivre à qqch.*, est transitif en allemand :
Er hat die Ferien ohne deutsches Bier überlebt.
Il a survécu aux vacances sans bière allemande.

Rencontrer se traduit de deux manières :
1) **treffen (traf, getroffen, trifft) + A : Sie hat ihre Freundin im Flughafen getroffen.**
2) **begegnen + D (ist) : Sie ist ihrer Freundin im Flughafen begegnet.**

Nicht alle Deutschen interessieren sich dafür • Ce ne sont pas tous les Allemands qui s'y intéressent

EXERCICES

A. Complétez
1. Nicht alle Deutsch____ interessieren sich ____ Griechen-land.
2. Diese Ausländer sind einige bekannt____ Intellektuell____.
3. Nur wenige Deutsch____ bleiben in den Ferien ____ Haus(e).
4. Nur einige Reisend____ hatten ____ Teuton-Reisen gehört.

B. Trouvez un synonyme pour la partie soulignée
1. Zwei Schulkameraden begegnen sich am Frankfurter Flughafen.
2. Wir haben uns schon lange nicht mehr gesehen.
3. Was soll das bedeuten?
4. Mein Urlaub in Griechenland war wunderbar.

C. Choisissez la préposition qui convient
1. Wann fährst du morgens ____ ____ Haus(e) weg?
2. Um 17 Uhr fahre ich gewöhnlich ____ Haus(e).
3. Meinen Urlaub verbringe ich regelmäßig ____ Griechen-land.
4. Ich fahre auch oft ____ Österreich.
5. Ruf mich bitte ____ 20 Uhr ____ Haus(e) an.

D. Traduisez
1. Je me suis envolé pour la Grèce parce que je m'intéresse à sa culture.
2. Beaucoup d'Allemands ont entendu parler de ce programme de vacances.
3. Elle se demande où elle passera ses prochaines vacances.
4. Il offre aux vacanciers ce qu'ils recherchent : le dépayse-ment.

CORRIGÉS

A. 1. Deutschen, für. **2.** bekannte Intellektuelle. **3.** Deutsche, zu. **4.** Reisende, von.

B. 1. treffen sich. **2.** eine Ewigkeit nicht mehr. **3.** heißen. **4.** Meine Ferien/waren.

C. 1. von zu. **2.** nach. **3.** in. **4.** nach. **5.** um, zu.

D. 1. Ich bin nach Griechenland geflogen, weil ich mich für seine Kultur interessiere. **2.** Viele Deutsche haben von diesem Urlaubsprogramm (Ferienprogramm) gehört. **3.** Sie fragt sich, wo sie ihren nächsten Urlaub (ihre nächsten Ferien) verbringt. **4.** Er bietet den Urlaubern (Touristen) an, was sie suchen: Luftveränderung (Tapetenwechsel).

Nicht alle Deutschen interessieren sich dafür • Ce ne sont pas tous les Allemands qui s'y intéressent

Er sagt, ich sei dick

Ein kritisch-satirisches Gespräch zwischen Vater und Sohn.

1. **Sohn:** Papa, vererbt sich Dicksein von den Eltern auf die Kinder? Ich möchte lieber dünn bleiben.
2. **Vater:** Willst du damit vielleicht sagen, ich sei dick?
3. **Sohn:** Na, dünn bist du gerade nicht, aber mir ist das sowieso egal. Papa, man sagt, Frauen fänden dicke Männer nicht so attraktiv.
4. **Vater:** Mama ist es egal, ob ich ein paar Kilo mehr oder weniger wiege.
5. **Sohn:** Warum denn? Will sie nicht, dass du schön bist?
6. **Vater:** Also, erstens ist man noch lange nicht »schön«, weil man »schlank« ist. Zweitens ist man nicht unbedingt »hässlich«, weil man etwas korpulent ist. Und drittens schätzt Mama an mir ganz andere Dinge als diese Äußerlichkeiten.
7. **Sohn:** Was für Dinge schätzt sie denn an dir?
8. **Vater:** Na, meine ethischen Werte natürlich, zum Beispiel Treue und Ehrlichkeit. Alles, was zum guten Charakter gehört.
9. **Sohn:** Würde Mama dich nicht mehr lieben, wenn du außerdem schlank wärest?
10. **Vater:** Auf diese dumme Frage möchte ich lieber nicht antworten. Männer können übrigens ein bisschen korpulent sein. Viel wichtiger ist, dass Frauen schlank und hübsch bleiben. Ich meine, schöne Frauen sieht man eben gern an, nur so zum Vergnügen.
11. **Sohn:** Du sagst, dass man sich schöne Frauen gern ansehe. Das verstehe ich nicht. Wenn Männer gern schöne Frauen angucken, dann gucken Frauen doch sicher auch gern schöne Männer an!

Il dit que je suis gros

Une discussion critique et satirique entre un père et son fils.

1. **Fils :** Papa, est-ce que les enfants héritent de l'obésité des parents [l'obésité se transmet-elle par héritage des parents aux enfants] ? Je préférerais rester mince.

2. **Père :** Tu veux peut-être dire par là que je suis gros ?

3. **Fils :** Eh bien, tu n'es pas précisément mince, mais de toute façon, ça m'est égal. Papa, on dit que les femmes ne trouvent pas les gros [hommes] attrayants.

4. **Père :** Peu importe à ta mère que [c'est égal à ta mère si] je pèse quelques kilos de plus ou de moins.

5. **Fils :** Pourquoi donc ? Ne veut-elle pas que tu sois beau ?

6. **Père :** Alors voilà : primo, on n'est de loin pas « beau » parce qu'on est « mince ». Deuzio, on n'est pas nécessairement « laid » parce qu'on est corpulent. Et tertio, ce sont des choses tout autres que ces apparences que ta mère apprécie en moi.

7. **Fils :** Quelles sont ces choses qu'elle apprécie en toi ?

8. **Père :** Eh bien, mes qualités [valeurs] morales bien sûr, comme par exemple la fidélité et l'honnêteté. Tout ce qui relève [fait partie] d'un bon caractère.

9. **Fils :** Est-ce que maman ne t'aimerait plus si, par-dessus le marché, tu étais mince ?

10. **Père :** Je préfère ne pas répondre à cette question stupide. D'ailleurs, les hommes peuvent bien être un peu corpulents. Il est bien plus important que les femmes, elles, restent minces et jolies. Je veux dire qu'on aime bien regarder les belles femmes, comme ça, pour le plaisir.

11. **Fils :** Tu dis que l'on aime bien regarder les belles femmes. Je ne comprends pas ça. Si les hommes aiment regarder de jolies femmes, les femmes, de leur côté, aiment sûrement aussi regarder de beaux hommes !

Vocabulaire

◆

das Gespräch, e : *la discussion*	der Wert, e : *la valeur*
das Kilo, s : *le kilogramme*	das Dicksein (sg.) : *l'obésité*
die Ehrlichkeit (sg.) : *l'honnêteté*	die Treue (sg.) : *la fidélité*
zum Vergnügen : *pour le plaisir*	das Vergnügen, - : *le plaisir*
die Äußerlichkeiten (pl.) : *les apparences*	

■

schätzen : *apprécier, estimer*	finden, a, u : *trouver*
gehören zu + D : *faire partie de*	wiegen, o, o : *peser*
meinen : *penser, être d'avis que*	lieben : *aimer*
an/sehen, a, e, ie : *regarder*	an/gucken (fam.) : *regarder*
antworten auf + A : *répondre à qqch.*	
sich vererben : *se transmettre par héritage*	
jdm. egal sein : *être égal à qqn., peu importer à qqn.*	

●

satirisch : *satirique*	sowieso : *de toute façon*
kritisch/kritisch : *critique*	gerade : *justement*
attraktiv : *attrayant, attirant*	erstens : *premièrement*
dünn : *mince, svelte*	zweitens : *deuxièmement*
korpulent : *corpulent*	drittens : *troisièmement*
hässlich : *laid*	außerdem : *en outre, en plus*
ethisch : *éthique, moral*	übrigens : *d'ailleurs*
dumm : *stupide, sot*	sicher : *certainement, à coup*
hübsch : *joli, mignon*	*sûr*
wichtig : *important*	mehr oder weniger : *plus ou*
schön : *beau*	*moins*

GRAMMAIRE

● Le discours indirect au présent

Le discours direct est marqué par la présence de guillemets après des verbes tels que **sagen** : *dire* ; **glauben** : *croire* ; **fragen** : *demander*, etc. :

Er sagt: »Mein Freund kommt heute nicht. Er ist krank.«
Il dit : « Mon ami ne vient pas aujourd'hui. Il est malade. »

Au discours indirect, les paroles et les pensées d'autrui sont uniquement précédées par une virgule :

Er sagt, <u>sein</u> Freund komme heute nicht. Er <u>sei</u> krank.
Il dit que son ami ne vient pas aujourd'hui. Qu'il est malade.

Ou de la conjonction **dass** : **Er sagt, <u>dass</u> <u>sein</u> Freund heute nicht komme und <u>dass</u> er krank <u>sei</u>.**

Lors du passage du discours direct au discours indirect, on peut constater les changements suivants:

a) Les pronoms sont différents : **mein → sein/ihr ; ich → er/es/ sie ; wir → sie**, etc.

b) Le mode est celui du **subjonctif 1** (**komme, sei**) ou à la rigueur de l'**indicatif** (**kommt, ist**).

c) Éventuellement une subordonnée introduite par **dass**.

• La formation du subjonctif

1) **Le subjonctif 1** se forme sur le radical de l'infinitif + les terminaisons **-e, -est, -e, -en, -et, -en**.

SINGULIER	PLURIEL
ich komm-e/hab-e	wir komm-en/hab-en
du komm-est/hab-est	ihr komm-et/hab-et
er/es/sie komm-e	sie/Sie komm-en/hab-en

Le verbe **sein** est irrégulier : **ich sei, du seist, er/es/sie sei, wir seien, ihr seiet, sie/Sie seien.**

2) **Le subjonctif 2**

Attention : On recourt **au subjonctif 2** (*cf.* leçon 39) quand la forme du **subjonctif 1** est identique à celle de l'**indicatif** (c'est notamment le cas pour la 1re pers. sg. et les 1re et 3e pers. pl.) :
Man sagt, Frauen fänden (et non pas **finden**) **dicke Männer nicht attraktiv.**

• Formation du subjonctif 2 (rappel)

Il se forme sur le **radical du prétérit + l'inflexion** (a → ä, o → ö, u → ü), quand elle est possible, suivi des désinences **-e, -est, -e, -en, -et, -en** :

SINGULIER	PLURIEL
ich käm-e/hätt-e/wär-e	wir käm-en/hätt-en/wär-en
du käm-est/hätt-est/wär-est	ihr käm-et/hätt-et/wär-et
er/es/sie käm-e/hätt-e/wär-e	sie/Sie käm-en/hätt-enwär-en

GRAMMAIRE (suite)

3) **Tableau récapitulatif**

a) Quand le discours direct est à l'indicatif, le discours indirect est au subjonctif 1 :

Er sagt:	Er sagt,
»Ich habe keine Zeit.« →	er habe keine Zeit.
»Ich bin glücklich.« →	er sei glücklich.
»Ich kann arbeiten.« →	er könne arbeiten.

b) Quand le subjonctif 1 ne se distingue pas de l'indicatif, on recourt au subjonctif 2 :

Sie sagen:	Sie sagen,
»Wir haben keine Zeit.« →	sie hätten keine Zeit.
»Wir kommen morgen.« →	sie kämen morgen.

c) Quand le subjonctif 2 ne se distingue pas du prétérit de l'indicatif (c'est le cas des verbes faibles), on emploie la forme **würde + infinitif** (*cf.* leçon 39) :

Sie sagen:	Sie sagen,
»Wir lernen Deutsch.« →	sie würden Deutsch lernen.

4) **L'interrogation au discours indirect**

En l'absence d'autres interrogatifs (**was, wo, wann**, etc.), l'interrogation du discours indirect est introduite par **ob** :

Sie fragt: »Schätzt er meine Ehrlichkeit?«

Sie fragt, ob er ihre Ehrlichkeit schätze.

Remarques :

1) Le discours indirect peut se mettre à l'indicatif :

Er sagt, dass er dick ist. Sie fragt sich, ob ihr Freund kommt.

2) En allemand courant, les formes du subjonctif 2 **wäre/hätte** sont très fréquentes, à côté de **habe/sei**.

3) La forme **würde + infinitif** s'emploie souvent à côté des formes distinctes des subjonctifs 1 et 2, notamment dans la langue courante.

EXERCICES

A. Transformez le discours indirect en discours direct

1. Sie sagt, sie fahre gern nach Deutschland.
2. Er sagt, dass das Hotel zu teuer sei.
3. Ich sage ihm, dass mir der Film gefalle.
4. Sie sagen, das Projekt sei nicht billig und koste viel Geld.
5. Er sagt, dass seine Freunde weder ein Auto noch ein Motorrad hätten.

B. Mettez au discours indirect avec et sans « dass »

Ex. Er sagt: »Du bist dick.«
→ *a) Er sagt, ich sei dick. b) Er sagt, dass ich dick sei.*
   Der Vater sagt:

1. »Meine Frau findet mich attraktiv.«
2. »Nicht alle Frauen schätzen schlanke Männer.«
3. »Mein Freund ist nicht dick, sondern ein bisschen korpulent.«
4. »Die Männer sehen sich gern hübsche Frauen an.«
5. »Ich antworte nicht auf deine dumme Frage.«

EXERCICES (suite)

C. Complétez
1. Das Dicksein vererbt sich ___ d___ Eltern ___ d___ Kinder.
2. Dein___ Mutter ist es egal, ___ ich dünn ___ dick bin.
3. An mir ___ sie ander___ Dinge ___ diese Äußerlichkeiten.
4. Treue und Ehrlichkeit gehör___ ___ einem guten Charakter.
5. Es war ein satirisch___ Gespräch zwischen ein___ Vater und sein___ Sohn.

D. Colonne de gauche : indiquez le terme contraire. Colonne de droite : trouvez le synonyme.
1. dick: ____   6. angucken: ____
2. schön: ____   7. moralisch: ____
3. schlank: ____   8. korpulent: ____
4. intelligent: ____   9. dünn: ____
5. schlecht: ____   10. hübsch: ____

E. Traduisez
1. Le fils dit à son père qu'il veut rester mince.
2. Peu importe à ta mère que je sois [si je suis] gros ou svelte.
3. On dit que les femmes trouvent les gros [hommes] moins attrayants.
4. La fidélité et l'honnêteté font partie des valeurs morales.

CORRIGÉS

A. 1. Sie sagt: »Ich fahre gern nach Deutschland.« **2.** Er sagt: »Das Hotel ist zu teuer.« **3.** Ich sage ihm: »Der Film gefällt mir.« **4.** Sie sagen: »Das Projekt ist nicht billig und kostet viel Geld.« **5.** Er sagt: »Meine Freunde haben weder ein Auto noch ein Motorrad.«

B. 1. a) Der Vater sagt, seine Frau finde ihn attraktiv. **b)** Der Vater sagt, dass ihn seine Frau attraktiv finde. **2. a)** Der Vater sagt, nicht alle Frauen schätzten (würden ... schätzen) schlanke Männer. **b)** Der Vater sagt, dass nicht alle Frauen schlanke Männer schätzten (schätzen würden). **3. a)** Der Vater sagt, sein Freund sei nicht dick, sondern ein bisschen korpulent. **b)** Der Vater sagt, dass sein Freund nicht dick, sondern ein bisschen korpulent sei. **4. a)** Der Vater sagt, die Männer sähen sich gern hübsche Frauen an. **b)** Der Vater sagt, dass die Männer sich gern hübsche Frauen ansähen. **5. a)** Der Vater sagt, er antworte nicht auf seine dumme Frage. **b)** Der Vager sagt, dass er nicht auf seine dumme Frage antworte.

C. 1. von den, auf die. **2.** Deiner, ob, oder. **3.** schätzt, andere, als. **4.** gehören zu. **5.** satirisches, einem, seinem.

D. 1. dünn, schlank. **2.** hässlich. **3.** dick. **4.** dumm. **5.** gut. **6.** ansehen. **7.** ethisch. **8.** dick. **9.** schlank. **10.** schön.

E. 1. Der Sohn sagt seinem Vater, er wolle schlank bleiben (dass er dünn bleiben wolle). **2.** Deiner Mutter ist es egal (Es ist deiner Mutter egal), ob ich dick oder dünn (schlank) bin. **3.** Man sagt, dass die Frauen die Dicken (die dicken Männer) weniger attraktiv fänden (die Frauen fänden ... attraktiv). **4.** (Die) Treue und (die) Ehrlichkeit gehören zu den ethischen (moralischen) Werten.

Es heißt, die Leute hätten zu wenig konsumiert

(Erster Teil)

Journalistin (J), Herr Konsum (K), Herr Spar (Sp)

1. **J:** In der Zeitung steht, dass die Bundesbürger in den letzten Jahren zu wenig konsumiert hätten. Es heißt, die Konjunkturentwicklung sei negativ gewesen.
2. **K:** Es ist höchste Zeit, dass die Leute mehr Geld ausgeben. Wir müssen mehr Waren kaufen, sonst machen wir unsere Wirtschaft kaputt.
3. **Sp:** Jahrelang hat man uns erzählt, dass man sparen solle nach dem Motto: »Wer den Cent nicht ehrt, ist den Euro nicht wert.«
4. **K:** Wer Geld verdient, muss es auch ausgeben. König Konsum ist heutzutage gefragt. Es gibt in den Warenhäusern so viele Dinge, dass dort jeder sein Glück findet.
5. **J:** Man sagt, die Regierung habe den Sparern den Krieg erklärt und Konsumkontrolleure hätten Jagd auf die Besitzer von Sparbüchern und Sparstrümpfen gemacht.
6. **Sp:** Hier handelt es sich um eine Hexenjagd, die gegen das Prinzip der Demokratie verstößt. Auch Sparer konsumieren, aber kritisch und mit Verstand.

On dit que les gens ont trop peu consommé

(Première partie)

Une journaliste (J), M. Consomme (C), M. Lépargne (L)

1. J : On dit dans le journal [dans le journal est écrit] que les citoyens allemands ont trop peu consommé au cours de ces dernières années. On dit que l'évolution conjoncturelle a été négative.

2. C : Il est grand temps que les gens dépensent plus d'argent. Nous devons acheter davantage de marchandises, sinon, nous mettrons notre économie par terre.

3. L : Pendant des années, on nous a raconté que l'on devait épargner selon la devise : « Un centime épargné est un euro de gagné » (Il n'y a pas de petites économies) [Qui ne respecte pas le centime, n'est pas digne de l'euro].

4. C : Celui qui gagne de l'argent doit aussi le dépenser. C'est la « reine Consommation » qui est demandée de nos jours. Il y a tant de choses dans les grands magasins que chacun peut y trouver son bonheur.

5. J : On dit que le gouvernement a déclaré la guerre aux épargnants et que les contrôleurs à la consommation ont fait la chasse aux détenteurs de livrets d'épargne et de bas de laine.

6. L : Il s'agit en l'occurrence [ici] d'une chasse aux sorcières, qui porte atteinte au principe de démocratie. Les épargnants consomment eux aussi, mais en conservant un esprit critique et en gardant la raison [d'une manière critique et avec intelligence].

Es heißt, die Leute hätten zu wenig konsumiert

(Zweiter Teil)

7. **K:** Sie gehören zu dem Heer der Konsumgegner, die unsere Wirtschaft auf den Kopf stellen. Die Folgen sind Stagnation und Rezession.

8. **J:** Wie alt ist Ihr Wagen, Herr Spar? Haben Sie einen PC? Wie viele CD-ROMs besitzen Sie?

9. **Sp:** In der Stadt brauche ich keinen Wagen. Es gibt genug öffentliche Verkehrsmittel. Für CD-ROMs habe ich keine Zeit, weil ich Zeitungen und Bücher lese. Und der Computer im Büro reicht mir. Da kann ich nach Belieben im Internet surfen.

10. **K:** Ihr Verhalten zeigt ganz klar, was die Sparer wirklich sind: Anarchisten, die unsere Gesellschaft bedrohen. Ich hoffe, dass das geplante Gesetz Leute wie Sie zwingt, weniger die Sparkassen und mehr die Konsumtempel zu besuchen.

11. **J:** Hoffen wir, dass dieses neue Gebot »Du sollst konsumieren, damit es uns und unserer Wirtschaft gut geht«, den gewünschten Erfolg hat.

On dit que les gens ont trop peu consommé

(Deuxième partie)

7. C : Vous faites partie de l'armée des ennemis de la consommation, qui mettent notre économie sens dessus dessous [sur la tête]. Les conséquences en sont la stagnation et la récession.

8. J : Quel âge a votre voiture, monsieur Lépargne ? Avez-vous un PC ? Combien de CD-ROM possédez-vous ?

9. L : En ville, je n'ai pas besoin de voiture. Il y a suffisamment de moyens de transports publics. Je n'ai pas de temps [pour les] à consacrer aux CD-ROM parce que je lis des journaux et des livres. Et mon ordinateur au bureau me suffit. Je peux y surfer à volonté sur Internet.

10. C : Votre comportement montre très clairement ce que sont réellement les épargnants : des anarchistes qui menacent notre société. J'espère que la loi projetée forcera [force] les gens comme vous à moins fréquenter les caisses d'épargne, et davantage les temples de la consommation.

11. J : Espérons que ce nouveau commandement : « Tu dois consommer, afin que notre économie et nous-mêmes soyons en bonne santé » aura [a] le succès escompté.

Vocabulaire

◆

die Konjunktur, en : *la conjoncture*	das Motto, s : *la devise*
die Wirtschaft, en : *l'économie*	das Buch, ¨er : *le livre*
die Gesellschaft, en : *la société*	der König, e : *le roi*
die Stagnation, en : *la stagnation*	die Königin, nen : *la reine*
die Rezession, en : *la récession*	der Sparer, - : *l'épargnant*
der Computer, - : *l'ordinateur*	der PC, s [pé:tsé:] : *le PC*
das Verhalten, - : *le comportement*	der Euro : *l'euro*
der Anarchist, en, en : *l'anarchiste*	der Cent : *le centime*
der Konsum (sg.) : *la consommation*	

der Pfennig, e : *le pfennig (centième du mark)*
das Warenhaus, ¨er : *le grand magasin*
der Besitzer, - : *le propriétaire, le détenteur*
die Hexenjagd, en : *la chasse aux sorcières*
der Verstand (sg.) : *la raison, l'intelligence*
der Konsumgegner, - : *le non-consommateur*
die Entwicklung, en : *le développement, l'évolution*
der Sparstrumpf, ¨e : *le « bas de laine », la tire-lire*
der Konsumtempel, - : *le temple de la consommation*
das (öffentliche) Verkehrsmittel, - : *le moyen de transport (public)*

■

Geld verdienen : *gagner de l'argent*	erzählen : *raconter*
aus/geben, a, e, i : *dépenser*	etw. (A) wert sein : *valoir*
es reicht mir : *cela me suffit*	ehren : *honorer, respecter*
zwingen, a, u : *forcer, contraindre*	bedrohen : *menacer*
es geht mir gut : *je vais bien*	planen : *projeter*

sparen : *économiser, mettre de côté*
es ist höchste Zeit, zu : *il est grand temps de*
konsumieren (verbrauchen) : *consommer*
sein Glück finden, a, u : *trouver son bonheur*
in der Zeitung steht ... : *dans le journal, il est écrit ...*
es heißt, dass : ⎫
man sagt, dass : ⎬ *on dit que*
jdm. den Krieg erklären : *déclarer la guerre à qqn.*
etw. (A) auf den Kopf stellen : *mettre qqch. sens dessus dessous*

●

negativ : *négatif*	öffentlich : *public*
wirklich : *réel*	sonst : *sinon*
jahrelang : *pendant des années*	
kritisch/kritisch : *critique, avec esprit critique*	

GRAMMAIRE

• Le discours indirect (rappel)

• Il est souvent introduit par des verbes comme **sagen** : *dire*, **erzählen** : *raconter*, **behaupten** : *prétendre*, **meinen** : *penser*, etc.

• Il faut bien veiller au changement éventuel des pronoms et des possessifs. **Er sagt** : »**Ich komme morgen mit meiner Freundin**« → **Er sagt, er komme morgen mit seiner Freundin.**

• La subordonnée peut être introduite ou non par la conjonction **dass**.

• Le mode du discours indirect est **le subjonctif (ou l'indicatif).**

• Le discours indirect au passé

Contrairement au discours direct qui connaît trois temps du passé (*prétérit* : hatte/war, *parfait* : hat gehabt/ist gewesen, *plus-que-parfait* : hatte gehabt/war gewesen), le discours indirect n'en possède qu'un seul : **habe gehabt** ou **sei gewesen** (subjonctif 1), **hätte gehabt, wäre gewesen** (subjonctif 2).

• Discours direct (trois temps) :

Der Journalist sagt: { »**Die Leute konsumierten zu wenig.**«
{ »**Die Leute haben zu wenig konsumiert.**«
{ »**Die Leute hatten zu wenig konsumiert.**«

• Discours indirect (un seul temps) :

Der Journalist sagt, { **dass die Leute zu wenig konsumiert hätten.**
{ **die Leute hätten zu wenig konsumiert.**

GRAMMAIRE (suite)

● **L'impératif** est rendu au discours indirect par **sollen** :

Discours direct (au présent) :

Er sagt ihr: »Geh heute Nachmittag in den Supermarkt.«

Discours indirect (au présent) :

Er sagt ihr, dass sie heute Nachmittag in den Supermarkt gehen solle. Er sagt ihr, sie solle heute Nachmittag in den Supermarkt gehen.

Remarques :

1) Dans la langue courante, on utilisera souvent l'indicatif, et les formes du *subjonctif 2* (**hätte ... gehabt/wäre ... gewesen**), *le subjonctif 1* étant réservé à un style écrit et soutenu (**habe ... gehabt/sei ... gewesen**).

2) En l'absence d'interrogatifs (**wo, wann, warum**, etc.), *l'interrogation indirecte* est introduite par **ob** :

Er fragt: »Ist sie gekommen?« → **Er fragt, ob sie gekommen sei.**

● **Retenez ces deux expressions prépositionnelles :**

Es handelt sich um + A : *il s'agit de.*

Es handelt sich um eine Stagnation.

gehören zu + D : *faire partie de.*

Sie gehören zu den Gegnern des Konsums.

● **Familles de mots**

der Konsum (sg.)/der Verbrauch (sg.) : *la consommation*
der Konsument, en, en/der Verbraucher, - : *le consommateur*
konsumieren/verbrauchen : *consommer*
die Konjunktur, en : *la conjoncture*
konjunkturell : *conjoncturel*
sparen : *épargner, économiser*
das Sparen (sg.) : *les économies*
der Sparer, - : *l'épargnant*
die Ersparnisse (pl.) : *les économies*
der Sparstrumpf, ¨e : *le « bas de laine »*
die Sparkasse, n : *la caisse d'épargne*

EXERCICES

A. Mettez au présent du discours indirect

Ex. Die Konjunkturentwicklung ist negativ. → In der Zeitung steht, dass die Konjunkturentwicklung negativ sei.

1. Sie gibt zu wenig aus.
2. Die Folgen sind Stagnation und Rezession.
3. Herr Spar braucht keinen Wagen in der Stadt.
4. Der Deutsche liest nicht viele Bücher.
5. Das neue Gesetz hat den gewünschten Erfolg.

B. Mettez les énoncés au passé du discours indirect

Ex. Die Leute haben zu wenig konsumiert.
   → Es heißt, die Leute hätten zu wenig konsumiert.

1. Die Bundesbürger haben viel im Supermarkt gekauft.
2. Die Kontrolleure haben auf die Besitzer von Sparbüchern Jagd gemacht.
3. Die Sparer waren immer Anarchisten.
4. Die Konjunkturentwicklung ist in den letzten Jahren negativ gewesen.
5. Die Leute hatten mit ihrem Wagen oft Probleme in der Stadt.

C. Mettez les énoncés à l'impératif du discours direct au discours indirect

Ex. Er sagt mir: »Kauf einen Computer.«
   → Er sagt mir, ich solle einen Computer kaufen.

1. Sie sagt ihm: »Nimm die öffentlichen Verkehrsmittel.«
2. Du sagst ihr: »Lies mehr Zeitungen und mehr Bücher.«
3. Ich sage Ihnen: »Sparen Sie nicht, konsumieren Sie mehr.«
4. Wir sagen ihm: »Ändere dein Konsumverhalten.«
5. Er sagt mir: »Sei kein Konsumgegner und geh öfter in die Warenhäuser.«

EXERCICES (suite)

D. Qui, ou quoi, se cache derrière cette définition ?
1. Er macht Jagd auf die Sparer.
2. Weil er nicht konsumiert, gibt es eine Rezession.
3. Sein Verhalten bedroht unsere Gesellschaft.
4. Etwas, was gegen das Prinzip der Demokratie verstößt.
5. Ein sehr gefragter Konsument.

E. Traduisez
1. Dans le journal, on dit que l'évolution conjoncturelle a été négative.
2. On raconte que le gouvernement a déclaré la guerre aux épargnants.
3. Il me dit que je dois acheter un PC.
4. Les hommes politiques disent aux citoyens qu'ils n'ont pas assez consommé.
5. La nouvelle loi forcera les gens à acheter davantage de marchandises.

A. 1. In der Zeitung steht, dass sie zu wenig ausgebe. **2.** In der Zeitung steht, dass die Folgen Stagnation und Rezession seien. **3.** In der Zeitung steht, dass Herr Spar keinen Wagen in der Stadt brauche. **4.** In der Zeitung steht, dass der Deutsche nicht viele Bücher lese. **5.** In der Zeitung steht, dass das neue Gesetz den gewünschten Erfolg habe.

B. 1. Es heißt, die Bundesbürger hätten viel im Supermarkt gekauft. **2.** Es heißt, die Kontrolleure hätten auf die Besitzer von Sparbüchern Jagd gemacht. **3.** Es heißt, die Sparer seien immer Anarchisten gewesen. **4.** Es heißt, die Konjunkturentwicklung sei in den letzten Jahren negativ gewesen. **5.** Es heißt, die Leute hätten mit ihrem Wagen oft Probleme in der Stadt gehabt.

C. 1. Sie sagt ihm, er solle die öffentlichen Verkehrsmittel nehmen. **2.** Du sagst ihr, sie solle mehr Zeitungen und Bücher lesen. **3.** Ich sage Ihnen, Sie sollten nicht sparen, Sie sollten mehr konsumieren. **4.** Wir sagen ihm, er solle sein Konsumverhalten ändern. **5.** Er sagt mir, ich solle kein Konsumgegner sein und (ich solle) öfter in die Warenhäuser gehen.

D. 1. der Konsumkontrolleur. **2.** der Konsumgegner. **3.** der Anarchist. **4.** die Hexenjagd. **5.** König Konsum.

E. 1. In der Zeitung steht, dass die Konjunkturentwicklung negativ gewesen sei (die Konjunkturentwicklung sei negativ gewesen). **2.** Man sagt, dass die Regierung den Sparern den Krieg erklärt habe (die Regierung habe den Sparern den Krieg erklärt). **3.** Er sagt mir, dass ich einen PC kaufen solle (ich solle einen PC kaufen). **4.** Die Politiker sagen den Bürgern, dass sie nicht genug konsumiert hätten (sie hätten nicht genug konsumiert). **5.** Das neue Gesetz zwingt die Leute (wird die Leute zwingen), mehr Waren zu kaufen.

Es heißt, die Leute hätten zu wenig konsumiert • On dit que les gens ont trop peu consommé

MÉMENTO

- Retenez ces trois nouvelles **conjonctions** :

1) **falls/im Falle, dass** : *au cas où*

   Falls du nach Köln fährst/Im Falle, dass du nach Köln fährst, besuche den Dom.

2) **sodass** ou **so dass** : *si bien que, de telle sorte que*

   Er wurde krank, sodass (so dass) er den Dom nicht besichtigen konnte.

3) **solange** : *tant que, aussi longtemps que*

   Solange das Kind im Kindergarten war, gab es keine Probleme.

- N'oubliez pas le **s intercalaire** dans la formation des mots composés dont le premier élément est un féminin en **-ung, -heit, -keit, -schaft, -ion, -tät** :

hohe Produktionskosten : *des frais de production élevés* ◆ **eine Zeitungsannonce** : *une annonce dans le journal.*

- La **préposition gegenüber** : *vis-à-vis de, en face de*, peut être pré- ou postposée (placée avant ou après son complément).

Seinen Mitschülern gegenüber/Gegenüber seinen Mitschülern musste er sich durchsetzen.

- Après **alles**, on emploie toujours **was** précédé d'une virgule (et non pas « **das** »)

Ich habe alles, was ich brauche.

- Il y a seulement trois verbes formés sur la **particule inséparable emp-** :

   empfangen, i, a, ä : *recevoir, accueillir*
   empfehlen, a, o, ie : *recommander*
   empfinden, a, u : *ressentir.*

Comme tous les verbes à particule inséparable, ils ne prennent jamais de préfixe **ge-** au participe passé.

Sie hat ihre Gäste freundlich empfangen.

Kannst du mir dieses Hotel empfehlen?

Ich habe die Hitze *(la chaleur)* **kaum empfunden.**

Attention : après **alle** et **keine**, l'**adjectif** (substantivé ou épithète) prend la marque **-en**.
Alle jungen Reisenden : *tous les jeunes voyageurs* ; **alle deutschen Intellektuellen** : *tous les intellectuels allemands* ; **alle jungen Deutschen** : *tous les jeunes Allemands.*
Par contre, après **viele, wenige, einige, mehrere**, l'adjectif prend la marque **-e**.
Viele junge Reisende : *de nombreux jeunes voyageurs* ; **einige deutsche Intellektuelle** : *quelques intellectuels allemands* ; **wenige junge Deutsche** : *peu de jeunes Allemands.*

● Une subordonnée complément d'une expression prépositionnelle peut être annoncée par le mot de reprise correspondant : **sorgen für → dafür** ; **denken an → daran**, etc.

Ich sorge dafür, dass du einen interessanten Urlaub machst.

● Notez que le verbe *survivre à qqch.* se traduit par un verbe transitif en allemand : **überleben + A**.

Wir haben die Krise überlebt.

● Retenez :

Ich bin <u>zu</u> Haus(e). *Je suis à la maison (chez moi).* ◆ **Ich gehe <u>nach</u> Haus(e).** *Je vais à la maison (chez moi).* ◆ **Ich komme <u>von</u> <u>zu</u> Haus(e).** *Je viens de la maison (de chez moi).*

● Il y a deux manières de traduire *rencontrer* : **treffen, a, o, i + A** et **begegnen (ist) + D** :

Ich habe ihn gestern am Bahnhof getroffen.
Wir sind ihr im Supermarkt begegnet.

● Le **discours indirect** sert à rapporter les paroles ou les opinions d'autrui. Son mode est l'*indicatif* dans la langue parlée, le *subjonctif* dans le style soutenu. Les paroles répétées peuvent l'être <u>avec</u> ou <u>sans</u> la conjonction **dass**.

Man sagt, dass er krank sei. Sie sagte mir, er sei gestern gekommen.

Quand les formes du *subjonctif 1* (**haben, kommen**) se confondent avec celles de l'*indicatif*, on emploie *le subjonctif 2* (**hätten, kämen**).

Er erzählt, seine Freunde hätten keine Zeit. Du hast gesagt, sie kämen erst morgen.

Index grammatical

Les chiffres renvoient aux différentes pages

Conception graphique :
Anne-Danielle Naname

Composition réalisée par Nord Compo

Achevé d'imprimer en juin 2016 en Espagne par
Unigraf S.L.
Sant Llorenç d'Hortons (08791)
Dépôt légal 1ʳᵉ publication : 1998
Dépôt légal 1ʳᵉ nouvelle édition : janvier 2008
Numéro d'éditeur : 90662
LIBRAIRIE GÉNÉRALE FRANÇAISE – 31, rue de Fleurus – 75278 Paris cedex 06